PATRIOTISM

Research
on Affinity of Patriotism Education
in Colleges and Universities

朱益飞 著

高校爱国主义教育

亲和力研究

社会科学文献出版社
SSAP
SOCIAL SCIENCES ACADEMIC PRESS (CHINA)

目录
Contents

绪　论

习近平指出："爱国，是人世间最深层、最持久的情感，是一个人立德之源、立功之本。"[1] 爱国主义是中华民族精神的核心，在几千年的历史长河中，它成为中华民族最重要的精神财富。在实现中华民族伟大复兴中国梦的征程中，爱国主义是不可或缺的强大精神支柱，它激励着广大的中华儿女团结起来，为了共同的理想自强不息、努力奋斗。中国共产党是坚定的爱国主义精神弘扬者与实践者，中国共产党自成立以来就高度重视爱国主义教育，把爱国主义教育作为党在实现其目标宗旨过程中的重要任务。中国特色社会主义进入新时代，中华民族在迈向复兴的关键时期也面临着前所未有的挑战，新时代加强爱国主义教育对于引导人们进一步树立正确的历史观、民族观、国家观和文化观具有重要意义。为了切实做好新时代爱国主义教育工作，2019 年 11 月，中共中央、国务院印发了《新时代爱国主义教育实施纲要》，这是继 1994 年 8 月中宣部颁布《爱国主义教育实施纲要》以来，我们党再次就爱国主义教育问题制定的实施纲要。《新时代爱国主义教育实施纲要》将新时代爱国主义教育聚焦青少年，指出，"培养社会主义建设者和接班人，首先要培养学生的爱国情怀。要把青少年作为爱国主义教育的重中之重"[2]。

高校承担着培养中国特色社会主义事业建设者和接班人的重大任务，

---

[1]　习近平：《在北京大学师生座谈会上的讲话》，人民出版社，2018，第 11 页。

[2]　《新时代爱国主义教育实施纲要》，人民出版社，2019，第 9 页。

新时代应如何增强高校爱国主义教育的实效性？对此，党的十八大以来，习近平从高校思想政治教育工作出发，提出了高校思想政治教育工作的"亲和力"问题。他在 2016 年 12 月全国高校思想政治工作会议上指出，要"提升思想政治教育亲和力和针对性，满足学生成长发展需求和期待"①。在 2019 年 3 月 18 日于北京召开的学校思想政治理论课教师座谈会上，习近平又一次提到了"亲和力"问题，他指出，要"推动思想政治理论课改革创新，要不断增强思政课的思想性、理论性和亲和力、针对性"②。2019 年出台的《新时代爱国主义教育实施纲要》，涉及高校爱国主义教育的内容也使用了"亲和力"或与"亲和力"有关的概念。《新时代爱国主义教育实施纲要》指出，高校爱国主义教育要与哲学社会科学相关专业课程有机结合，创新爱国主义教育的形式，坚持把思想政治理论课作为爱国主义教育的主阵地。《新时代爱国主义教育实施纲要》提出，爱国主义教育要"进一步增强吸引力感染力"，充分发挥思政课作用，增强爱国主义教育亲和力和针对性。③

习近平总书记关于思想政治教育工作亲和力的新要求以及《新时代爱国主义教育实施纲要》中的要求，为新时代高校爱国主义教育增强实效性提供了一个新的视野。正是为了回应这一时代背景，本书拟对高校爱国主义教育亲和力进行深入探讨。

一 研究意义

对高校爱国主义教育亲和力开展研究既有理论意义，也有实践意义。从理论维度看，高校爱国主义教育作为思想政治教育的一个重要范畴，无疑能够直接推动思想政治教育的理论发展。从实践维度看，开展此项研究，具有鲜明的现实指向，有助于按照习近平总书记提出的思想政治教育的亲和力要求，进一步增强新时代爱国主义教育实效性。

---

① 《习近平谈治国理政》第 2 卷，外文出版社，2017，第 378 页。
② 《习近平谈治国理政》第 3 卷，外文出版社，2020，第 330 页。
③ 参见《新时代爱国主义教育实施纲要》，人民出版社，2019，第 10 页。

（一）理论意义

本书的理论意义在于有助于推进高校思想政治教育理论体系的创新。关于哲学社会科学的研究，习近平指出，"哲学社会科学研究范畴很广，不同学科有自己的知识体系和研究方法"①。因此，任何学科必须形成自身独立的知识体系，这是一个学科能够科学合理存在的基础。"提升思想政治教育亲和力和针对性"② 是习近平在 2016 年提出的一个全新要求。这个要求提出之后，不仅为高校思想政治教育的改革指明了未来发展方向，也为广大思想政治教育理论工作者开拓这方面的研究提供了极大空间，进一步丰富和发展了思想政治教育这个学科。当前，学界亟须对"亲和力"相关研究展开探讨。在这方面哲学社会科学工作者需要担负起相应的社会职责，要能够站在政治高度，坚持国家需求导向、抓准人文社会科学研究领域的"真问题"，切实解决社会生产实践中存在的理论问题。

因此，本书所进行的研究在一定程度上有助于推进高校思想政治教育的理论体系创新。本书以"爱国主义教育亲和力"为研究对象，是对习近平总书记关于"提升思想政治教育亲和力和针对性"要求的具体细化研究，站在国家需求导向的高度，把高校"爱国主义教育亲和力"作为思想政治教育亲和力研究的一个新的切入点，将提升亲和力研究置于整个爱国主义教育体系之中，体现了思想政治教育研究从宏观分析逐步进入微观领域的深层探讨的理论导向。本研究可以进一步夯实思想政治教育学科的知识体系，通过对爱国主义教育亲和力的马克思主义理论基础的挖掘，探讨新时代爱国主义教育亲和力基本内涵，从多个维度构建一个立体化的、旨在提升爱国主义教育亲和力的理论体系，这样有利于丰富思想政治教育过程中的相关理论。在高校爱国主义教育实践过程中，教育者、教育对象、教育媒介、教育环境等紧密相连、相互依赖，亲和力的提升贯穿于爱国主义教育的全过程。从某种意义上讲，这能够不断扩大思想政治教育学科体系的涵盖范围，进一步丰富马克思主义理论学科的基础研究，挖掘马克思主义理论学科研究的新的理论增长点。因此，对该主题的研究有助于推进

① 《十八大以来重要文献选编》下，中央文献出版社，2018，第 325 页。
② 《习近平谈治国理政》第 2 卷，外文出版社，2017，第 378 页。

高校思想政治教育理论体系的创新。

（二）实践意义

本书的实践意义在于有助于增强新时代高校爱国主义教育的实效性。实现良好的教育效果是思想政治教育工作理论研究和实践探索的目标所在。高校爱国主义教育应当讲实效，而注重提升爱国主义教育亲和力是讲求实效的重要切入点，所以习近平总书记多次提到思想政治教育的"亲和力"问题。教育部原部长陈宝生也曾对近年来高校思想政治教育工作中存在的主要问题有过形象表述，他强调新时代高校的思想政治教育工作中存在的主要问题就是亲和力不够、针对性不强，他指出这些问题的主要表现为"内容不适应他们的需要……'配方'比较陈旧、'工艺'比较粗糙、'包装'不那么时尚，所以亲和力就差了"[①]。因此，面对新时代的大学生以及快速变化的教育内外部环境，传统的爱国主义教育方式已经不能达到良好的教育效果，必须转变爱国主义教育理念和方式，在爱国主义教育亲和力上下功夫。这是提升爱国主义教育实效性的源泉，亲和力的强弱直接关系到爱国主义教育的实际效果。

深入做好高校爱国主义教育亲和力的研究，对于增强当下高校爱国主义教育实效性具有强烈的现实意义。爱国主义教育亲和力研究关注的是教育主客体之间的双向关联，因为爱国主义教育良好效果的实现并不是简单和传统的"刺激→反应"的单向模式。本书通过亲和力的研究旨在形成一个连锁的"化合反应"，注重从高校大学生主体出发，把握高校大学生的特点，坚持爱国主义教育的人本价值取向，把大学生作为重要的考察对象；在对大学生关心、关爱和关怀的基础上，针对新时代大学生的心理特征、思想状况以及所处的时代环境，从实际出发，对教育环境、教育内容、教育方法、教育策略等进行调整和完善；从多个角度提升影响爱国主义教育效果的亲和力，使高校爱国主义教育实践能够满足大学生心理需要与成长期待，从而对实现高校爱国主义教育的实效性发挥直接的指导作用。

---

① 《十二届全国人大五次会议举行记者会 陈宝生就"教育改革发展"答记者问》，中华人民共和国教育部网站，2017 年 3 月 13 日，http://www.moe.gov.cn/jyb_xwfb/gzdt_gzdt/moe_1485/201703/t20170313_299293.html。

二　研究综述

虽然关于高校爱国主义教育亲和力的直接相关主题研究不多，不过国内外对该主题的相关研究已有不少成果，梳理研究现状、评析研究成果、总结研究动态，有助于对高校爱国主义教育亲和力开展深入且有针对性的研究。

（一）国内研究综述

从现有研究成果看，学界对高校爱国主义教育亲和力直接相关主题的研究并不多，但是对高校爱国主义教育亲和力的相关研究比较多。因此，为了便于了解学界对该主题的相关研究，本书拟从四个方面进行系统总结：一是爱国主义教育相关理论与历程研究；二是高校爱国主义教育研究；三是高校思想政治教育亲和力相关研究；四是高校爱国主义教育亲和力相关研究。

1. 爱国主义教育相关理论与历程研究

要研究高校爱国主义教育亲和力问题，理论是前提，实践是基础。20 世纪 90 年代以来，学界对爱国主义教育相关理论进行了多角度的探索，对爱国主义教育历程进行了多阶段的研究，这些都为亲和力研究提供了有力支撑。

（1）爱国主义教育的基本理论研究

关于爱国主义教育，有的研究认为其本质是培养爱国者的教育实践活动。它主要是为了培养人民对祖国的一种道德情感，形成正确的爱国观念并将之转化为爱国信念，在此基础上形成正确和高尚的爱国主义教育实践活动。[①] 有的研究认为，爱国主义教育的根本目的是维护国家利益，它以促进民族振兴为基本价值目标，承载了人民群众对于幸福生活的追求准则，体现的是人们对祖国的深厚感情和依存关系，目的是实现民族和文化的归属感、认同感、尊严感和荣誉感。[②] 除了上述观点，还有研究指出，

---

① 马建：《正确认识爱国主义教育的本质》，《中国高教研究》2000 年第 4 期。
② 王秀敏：《论新时期大学生爱国主义教育的科学内涵及实践策略》，《继续教育研究》2017 年第 12 期。

爱国主义教育应把中国特色社会主义政治信仰教育作为根本任务。[①]

学界对爱国主义教育的结构层次进行了理论方面的探索。郑志发、黎辉认为，爱国主义教育内涵生成具有层次结构，这种层次体现在故乡、亲人、集体、人民、民族、传统、国家、制度等若干方面，在内容结构方面，主要有情感激励教育、道德责任教育、政治目标教育。爱国主义教育过程则体现为激发爱国情感、培养爱国主义意识和引导爱国主义行动。[②] 管小青也认为爱国主义教育具有层次性，这种层次体现在认知逻辑、情感逻辑、实践策略三方面，与这三方面对应的爱国主义教育也具有初级、中级和高级三个层次。[③] 刘树宏在研究民族院校爱国主义教育过程中也提出了教育的层次性问题，他认为，爱国主义教育包含热爱"自然存在物"教育、热爱人民及其文化教育、热爱国家教育三个层次。[④]

在坚持的基本原则方面，学界认为，要坚持发展性原则，因为爱国主义内涵会随着时代的发展而有所不同，其教育也应当具有发展性；要坚持主体性原则，要切实把握爱国主义教育组织者和大学生群体。[⑤] 有的学者认为应坚持区别性原则，根据受教育对象的不同特点而使用不同的教育方法。有的学者认为，要坚持自我评价与他人评价相结合、阶段性评价与终结性评价相结合、普遍性评价与特殊性评价相结合、静态评价与动态评价相结合、定性评价与定量评价相结合五种教育原则。[⑥] 还有学者认为，爱国主义教育应该坚持重在建设的方针和对外开放原则。[⑦]

（2）爱国主义教育的马克思主义理论研究

有研究对马克思关于爱国主义教育的内容进行阐述。有学者从马克思主义人性论出发探讨爱国主义教育问题，他们认为，爱国是人的自然属性的内在要求，因为人在本质上是自然存在物，作为自然界的一部分，人从

---

① 李苏琴：《全球化背景下大学生爱国主义教育的内涵及价值》，《教育与职业》2013年第17期。

② 郑志发、黎辉：《爱国主义教育结构探析》，《南昌大学学报》（人文社会科学版）2005年第5期。

③ 管小青：《爱国主义教育逻辑与提升策略》，《中学政治教学参考》2020年第3期。

④ 刘树宏：《当代民族院校爱国主义教育基本要求的层次性》，《黑龙江民族丛刊》2008年第4期。

⑤ 王源林：《论新形势下高校爱国主义教育的基本原则》，《职业与教育》2011年第9期。

⑥ 涂爱荣：《大学生爱国主义教育评价原则简析》，《学校党建与思想教育》2011年第11期。

⑦ 李星山等编著《爱国主义教育教程》，中国科学技术出版社，1995，第6页。

出生以来就不能摆脱血缘和地缘的束缚，这种依赖性是对家乡、亲人的深厚情感，而爱国则是对爱故乡、爱亲人的拓展和延伸。① 王承就、范碧鸿认为，爱国主义也是人的社会属性的外在表现，因为个体离不开总体的"类"，人们的爱国行为实际上是将个体利益与民族利益相结合的人的社会本质属性的外在表现。此外，爱国主义也是满足人的精神属性的需要，它作为一种情感具有天然的合理性，反映了人们对祖国的依恋感以及为增进祖国利益而体现出来的真善美的道德情怀。② 游唤民认为，爱国主义包括爱故土、爱祖国、爱民族和爱国家。③ 有研究指出，高校爱国主义教育应当将马克思主义的祖国观融入教育内容，永葆爱国主义教育的生机与活力。④

　　中国共产党领导人对爱国主义教育的论述也是学界研究的内容之一。张宝林探讨了毛泽东、邓小平、江泽民爱国主义教育思想的特点，他认为，爱国主义、集体主义、社会主义三者之间的关联性在不同领导人的论述中都有一定的体现，他们之间也有差别性，这种有联系、有差别的特点体现出马克思主义关于爱国主义教育的时代特征。⑤ 在党的十八大召开以前，学界对江泽民爱国主义教育思想的研究相对多一些。新时代以来，关于习近平对爱国主义教育的相关论述成为研究重点。陈勇、李明珠认为，习近平爱国主义教育重要论述是认识论、实践论及方法论的有机统一，推进新时代爱国主义教育需要深入探索爱国主义的发展向度和时代价值。⑥ 还有研究认为，习近平关于爱国主义教育观包含了教育的目的、指向、落脚点等内容。教育的目的是实现立德树人，指向的是实现中国梦，落脚点

---

①　王承就、范碧鸿：《马克思人性论与爱国主义——兼论如何加强爱国主义教育》，《教育探索》2007 年第 1 期。

②　王承就、范碧鸿：《马克思人性论与爱国主义——兼论如何加强爱国主义教育》，《教育探索》2007 年第 1 期。

③　游唤民：《爱国主义传统与当代中国》，湖南师范大学出版社，1997，第 1 页。

④　姚婷婷、戴钢书：《将马克思主义祖国观融入大学生爱国主义教育》，《高校理论战线》2012 年第 6 期。

⑤　张宝林：《论毛泽东、邓小平、江泽民爱国主义教育思想的特点》，《教育探索》2006 年第 8 期。

⑥　陈勇、李明珠：《习近平爱国主义教育重要论述的三重阐释、发展向度与时代价值》，《伦理学研究》2021 年第 6 期。

是培养时代新人。①

（3）新中国成立以来爱国主义教育历程研究

新中国成立以来，爱国主义教育就是党和国家国民教育的重要主题，对于爱国主义教育历程的研究，学界主要从特定的历史阶段开展宏观分析。有的分析了新中国成立以来的历史经验，例如，冯刚、刘玉标总结了新中国成立以来大学生爱国主义教育的四条经验：一是以系统的理论教育强化大学生的爱国之"识"；二是以丰厚贯通的历史教育涵养大学生的爱国之"情"；三是以及时有效的国情教育培育大学生的爱国之"志"；四是以广泛持久的实践教育引导大学生的爱国之"行"。② 有的研究了改革开放以来的爱国主义教育成就，例如吴潜涛、杨丽坤指出，改革开放以来，中国的爱国主义教育使人民群众在爱国主义情感、理性认知以及爱国行为自觉等诸多方面均得到了日益增强。③ 还有研究从更为宏观的视野考察了中国共产党成立百年以来的青年爱国主义教育历程，例如兰美荣、卢黎歌指出，中国共产党成立百年以来青年爱国主义教育经历了"建立新生人民政权教育"、"面向社会主义现代化建设教育"以及"民族伟大复兴教育"这三个阶段，青年爱国主义教育坚持以马克思主义为指导，坚持爱国和爱党、爱社会主义的统一，坚持显性教育和隐性教育相结合。④ 温静则考察了党的创立时期、土地革命时期、全面抗战时期、解放战争时期、中华人民共和国成立前后、社会主义制度确立和建设时期、改革开放时期、建设社会主义市场经济体制时期、全面建设小康社会时期以及新时代等十个时期的爱国主义教育历程。⑤

2. 高校爱国主义教育研究

学界对高校爱国主义教育的研究呈现非常明显的时代特征，国家对爱国主义教育的重视直接助推了相关研究。研究成果以 1994 年《爱国主

---

① 杨欣欣：《习近平爱国主义教育观的科学内涵与实践意蕴》，《中学政治教学参考》2021 年第 2 期。

② 冯刚、刘玉标：《新中国成立以来大学生爱国主义教育的历史经验》，《中国高等教育》2009 年第 19 期。

③ 吴潜涛、杨丽坤：《改革开放以来爱国主义教育的发展与成就》，《红旗文稿》2009 年第 13 期。

④ 兰美荣、卢黎歌：《中共百年青年爱国主义教育的经验与启示》，《思想教育研究》2021 年第 6 期。

⑤ 参见温静《中国共产党爱国主义思想史略》，人民出版社，2019。

教育实施纲要》以及 2019 年《新时代爱国主义教育实施纲要》的出台为契机，呈现两个研究高峰。鉴于学术研究成果发表的滞后性，与两个纲要出台对应的两个研究高峰分别以 1995 年和 2020 年为峰值年份。总的来看，高校爱国主义教育的研究成果非常多，研究主题主要集中于以下五个方面。

第一，全面分析高校爱国主义教育的环境。在 2001 年中国加入世界贸易组织之际，学界就意识到这将给高校爱国主义教育带来一定影响。研究分析了中国加入世界贸易组织后经济全球化对中国高校爱国主义教育造成的冲击，并罗列了社会上的一些观点，例如，认为经济全球化背景下再谈爱国主义显得狭隘；高校爱国主义教育不利于对个人利益的追求；大学生主要应学好专业知识，不需要爱国主义教育。为此，有研究指出，"经济全球化不等于世界政治及意识形态一体化，而且国家利益、文化价值观念之间的冲突会越来越突出"①。因此更要加强高校爱国主义教育。卢新华认为，经济全球化背景下加强高校爱国主义教育是提升中国国际竞争力的必然要求，是巩固国家安全的需要，更是实现中华民族伟大复兴的需要。②陈明吾在马克思主义视域下分析了全球化对国家民族精神的影响，并研究了在此背景下中华民族精神与爱国主义的关系问题。③

有的研究揭示了社会的剧烈变革导致爱国主义教育遭遇到的多种挑战，除了经济全球化的影响外，中国的经济转向也凸显了高校爱国主义教育的"矛盾性"，国际金融危机的影响，中国经济的转型，大学生就业形势严峻等在一定程度上容易导致大学生产生不良情绪。同时，网络技术的迅速发展使一些大学生在精神家园中迷失方向，加上"90 后""00 后"的鲜明个性使爱国主义教育面临时代考验。④有的研究对网络环境的影响进行了集中探讨，认为网络环境对高校爱国主义教育的负面影响不容忽视，认为这是一个"不可控"也"不可塑"的爱国主义教育客观环境。⑤

当然，学界认识到时代背景不仅对爱国主义教育造成了危机，同时带

---

① 陈锡敏：《经济全球化背景下的高校爱国主义教育》，《高校理论战线》2002 年第 1 期。
② 卢新华：《经济全球化背景下的高校爱国主义教育》，《教育探索》2008 年第 4 期。
③ 参见陈明吾《全球化背景下我国大学生爱国主义教育研究》，长江出版社，2014。
④ 魏金明：《高校爱国主义教育面临的挑战和路径选择》，《福州大学学报》（哲学社会科学版）2010 年第 3 期。
⑤ 王彦：《网络环境对高校爱国主义教育的负面效应及对策》，《理论导刊》2014 年第 9 期。

来很多机遇。例如，在经济全球化背景下，做强爱国主义教育会更具对比性；网络的迅猛发展也有助于丰富爱国主义教育的方式和路径，等等。对时代背景带来的机遇问题，以对新冠肺炎疫情与爱国主义教育的关联研究最为突出。

2020 年 1 月底世界卫生组织将新冠肺炎疫情列为全球突发公共卫生事件以来，世界格局正因疫情而发生深刻改变。这种改变不仅仅发生在经济社会交往层面，也深深影响了精神文化层面。疫情在一定程度上也必然会给中国高校爱国主义教育带来变化。有研究认为，中国的战"疫"是新时代爱国主义的生动体现，体现了中国人民敢于斗争、敢于胜利的英雄气概，伟大的抗疫精神诠释了爱国主义的力量。[1] 也有研究深入分析了高校开展爱国主义教育的疫情背景，指出，要"充分利用中国战'疫'这个特殊教材，化疫情'危机'为教育'契机'"。[2]

第二，深入探讨高校爱国主义教育的基本路径。在高校爱国主义教育路径的宏观探讨方面，有的研究提出要构建长效机制，确保高校爱国主义教育有方向、有动力、有保障。主要提出构建全方位育人工作平台，例如夯实高校爱国主义教育主课堂、强化社会实践第二课堂、拓展网络平台新课堂等。要加强人才队伍建设，涉及理论研究队伍、舆论宣传队伍等。还要加大教育宣传力度，营造榜样引领氛围等。[3] 曲建武、张晓静则从学校、教师、实践三个维度出发，提出要把大学生爱国主义教育贯穿学校立德树人全过程，发挥教师在大学生爱国主义教育中的关键作用，在实践中做到融合"知、情、意、行"，引领大学生爱国主义教育。[4]

有的研究认为，高校爱国主义教育应该以法律为保障，以确保将高校爱国主义教育纳入制度化轨道。有学者指出，要保障高校爱国主义教育就要建制立规，使高校爱国主义教育有法可依，提出要构建立体化的教育立

① 李治勇、王建波：《讲好抗疫故事：加强大学生爱国主义教育的重要途径》，《学校党建与思想教育》2020 年第 12 期。
② 陈东琼、吴晓芳：《中国战"疫"视域下爱国主义教育论析》，《学校党建与思想教育》2021 年第 1 期。
③ 魏则胜、吴琼：《构建大学生爱国主义教育的长效机制》，《中国高等教育》2021 年第 9 期。
④ 曲建武、张晓静：《新时代大学生爱国主义教育的三个维度》，《思想教育研究》2021 年第 10 期。

法体系，从而强有力地推进爱国主义教育。① 刘丹提出要使新时代爱国主义教育具有宪法依据，在其开展的研究中回顾了新中国成立以来的宪法对爱国主义教育的规定，进而指出《新时代爱国主义教育实施纲要》是对宪法要求的进一步明确，使新时代实施爱国主义教育有了根本遵循。②

高校档案馆、图书馆、校史馆是学界在爱国主义教育中关注的领域。研究成果中有对高校这几大场馆作用的详细分析。例如，有的研究指出，高校档案馆保存的高校教职工教学、科研、管理等资料具有真实性、直观性和原始性等特点，是高校开展爱国主义教育的宝贵资源，能够把爱国主义教育与荣校爱校教育很好地融合起来。③ 有学者指出，图书馆在大学生爱国主义教育中的地位独特，是开展大学生爱国主义教育的重要场所之一，为大学生提供了爱国主义知识资料文献，大学生可以在图书馆感受到社会主义精神文明与爱国主义的激励作用。④

有的研究探讨了思政课对大学生爱国主义教育的作用。马进等从高校"马克思主义基本原理概论""毛泽东思想和中国特色社会主义理论体系概论""中国近现代史纲要""思想道德与法治"四门课程出发，分析了其中的爱国主义教育的意义、内容、特色等。⑤ 有学者指出，要发挥高校思政课作为爱国主义教育主阵地的作用，需要丰富爱国主义教育内容、厚植大学生的爱国情怀，创新教育载体。⑥ 例如，要在思政课中发挥校园文化作用，注重在课堂中运用多媒体开展爱国主义教育，还要善于在实践中引导学生报国之行。有研究对思政课教学模式进行探讨，提出了分层教学以提升爱国主义教育效果；并认为，在校大学生的个性特点、知识结构等影响着其学习经验、学习态度以及价值观等，大学生存在内容接受能力的差异，教师可创建关于爱国主义的不同话题，为大学生提供更多抒发意见的

① 余玉花：《论爱国主义教育的法治保障》，《思想教育研究》2021 年第 3 期。
② 刘丹：《新时代爱国主义教育的宪法之维》，《中国教育学刊》2020 年第 9 期。
③ 姜东菲、王馥琴、韩素贞：《论高校档案馆爱国主义教育基地与大学生思想政治教育创新》，《中国成人教育》2014 年第 4 期。
④ 宋元晖：《论高校图书馆的爱国主义教育》，《图书馆学研究》1997 年第 5 期。
⑤ 参见马进等主编《高校思想政治理论课教学中的爱国主义教育研究》，甘肃民族出版社，2010。
⑥ 郑小东、文媛媛：《高校思政课爱国主义教育实效性探究》，《学校党建与思想教育》2018 年第 20 期。

机会，也可以结合专业特点对大学生进行分组。① 这种个性化的爱国主义教育是大学思政课堂效率较高的模式，有助于调动大学生的学习积极性。在课程方面，较多地聚焦"毛泽东思想和中国特色社会主义理论体系概论"课程对大学生爱国主义教育的作用，指出要充分利用该课程，发掘爱国主义教育元素，激发大学生的爱国热情。

此外，还有对辅导员、优秀传统文化、社会实践活动、专业课程等在高校爱国主义教育过程中的作用展开的研究。

第三，若干类别高校或地区大学生爱国主义教育问题。对不同类别、不同类型大学生的爱国主义教育需要采取不同的方式方法，这种分类别的教育模式也逐步成为学界共识。有些学者对不同类别的高校爱国主义教育进行了探索。奚洁人谈到师范院校的爱国主义教育问题。他指出，师范院校开展爱国主义教育意义深远，师范生作为爱国主义教育受教育者，经过培养，他们会向教育者转变。师范生的双重身份就决定了师范院校对他们开展爱国主义教育的双重目的，一方面要使学生成为具有高尚爱国主义情操的爱国者，另一方面使学生具备未来从事爱国主义教育活动的各种素养和能力。为此，奚洁人认为，除了一般性爱国主义教育内容外，还应当增加师范生爱国主义教育的技能训练活动。②

有的研究对民族地区院校的爱国主义教育展开探讨，认为民族院校的爱国主义教育可以从文化领域展开，通过结合不同时期文化中的爱国主义，使各民族学生深刻体会爱国主义内涵，使爱国主义教育与特色民族文化、古代优秀传统文化、近代革命文化和现代社会主义文化相结合，从而为培养少数民族骨干人才贡献力量。邓艳葵指出，民族院校大学生爱国主义教育要从民族地区的经济社会发展需要出发，把握民族地区爱国主义教育对象的特殊性，教育内容要彰显民族地区学生特色、地区特色、时代特色。③ 有一些学者关注了新疆高校爱国主义教育，指出新疆地区高校爱国主义教育的侧重点在民族团结教育、国家安全教育、文化认同教育以

---

① 田霞、范梦：《分层次教学模式在高校思政课堂教学中的应用——以爱国主义教育为例》，《高教探索》2014 年第 6 期。

② 奚洁人：《师范院校爱国主义教育的双重机制及其效应》，《中国高等教育》1995 年第11 期。

③ 邓艳葵：《民族院校大学生爱国主义教育研究》，广西人民出版社，2013，第 105～115 页。

及投身新疆建设实践教育等方面；高校通过发挥课堂教学主渠道作用，引领做好大学生社会实践活动，加强校园文化建设，注重人文关怀并发挥好新疆爱国主义教育基地对大学生的作用，从而构建校内外相沟通、书本与实践相衔接的爱国主义教育运行机制。①

也有的研究针对大学生的不同类型展开探讨。葛兰专门研究了英语专业大学生爱国主义教育问题，通过调研分析了目前英语专业大学生在爱国情感、爱国信念和爱国行为方面存在的一些问题，认为这些问题主要是英语专业教学模式单一和教学方法落后造成的；要通过加强历史和传统文化教育，培养英语专业大学生热爱家乡和祖国的情怀，根据实际需要调整英语专业课程结构，妥善处理专业教育和爱国主义教育之间的关系。② 有研究聚焦涉外大学生爱国主义教育，涉外大学生主要针对中外合作办学专业学生，这些学生一部分时间在中国高校内完成学习，还有一部分时间在国外完成学业；也有一些专业主要在国内完成学业，授课教师中有不少国外教师。研究认为，高校对涉外大学生更要加强党史国史教育和中国特色社会主义道路教育，对于出国学习的专业学生，应在其出国前专门开展爱国主义专题教育，使涉外大学生做坚定的爱国主义者。③

第四，研讨信息科技视域下的大学生爱国主义教育。学界认为，在网络技术时代，大学生爱国主义教育要坚持准则、目标、理念相统一，在内容上做到爱国和爱党、爱社会主义相统一；在方法方面，要坚持理论阐释、队伍能力以及评价机制的统一，从而更好地引导大学生的网络爱国行为。胡树祥、毛娜指出，开展网上爱国主义教育是爱国主义教育的热点、重点以及创新点，能够扩大信息覆盖面，提高受教育主体自主性，推动网上爱国主义教育能够提升爱国主义的传播力、影响力。④ 有的研究认为，在人工智能背景下，爱国主义教育正在发生深刻变革，爱国主义教育赖以发生与维系的国家历史传统、权力结构以及政策安排面临严峻挑战；在人工智能背景下开展爱国主义教育，要坚持把国家认同作为核心议题，优化

---

① 赵翠芳：《新疆高校爱国主义教育的侧重点和主要途径》，《新疆社会科学》2012 年第 4 期。
② 葛兰：《加强英语专业大学生爱国主义教育的探索与实践》，《教育探索》2008 年第 2 期。
③ 董明：《涉外大学生爱国主义教育模式初探》，《辽宁教育研究》2008 年第 4 期。
④ 胡树祥、毛娜：《生动活泼开展网上爱国主义教育的着力点》，《思想理论教育导刊》2021 年第 6 期。

人与国家之间的关系、现实与理想之间的关系，坚持加强人文精神教育，做到以文化人，提升爱国主义教育的文化意蕴。①

自媒体是信息科技时代到来的产物。有学者认为，要想运用好自媒体加强大学生爱国主义教育，不仅要完善关于自媒体的相关法律法规，强化国民道德教育，实现大学生爱国主义教育主体的"微转型"，还要注重发挥自媒体"意见领袖"在大学生爱国主义教育中的地位和作用，引导爱国主义教育的舆论走向，更要通过提升高校教师的多媒体素养来推进爱国主义教育。② 微博对于大学生的爱国主义教育也是学界关注的热点，有学者认为，要注意微博的舆论场域对爱国主义教育的影响，"有必要及时把握生动变化的教育信息环境，通过微博舆论场不断扩大的影响力来把握发展契机"③。要立足实效性，紧扣教育主线，加强对大学生爱国主义教育的分类引导，增强内容吸引力。还有学者关注了微信的普及使用对大学生爱国主义教育的影响，指出微信在信息制造与传递过程中可能对爱国主义教育产生一定的负面影响，需要增强对微信信息的管理与把控。要利用微信加强朋辈之间的爱国主义教育，以最贴近大学生的方式增强微信爱国主义教育的吸引力。④

第五，仪式、纪念活动与高校爱国主义教育研究。仪式、纪念活动是爱国主义教育的重要载体，学界关注到其中所蕴含的丰富的爱国主义教育资源。在关于仪式和纪念活动的价值问题上，不少学者认为，仪式和纪念活动能够为爱国主义教育提供重要契机，能够深入拓展大学生爱国主义教育的渠道。要充分利用好仪式和纪念活动在增强大学生爱国情感、深化爱国认知、规范爱国行为等方面的作用。还有学者指出，纪念活动能够实现大学生政治认同从被动式认同逐步转变为主动式认同，有助于强化文化记忆，防止因为传统文化认同的衰减而导致的中国文化认同危机，有助于筑

---

① 任志锋：《人工智能背景下爱国主义教育的变革与应对》，《教学与研究》2021 年第 4 期。
② 党彦虹：《自媒体时代加强大学生爱国主义教育刍议》，《学校党建与思想教育》2016 年第 18 期。
③ 朱磊：《微博舆论场下大学生爱国主义教育的挑战及应对》，《湖北社会科学》2013 年第 12 期。
④ 孟海侠、赵世鸿：《微信媒介视角下大学生爱国主义教育的现状及完善对策》，《黑龙江高教研究》2017 年第 11 期。

牢国家统一的思想根基。①

在如何利用仪式和纪念活动有效开展爱国主义教育方面，有学者指出，要"构建有效的情景认知模式，丰富爱国主义教育仪式的内涵；创造性转化传统文化资源，汲取爱国主义礼仪教育的精华；运用多种形式开辟教育渠道，搭建爱国主义仪式教育新平台"②。有的研究深入探讨了新时代爱国主义教育的仪式构建，提出了从"仪式时空、互动仪式机制、仪式制度和仪式体系以及重视开发与转换传统仪式资源等方面建设与完善"③，从而推动新时代大学生爱国主义教育不断走向纵深。

在仪式和纪念活动方面，有的学者关注了国难教育对高校爱国主义教育的意义。彭舸珺、牛健蕊认为，国难教育是爱国主义教育的组成部分，国难教育能够传递中国社会历史中的国家认同意识，也能够纠正社会上存在的历史虚无主义的不良趋向。④ 在开展国难教育的过程中，要把握好历史与现实的关系，调适好大学生的情感与行为的关系，克服教条式的爱国主义说教，增强大学生居安思危的意识。李广等细化了对国难教育的研究，着重从日本侵华史料中寻找有利于开展大学生爱国主义教育的元素，并指出，就日本侵华行径开展爱国主义教育要在促进中日友好与推动世界和平与发展的目标下进行，从而把爱国主义与国际主义相结合，让大学生理解中国为世界和平所做出的贡献。⑤

3. 高校思想政治教育亲和力相关研究

2012 年以来，亲和力相关研究开始增多。习近平较早提及"亲和力"是在 2016 年 12 月全国高校思想政治工作会议上，他提出"提升思想政治教育亲和力和针对性"之后，学界对于"亲和力"开始有所关注，这期间也呈现阶段性特点，2019 年之前关于高校教育亲和力的研究还比较零散，

---

① 刘晓鹏：《重大纪念活动对爱国主义教育的独特价值》，《中学政治教学参考》2020 年第 33 期。

② 张智、马琳：《仪式礼仪：新时代爱国主义教育的重要载体》，《思想教育研究》2019 年第 4 期。

③ 张晓婧：《论新时代爱国主义教育的仪式建构》，《湖北师范大学学报》（哲学社会科学版）2022 年第 1 期。

④ 彭舸珺、牛健蕊：《国难教育：高校爱国主义教育的有益补充》，《河北师范大学学报》（教育科学版）2016 年第 6 期。

⑤ 李广、王奥轩、苑昌昊：《国难教育、社会创伤记忆与国家形象建构——爱国主义教育视域下日本侵华史料研究的逻辑理路》，《东北师大学报》（哲学社会科学版）2022 年第 1 期。

涉及教师亲和力、思想政治教育亲和力、意识形态亲和力等内容。而在2019年之后，研究内容以思政课亲和力为主体，关于思政课亲和力的研究升温，并随着思政课研究领域而开始大规模系统进入高校思想政治教育研究领域。之所以在2019年出现高校亲和力研究热潮，是因为这一年的3月18日习近平在学校思想政治理论课教师座谈会的讲话中再次提及思政课教育"亲和力"问题。思想政治教育的亲和力问题进一步成为学界研究的热点，随后亲和力研究从思政课领域逐步拓展到高校思想政治教育的大范畴之中。这是关于高校思想政治教育亲和力研究的基本背景。从内容上看，高校思想政治亲和力研究主要有以下几方面内容。

（1）高校思想政治教育亲和力提升路径研究

在提升高校思想政治教育亲和力方面，主要有以下几种观点。

一是新媒体技术介入说。有研究强调要发挥新媒体技术的作用，即通过分析新媒体与大学生思想行为的关联，指出要依托互联网、即时通信技术拓展思想政治教育领域以及新空间。[1] 有研究认为，新媒体技术的运用之所以能够提升高校思想政治教育的亲和力，是因为它提倡教育者与教育对象之间的平等，教育对象能够通过新媒体表达自身的想法，有助于对象开展独立思考，同时"新媒体技术的虚拟性，可以使大学生充分表达自己的真实想法，从而使高校思想政治教育能够准确掌握教育对象的真实思想状况，为双方之间的有效沟通奠定技术基础"[2]。因此，有专著关注了新媒体语境下思想政治教育话语体系建构，从建构的主体框架、原则与实践、理论基础等方面展开研究。[3]

二是多维度说。相当一部分研究认为，要提升高校思想政治教育亲和力，需要多方面共同作用形成育人合力，不同学者提出了多种维度的提升路径。例如，有研究指出，需要从教育主体、教育内容、教育环境和教育方法四个维度来提升思想政治教育的亲和力；受教育者的发展需求与期待是提升亲和力的前提，需要通过分析受教育者心理，然后思政教育活动各

---

[1] 参见王虹、刘智《新媒体时代高校思想政治教育创新研究》，中国社会科学出版社，2012。

[2] 赵奚赟：《高校思政教育如何提升亲和力》，《人民论坛》2019年第9期。

[3] 参见梁庆婷《新媒体语境下思想政治教育话语体系建构研究》，中国矿业大学出版社，2017。

要素亲和力协同配合，通过教育主体维度增强情感认同；在教育内容方面要注重价值引领，使思政教育内容具有大众度；在教育方法上做到优化载体，提升教育方法的适恰度。① 沈光则认为，提升高校思想政治教育亲和力要把握"六个相统一"，也就是做到要素与整体相统一、主体性与客体性相统一、系统性与针对性相统一、知识性与价值性相统一、显性传播与隐性教育相统一、现实环境与虚拟环境相统一。②

三是融入中华优秀传统文化说。持这种观点的学者认为，提升高校思想政治教育亲和力，归根结底还需要从文化层面着手。例如，姜益琳、李鹏认为，要善于从中华优秀传统文化中汲取提升高校思想政治教育亲和力的养分，应在思想政治教育与中华优秀传统文化融合上下功夫，提出从主阵地、主渠道和主平台三个方面入手，"使思想政治教育在新时代真正融合、真心认同、真情纳悦中华优秀传统文化，提高中华优秀传统文化融入新时代思想政治教育的针对性和实效性"③。有的研究则细化了对中华优秀传统文化在提升思想政治教育亲和力方面的发掘，试图从传统的"和合"文化中接轨思想政治教育，指出高校思想政治教育可以巧用中国传统文化中的和立、和生、和处、和爱、和达"五和"文化，进而实现亲和力的提升。④

四是心理层面说。研究融入了跨学科分析，认为亲和力问题涉及心理机制，所谓亲和力实质是教育对象的需要与情感形成了"亲和"的动力机制，思想政治教育亲和力就是教育者"主动性人际吸引、积极心理效应的运用、教育对象的态度改变以及教育者与教育对象的心理互换和心理互动的过程"⑤。提升亲和力，从心理角度出发，应激发与强化受教育者的学习动机，在知行合一中增强思想政治教育的感染力、亲和力。

（2）思想政治教育亲和力基本理论研究

关于亲和力的内涵研究方面，当前学界主要形成了以下几种具有代表

① 徐稳：《论思想政治教育亲和力提升的四重维度》，《思想政治教育研究》2021 年第 1 期。
② 沈光：《提升高校思想政治教育亲和力要把握"六个相统一"》，《江苏高教》2020 年第 4 期。
③ 姜益琳、李鹏：《中华优秀传统文化与思想政治教育亲和力的生成机理研究》，《学校党建与思想教育》2019 年第 8 期。
④ 高晗雯、林伟：《和合文化视阈下提升高校思想政治教育亲和力探析》，《广西社会科学》2020 年第 4 期。
⑤ 张静、李苏婷：《心理视角下思想政治教育亲和力的生成与培育研究》，《思想教育研究》2019 年第 4 期。

性的观点。第一种观点侧重于认为亲和力是实践活动的一种吸引力，思想政治教育亲和力指的是思想政治教育实践活动对于教育对象而言具有的亲近、吸引和融合的倾向性特点，在思想政治教育实践活动中，使教育对象产生的一种亲近感与趋同感。① 第二种观点侧重于从思想政治教育客体角度对亲和力进行解释，认为亲和力指的是"思想政治教育对于思想政治教育客体所具有的吸引力、感染力和说服力，集中表现在思想政治教育客体对思想政治教育的亲近感和接受度上，是思想政治教育客体对思想政治教育的一种认同"②。第三种观点从思想政治教育主客体双向关系来理解亲和力，认为"增强思想政治教育的亲和力，本质上就是要把握思想政治教育的相互性"，也就是要把握教育者与教育对象之间的相互性，教育者与教育内容、方式及路径之间的相互性，国家、社会、学校与家庭之间的相互性，在这一系列相互性基础之上形成的育人合力就是亲和力。③

关于思想政治教育亲和力的结构研究，一些学者认为，亲和力具有多层次结构，在具体层次结构方面各方有不同的表述。李建认为，思想政治教育亲和力具有两个层次结构，即内在亲和力和外在亲和力。"内在亲和力源自人们对获取知识、探究真理及思想政治教育本身价值实现的期待，外在亲和力由教育目标认同感、教育者综合魅力和教育者过程和谐感组成。"④ 邓若玉认为，思想政治教育亲和力包括了主体、系统和过程三个方面。从主体视角看，思想政治教育亲和力也就是教育者对教育对象具有主体吸引力；从系统角度分析，亲和力表现为对思想政治教育大体系各要素之间的组合排列，当组合排列较为优化时，就具有了亲和力；从过程论视角分析，亲和力是动态而非静止过程，亲和力是各种元素的变化以及在变化过程中形成的和谐互动状态。⑤ 还有研究从"亲和力"概念的阐释出发，探讨了提升思想政治教育亲和力的"亲""和""力"三方面的层次及之

---

① 陈桂蓉、练庆伟：《反思与重构：思想政治教育亲和力价值和定位》，《福建行政学院福建经济管理干部学院学报》2006 年第 5 期。

② 王学俭、阿剑波：《提升高校思想政治教育亲和力和针对性的思考》，《学校党建与思想教育》2017 年第 19 期。

③ 邱仁富：《论新时代思想政治教育的亲和力》，《河海大学学报》（哲学社会科学版）2018 年第 6 期。

④ 李建：《论思想政治教育亲和力的结构层次》，《学校党建与思想教育》2017 年第 15 期。

⑤ 邓若玉：《思想政治教育亲和力：概念·生成·结构》，《中学政治教学参考》2020 年第 37 期。

间的逻辑关联，认为"亲"是实现思想政治教育亲和力的前提，"和"是提升亲和力的手段，"力"是提升亲和力的最终落脚点。[①]

（3）高校思政课亲和力研究

高校思政课亲和力研究是高校思想政治教育亲和力研究的重要方面，如上所述，2012 年以来学界对亲和力的研究主要表现于思政课亲和力的研究。因此这方面不仅研究成果较多，而且研究较为深入，2019 年 3 月 18 日学校思想政治理论课教师座谈会召开以来，这方面研究更是达到一个高峰。

学界对高校思政课亲和力的内涵有专门探讨，认为高校思政课亲和力是指思政课对于大学生的吸引力、感染力、说服力。不少研究还纠正了关于思政课亲和力研究中可能存在的错误趋向，特别指出亲和力并不是对大学生需求的过度满足与迁就，"而是通过科学的教学设计，在尊重大学生学习需求、成长规律、认知习惯的基础上，合理协调学生学习需要及教学需要的关系，要避免思想政治理论课过度'接地气'而失去了理论性和严肃性"[②]。构成思政课亲和力的维度是多方面的，有研究特别指出了思政课教师亲和力是思政课亲和力的重要组成部分。[③]

了解思政课亲和力的影响因素是提升思政课亲和力的前提，因此有对思政课亲和力影响因素开展的研究。这方面的研究成果主要集中于教师因素、教材因素、实践因素、方法因素等若干方面。因此，要提升思政课亲和力，必须从多方面入手。白显良提出，要坚持对教学内容的透彻把握，这是提升思政课亲和力的前提，加强教育的针对性是关键，教学话语接地气是亲和力提升的基础，同时还需要教师的全身心投入。[④] 崔延强、叶俊则从更广的维度指出提升思政课亲和力的关键，认为要做到"八个相统一"，即政治性与学理性相统一、价值性与知识性相统一、统一性与多样性相统一、主导性与主体性相统一、建设性与批判性相统一、灌输性与启

---

① 唐斌：《高校思想政治教育亲和力及其内在逻辑研究》，《学术论坛》2018 年第 6 期。

② 袁芳、颜吾佴：《提升高校思想政治理论课亲和力的三重逻辑》，《中国高等教育》2019 年第 21 期。

③ 陈妍、洪雁：《高校思想政治理论课亲和力影响因素分析及其对策》，《学校党建与思想教育》2019 年第 11 期。

④ 白显良：《论高校思想政治理论课教学亲和力的逻辑生成》，《思想理论教育导刊》2017 年第 4 期。

发性相统一、理论性与实践性相统一、显性教育与隐性教育相统一。①

在提升高校思政课亲和力路径问题上，除了传统的教学优化路径外，有的研究探讨了使用思政课情景剧教学法来提升亲和力的方法，并详细探讨了思政课情景剧教学法的具体实施过程，使情景剧做到内容上因事而化、方法上因时而进、理念上因势而新。②

（4）思想政治教育话语亲和力研究

有的研究把思想政治教育亲和力聚焦话语方面，认为思想政治教育的话语是促进人与人相互理解的一把锐利武器。邱仁富在其专著《思想政治教育话语论》中指出，所谓思想政治教育话语，是"思想政治教育活动过程中的教育者和受教育者用来交往、宣传、灌输、说服，以及描述、解释、评价、建构思想政治教育内容和主体间思想观念、价值取向和行为表征的言语符号系统"③。做好思想政治教育工作的关键就是要使话语具有亲和力。袁芳用马克思主义实践的语言观来审视思想政治教育话语创新问题，总结了思想政治教育话语创新的中国经验。④

诸多学者从不同方面对实现思想政治教育话语亲和力的提升进行专门研究。有的学者基于新媒体语境，指出高校思想政治教育亲和力需要纳入新媒体语境，新媒体的应用有助于教育主体增强吸引力，能够提升教育实效性，同时也丰富了教育形式，要在利用好新媒体的情况下实现权力型话语向权利型话语转变、宏大叙事话语向微小叙事话语转变，以及文本话语向形象话语转变。⑤ 有的研究侧重从思政课教师的话语体系构建方面来提升高校思想政治教育亲和力。韩伟、刘振亚认为，提升思政课教师话语亲和力能够巩固马克思主义指导地位，增强思想政治教育的实效性，要多从教师角度出发，关心关注思政课教师的职业发展，激发其担当意识，同时注意规范其话语表达，丰富话语亲和力表达内容体系，促进话语表达的认

---

① 崔延强、叶俊：《"八个相统一"：增强思想政治理论课的亲和力的基本遵循》，《思想理论教育导刊》2019年第6期。

② 周琳娜、王仁姣：《以思政课情景剧教学法提升社会主义核心价值观教育亲和力》，《思想政治教育研究》2019年第1期。

③ 邱仁富：《思想政治教育话语论》，上海交通大学出版社，2013，第1页。

④ 参见袁芳《思想政治教育话语创新论的马克思主义审视》，中央编译出版社，2018，第51~90页。

⑤ 张亮：《新媒体语境下高校思想政治教育亲和力的现实审视及实现路径》，《中南大学学报》（社会科学版）2018年第2期。

同，从而使学生亲其师、信其道。① 鉴于此，有专著专门探讨了思想政治教育的语言问题。袁张帆的《思想政治教育语言研究》一书将思想政治教育的语言作为研究对象，从基础特征、功能结构、体系建构等语言维度对提升思想政治教育的实践效果进行了研究。②

4. 高校爱国主义教育亲和力相关研究

尽管"爱国主义教育亲和力"并没有作为一个专门的研究名词单独呈现，但是在爱国主义教育的相关研究中，已有不少论著涉及"亲和力"的有关内涵。笔者主要以"吸引力""感染力""情怀""认同"等与亲和力高度相关的研究主题词为检索关键词，对现有高校爱国主义教育研究相关成果进行筛选，进而对高校爱国主义教育亲和力研究现状做一个基本梳理。

（1）从心理学角度研究爱国主义教育亲和力

爱国主义教育亲和力与心理学密切相关，不少研究运用心理学知识对该主题进行研究。曾令辉从爱国主义教育主客体的心理结构开展探讨，他从爱国主义教育的定义出发，认为爱国主义教育是以培养人的爱国情感、信念、精神以及爱国行为为目的的教育活动，这些内容与人们的心理活动密切相关。爱国主义教育的主客体都包含了"知情意行"这四种相互影响和相互联系的基本要素，曾令辉认为，在爱国主义教育主体层面，要用人文关怀的方法激发教育主体的"情"和"爱"，要通过加强制度建设、强化管理来强化教育主体意志力，进而使其转化为爱国主义的行动。在爱国主义教育客体方面，可以使用引导的方法提高教育客体爱国主义认知能力，运用情感体验的方法培养教育客体的爱国主义情感，运用实践的方法锻炼教育客体的学习意志力。主客体之间通过达成心理共识，形成爱国主义教育的亲和力。③ 兰涵旗、余斌从心理学角度详细探讨了如何从"知情意行"维度来加强高校爱国主义教育，他们提出要构建"知情意行"一体贯通的爱国主义教育体系，要坚持"以认知教育为基础，以情感化育为重

---

① 韩伟、刘振亚：《思政教师话语亲和力的价值与实现路径》，《思想政治课教学》2021年第4期。

② 袁张帆：《思想政治教育语言研究》，社会科学文献出版社，2017。

③ 曾令辉：《爱国主义教育主客体心理结构分析与优化探讨》，《学校党建与思想教育》2006年第7期。

点，以意志塑造为关键，以实践锤炼为拓展，引导大学生明晰'为什么爱国''什么是爱国''怎么样爱国''如何去报国'"①，从而使大学生具有坚定的爱国主义信念和自觉行动力。

（2）从"情"的感化角度谈爱国主义教育亲和力

有的研究在高校爱国主义教育中注重"情"的探讨。刘建军从理论角度阐释了厚植爱国主义情怀，虽然在其研究中未使用"亲和力"概念，但是内容明确指向了"亲和力"问题。他指出，厚植爱国主义教育的方法必然具有温柔性、和缓性、累积性等特点，而厚植爱国主义情怀是系统工程，需要有国家的发展、个人的体验以及从家庭到学校的教育，要彰显知国之明，涵养爱国之情，砥砺强国之志，还要有实践报国之行。在爱国主义教育中始终要做到把内化与外化、精神与行为统一起来。② 王有鹏等则从"激情""生情""动情""导情""促情"五个方面对爱国主义教育的有效性进行研究，并认为，学校爱国主义教育可以借助诗歌等形式激发学生的爱国主义情感。要重视课堂活动，通过讨论、辩论、表演、写作等有效的课堂活动激发学生内心深处的爱国主义情感。开展爱国主义教育离不开说理，要通过精辟和恰到好处的说理来触动学生的爱国主义情感。同时，教师应当在课堂中发挥良好的教育机制作用，在爱国主义教育过程中以应变实现"导"情。此外，还要善于开展教学对话，通过思想碰撞、心灵交流使爱国主义教育取得实效。这五个方面的"情"的注重与运用，实际上讲的就是爱国主义教育亲和力。③ 有研究则探讨了如何以情感为切入点构建爱国主义教育机制的问题，相关学者认为，需要利用情感功能，"积极构建新时代大学生爱国主义教育情感生发机制、情感发展机制、情感控制机制、情感升华机制。以乐情、冶情、融情原则，推动新时代大学生爱国主义教育情感机制实现实践转化"④。

① 兰涵旗、余斌：《从"知情意行"维度加强高校爱国主义教育探析》，《学校党建与思想教育》2020 年第 20 期。
② 刘建军：《厚植爱国主义情怀的理论阐释》，《思想理论教育》2019 年第 9 期。
③ 王有鹏、颜景彩：《激情·生情·动情·导情·促情——爱国主义教育的有效性探索》，《思想政治课教学》2008 年第 6 期。
④ 席一、肖珍：《新时代大学生爱国主义教育情感机制构建》，《中学政治教学参考》2021 年第 36 期。

（3）从大学生人本角度推进高校爱国主义教育研究

有学者指出，爱国主义教育的本质来自人本内核，要使爱国主义教育取得良好效果，需要坚持人本价值的基本取向。研究者从历史唯物主义理论出发，认为爱国主义教育就是要从历史、人文角度来审视，因为爱国主义具有人民性与民族性，把握住人本价值内核，有助于深入开展爱国主义教育，爱国主义教育人本概念实际上就是基于亲和力而提出来的。为此，在爱国主义教育过程中要设定人本目标，在政治宣传中要坚持人本原则，还应倡导大学生理性爱国的人本行动。有学者指出，爱国本质上就是"爱人"，就是要关心学生、理解学生、尊重学生、服务学生，如果能满足这些要求，学生自然会感受到爱国主义教育的亲和力。① 有的学者坚持人本价值取向，从接受机制角度谈如何增强爱国主义教育亲和力问题。涂争鸣认为，要使学生能够彻底接受爱国主义教育洗礼，首先需要在教育过程中用理性折服学生，也就是通过积极的宣传教育使学生能自发地把爱国主义内容做到入脑入心，这种理性的方式表现为爱国主义能够"合逻辑""可论述""能证实"，如果学生能够被爱国主义理性折服，那么爱国主义教育成效必然是显著的。他还指出，要善于使用形象感染功能，在爱国主义教育中融入真的情感、善的精神和美的形象，使这种情感逐渐浸润大学生的身心，这也是人本价值取向的爱国主义教育亲和力的体现。②

（二）国外研究综述

从所收集的资料来看，未查询到国外对高校爱国主义教育亲和力的直接相关研究。但是对于亲和力以及爱国主义教育的相关研究，国外也有一定的成果。

1. 关于"亲和力"相关研究

对于"亲和力"的主题研究，国外起步比国内要早。"亲和力"一词在国外研究中主要集中于心理学研究领域。国外较早关注"亲和力"概念的学者是美国心理学家艾伯特·梅拉比安（Albert Mehrabian），他在其所著的《无声的信息》（*Silent Messages*）一书中使用了"immediacy"以表示

---

① 陈智慧：《高校爱国主义教育的人本价值导向探析》，《教育与职业》2008 年第 35 期。
② 涂争鸣：《论大学生爱国主义教育的接受机制》，《黑龙江高教研究》2000 年第 4 期。

"亲和力"概念。他将亲和力定义为一种能够增进自我与他人亲近感的交流行为的能力。[①] 而将"亲和力"概念沿用至教育领域的是艾伯特·梅拉比安于 1979 年发表的《教师亲和力——教学有效性预测因子》一文，该文主要探讨了人际传播亲和力问题，指出教师要发挥非言语的作用，例如保持微笑、注重站姿、手势等。此后，McCroskey 以及 Wheeless 等人也逐步对教师的亲和力进行了研究，并从多个角度对如何提升亲和力进行了探讨，例如在教师方面，要注重外表、情感、观念、行为；在师生关系方面，教师要能够平等对待学生，学会倾听学生的观点。因此，当亲和力引入教育领域时，国外研究主要聚焦教师方面。当然，也有一些研究从哲学、宗教学等方面对亲和力进行了研究。例如 H. L. Shorto、Charles E. Scott 等人分别从语言学、宗教学视角对亲和力展开探讨。此外，还有一些学者注重在大众传播领域对亲和力开展定性与定量分析。[②]

因此，国外学者对亲和力的研究更多的是从教师角度进行的探讨，其研究的学科也主要与知识性学科紧密结合，研究了亲和力与学生知识习得方面的关联。虽然涉及德育的内容不多，涉及的领域集中在教师主体、语言表达等方面，但是这些探讨为本书开展爱国主义教育亲和力研究提供了良好基础和研究方法的指导。

2. 关于爱国主义教育相关研究

爱国主义教育问题是世界各国普遍比较重视的问题，而国外关于爱国主义教育的研究成果也较多，当然，集中于高等学校爱国主义教育的研究成果相对零散。国外对爱国主义教育相关研究成果如下。

要开展爱国主义教育，首先要明确爱国主义的定义。国外研究对爱国主义的定义有较为全面的研究。安德鲁·海伍德（Andrew Heywood）从情绪表达角度出发，认为爱国主义指的是个体对本民族强烈依赖的一种自然、合意情绪的表达。[③] 埃里·凯杜里则从情感角度指出，爱国主义是一个人对自己的国家或群体有着一种强烈的热爱，并且自己作为其中的一分

---

① Albert Mehrabian, *Silent Messages*, Wadsworth Publishing Company, 1971, p. 4.
② 转引自刘慧《高校思想政治教育亲和力的影响要素研究》，硕士学位论文，中央民族大学，2019，第 3 页。
③ 参见〔英〕安德鲁·海伍德《政治学核心概念》，吴勇译，天津人民出版社，2008，第 312~320 页。

子对于这个国家的国防、制度等有着强烈的忠诚与热情，这种情感是一种普遍存在的情感。① 法国著名历史学家、政治学家托克维尔将爱国主义从两个维度来进行理解，他认为爱国主义一个维度是本能的爱国心，另一个维度是理智，也就是理智的爱国主义。他认为，衡量爱国主义的标准是"开明自利"。②

在爱国主义教育的实践研究方面，俄罗斯、美国、韩国、日本的研究成果较多。例如俄罗斯学者对爱国主义教育的研究认为，要从国家层面做好顶层设计，指出俄罗斯爱国主义精神是以民族英勇精神和英雄主义为内核的，研究指出，普京执政后在爱国主义教育中更加强调"强国意识""国家观念""社会团结"等内容。③ 俄罗斯教育界强调发挥历史教育、历史见证者以及社会力量对于爱国主义教育的作用。国外有学者对美国的爱国主义教育进行研究，认为美国的爱国主义教育坚持价值多元，以公民责任教育为中心，主要强化了核心价值的教育和公共精神的培育，以联邦政府教育和公民课程为教育载体。在特点上，美国的爱国主义教育非常重视实践活动，认为志愿活动与公民的爱国素养呈正相关的关系。④ 韩国有研究认为，韩国的爱国主义教育涵盖家庭、学校和社会三个领域，形成了终身教育的模式结构，并结合国家法律和章程推动了爱国主义教育的实施，还注重发挥"乡校"等组织的爱国主义教育功能，着力培养"身土不二"的经济爱国主义实践行为。日本有研究指出，日本的爱国主义教育的核心逐步实现了从"忠君爱国"到"为国捐躯"再到"和平共生"的转变，在教育内容方面有传统文化、乡土情感以及民族精神的教育。

总的来看，国外对于爱国主义教育的研究轻理论、重实践，对于爱国主义教育系统理论的阐述较少，研究主要集中于对爱国主义教育的整体规划与实践。

---

① 〔英〕埃里·凯杜里：《民族主义》，张明明译，中央编译出版社，2002，第 68 页。

② 参见〔法〕托克维尔《论美国的民主》上卷，董果良译，商务印书馆，1989，第 268 ~ 269 页。

③ Владимир Путин. Россия на рубеже тысячелетия, http://www.rg.ru/Prilog/vvd/1231/10.html. 1999 – 12 – 30/2014 – 02 – 10.

④ Amanda Moore McBride, Margaret S. Sherraden, Suzanne Pritzker, "Civic Engagement among Low-income and Low-wealth Families: In Their Words," Working Paper No. 4 – 14. Center for Social Development Global Service Institute, 2004, pp. 1, 3.

（三）研究述评

综观国内外研究，学界对高校爱国主义教育、思想政治教育亲和力探讨的论著较多，但是对高校爱国主义教育亲和力的研究笔者还未查询到，而这一主题具有强烈的现实需要。近年来，党和国家高度重视爱国主义教育，一方面对思想政治教育工作的亲和力提出了要求，另一方面就推进爱国主义教育出台了《新时代爱国主义教育实施纲要》，因此开展这方面研究正逢其时。当前学界的探索为该主题的深入研究奠定了良好的基础，研究具有以下特征。

一是实践研究成果丰硕，但是基础理论研究不足。不少论文和专著来自高校从事思想政治教育的专职队伍，例如辅导员、宣传部门工作人员等，但是专门从事理论研究的作者尤其是从事马克思主义理论研究方面的人员偏少。在这样的研究现状之下，对于爱国主义教育"如何做"的问题研究较多，但是对于开展什么样的爱国主义教育、为什么要这么做等问题的研究深入不够。基础理论研究的深入有助于在实践中开展正确且有效的爱国主义教育，而学界在这方面实际上还有很多工作需要去做。

二是爱国主义教育路径的实践探索虽多，但关于"亲和力"的研究不足。在推进高校爱国主义教育路径方面，如上文所述，学界虽然开展了多方面探索，但这些探索大多不是从"亲和力"角度进行的研究。当前高校爱国主义教育的现状是：方法和策略很多，但能够引发教育对象共鸣并形成深刻爱国主义认同的方式不多。无论是思想政治教育还是爱国主义教育，在方法和策略的研究中，应从重视方法策略的多样性研究转向"质"的研究，而以"亲和力"为切入点是一个新的角度。

三是对爱国主义教育的主体、客体的研究较多，但是整体性研究和对爱国主义教育话语体系的研究较少。学界从教育者、教育对象、教育环境等方面对如何实施爱国主义教育有较为深入的研究，但一些成果对这些研究对象开展的是孤立研究，教育效果的实现应该将这些对象作为系统来探讨。事实上，除了主体、客体外，爱国主义教育话语体系研究也需要被重视，这是提升亲和力的关键方面。

因此，本书是基于当前学界成果还存在的研究空间而进行的探讨，试图在爱国主义教育领域的理论和实践层面对学界做出新的贡献。

第一章　爱国主义教育的理论基础

　　爱国主义是历史的，在阶级社会中，任何一个国家所提倡的爱国主义都是具有阶级属性的。那么，我们究竟需要奉行什么样的爱国主义？这是当前增强高校爱国主义教育亲和力必须弄清楚的首要问题。中华人民共和国是在马克思主义政党——中国共产党领导下建立起来的社会主义国家，同时它也是在世世代代繁衍的中华民族根基上建立起来的。我们所秉承的爱国主义必须是马克思主义的爱国主义，这种爱国主义也应当是很好地传承了中华优秀传统文化精髓的爱国主义。提升高校爱国主义教育亲和力，从根本上来说，是提升马克思主义爱国主义教育的亲和力，这是方向和旗帜问题；提升高校爱国主义教育亲和力也是提升中华优秀传统文化中爱国主义教育的亲和力，这是底蕴和根基问题。在教育的内容这个问题上，我国高校任何时候都不能含糊。要深刻理解和切实践行马克思主义的爱国主义教育亲和力，深入挖掘和提炼中华优秀传统文化下的爱国主义教育亲和力，必须从理论上弄清楚马克思主义的爱国主义从何而来？马克思主义的爱国主义内涵是什么？中华优秀传统文化中的爱国主义哪些是需要传承和发扬的？在实践中如何来体现？这一系列基础性问题构成了高校爱国主义教育亲和力提升的必要理论前提，也是本章需要重点阐述的内容。

一　爱国主义教育的马克思主义理论渊源

　　马克思主义经典作家对爱国主义有精辟的论述，这些论述构成了马克思主义的爱国主义教育内容，而马克思主义的爱国主义理论体系是高校提升爱国主义教育亲和力的理论基础。

（一）马克思主义经典作家关于爱国主义的理论

爱国主义是马克思主义理论宝库的重要组成部分，马克思主义经典作家立足于人类解放，从国际大视野中对爱国主义进行阐释，构建了无产阶级爱国主义的理论体系，这是新时代提升高校爱国主义教育亲和力的基本理论前提。

1. 马克思恩格斯的爱国主义思想

马克思主义经典作家关于爱国主义的思想，深受他们所处历史时代的影响。马克思恩格斯的爱国主义思想经历了从朴素的爱国主义到具有国际主义的爱国主义的发展演变。

第一，爱国主义以民族独立和民族解放为基本前提。在马克思恩格斯爱国主义思想形成的早期，他们意识到必须深刻认识爱国主义的基本前提，也就是爱的这个"国"是何种意义上的"国"。在他们看来，这个"国家"应当是人民当家作主的、反对封建主义的民主国家。

1842～1843年，马克思在《莱茵报》先后发表了四篇涉及爱国主义思想的文章。马克思当时不满沙皇政府对于德国事务的干预，也反对他们对德国国内革命者的压制，他从德国人的角度指出，"《莱茵报》并没有侮辱外国，它只是谴责了外国对德国的侮辱"[1]。他还指出，"它至少教我们认识到我们的爱国主义的空洞和国家制度的畸形，使我们掩面知耻"[2]。在马克思看来，德国的封建专制制度是民族耻辱，作为封建统治阶级，他们所提倡的爱国主义只不过是为维护其阶级统治而提倡的爱国主义，因此封建专制制度下的爱国主义是空虚和苍白的，德意志封建专制制度之下的德国不值得人民去爱戴。

恩格斯在1890年前后应俄国革命者要求，为他们准备在伦敦发行的《社会民主党人》杂志写了一篇文章，文章主要批评俄国沙皇政府对外策略，文中指出沙皇俄国是欧洲反动势力的堡垒，西欧反动势力和他们互相

---

① 《马克思恩格斯全集》第1卷，人民出版社，1995，第428页。
② 《马克思恩格斯文集》第10卷，人民出版社，2009，第5页。

勾结，扼杀欧洲革命民主运动和民族解放运动。沙皇政府的对外扩张使沙皇政权得到进一步巩固，沙俄国内的一些人因此臣服于"沙皇政府的威力和光辉"，公众对沙皇政府的崇拜转化为一种"庸俗爱国主义"，这种"庸俗爱国主义""绰绰有余地补偿它的一切罪恶、一切暴政、一切不义和专横"①。因此，从马克思恩格斯对当时德国爱国主义、沙皇俄国民众的"庸俗爱国主义"的批判可以看出，他们不认同这种专制制度之下的爱国主义。这种爱国主义最终会麻痹革命者的意志，能使革命者尤其是无产阶级失掉革命斗志。

实现真正的爱国主义的前提应该是生活在一个民主的国家。工人阶级没有祖国并不是说工人阶级不热爱自己国家的山川河流、文化传统，当外敌入侵时，工人阶级必然会保卫自己的国家。马克思恩格斯将爱国主义同阶级斗争紧密结合，提出实现爱国主义的具体路径，即工人阶级必须推翻资产阶级统治，才能够"取得政治统治，上升为民族的阶级，把自身组织成为民族"②

第二，无产阶级的爱国主义应具有国际主义视野。马克思恩格斯是在资本主义全球性侵略扩张背景下研究爱国主义的。马克思恩格斯生活的时代正是资本主义迅速扩张的时代，资本家疯狂追逐剩余价值，使资本主义社会的矛盾不断凸显与激化。为了缓和社会矛盾，资本主义国家需要不断对外转嫁危机，向其他落后民族国家倾销其商品，攫取低廉的原材料和劳动力，一场由资本主义席卷全球的浪潮兴起。在这一时代背景下，马克思、恩格斯关于爱国主义的基本理论实质上就是号召殖民地半殖民地国家为了实现民族独立和人民解放开展英勇顽强斗争，从而保卫自己国家的理论。

马克思在《共产党宣言》指出，"工人没有祖国。决不能剥夺他们所没有的东西。因为无产阶级首先必须取得政治统治，上升为民族的阶级"③。可以看出，马克思所提倡的爱国主义一方面弱化了民族与地域属性，指出无产阶级的联合行动"至少是各文明国家的联合的行动，是无产阶级获得解放的首要条件之一"④。无产阶级要突破民族壁垒与空间限制，

① 《马克思恩格斯全集》第 29 卷，人民出版社，2020，第 8 页。
② 《马克思恩格斯选集》第 1 卷，人民出版社，2012，419 页。
③ 《马克思恩格斯选集》第 1 卷，人民出版社，2012，419 页。
④ 《马克思恩格斯选集》第 1 卷，人民出版社，2012，419 页。

实现广大无产者的联合，因此，无产者的祖国应该是建立在全世界无产阶级的大联合基础上的共同体。另一方面强调了爱国主义的阶级属性而非地域属性，马克思指出无产阶级与资产阶级之间是对立关系，这种对立关系不仅仅表现在同一个民族国家之中，它也是一种跨民族国家的阶级关系的体现。在资本主义统治之下，以全世界无产阶级为代表的广大人民是没有归属感的。当无产阶级逐步取得政权之后，随着剥削与压迫在国家与民族范围内消失，民族与民族之间的对立也会消失。因此，马克思恩格斯提倡的无产阶级爱国主义具有世界性历史意义。

2. 列宁的爱国主义思想

在俄国无产阶级实践中，列宁继承了马克思恩格斯关于爱国主义的有关理论，并进一步对爱国主义进行了发展。他在 1918 年 11 月发表的《皮季里姆·索罗金的宝贵自供》一文中对爱国主义下了一个定义，"爱国主义是由于千百年来各自的祖国彼此隔离而形成的一种极其深厚的感情"①。当然，列宁最初提出爱国主义的概念，本意上是对小资产阶级爱国主义的讽刺与批判，这里所提到的爱国主义并非无产阶级的爱国主义。从列宁对小资产阶级的批评中可以间接认识到列宁对爱国主义的表述，列宁关于爱国主义的观点具有以下一些基本内涵。

第一，爱国主义与国际主义具有辩证统一关系。与马克思恩格斯一样，列宁对爱国主义探讨的前提是基于国际主义视野。首先，马克思主义爱国观是在实现国际无产阶级的利益中逐渐形成的。他认为任何一个马克思主义的思想家都应当承认，为了世界无产阶级的最高利益，马克思主义者应当承担为民族牺牲的任务，在经过无条件的献身革命取得无产阶级政权之后，马克思主义的爱国主义观才正式形成。其次，实现国际无产阶级利益必须打破地域限制。列宁认为，无产阶级需要在国际主义精神团结下共同努力，跨越民族界限实现无产阶级之间的联合，无产阶级的爱国主义并不是存在于某个国家之中，而是流行于全世界的指导原则。无产阶级以马克思主义为指导，在全世界范围内掀起革命浪潮，建立起众多社会主义国家。最后，要注意批判狭隘民族主义的爱国主义。在第一次世界大战中，西方一些参战国在狭隘民族主义的"保卫祖国"口号下，以爱国主

---

① 《列宁全集》第 35 卷，人民出版社，2017，第 187 页。

义为由，鼓动各国民众参加帝国主义战争。针对这一背景，列宁指出，"保卫祖国"的策略取决于战争性质。他认为当时战争是为了维护资本主义制度，是一场帝国主义战争，"保卫祖国"实际上是本国资产阶级为了维护自身阶级利益所打的一个幌子，这种狭隘的资产阶级爱国主义是非无产阶级爱国主义，是不值得提倡的，是应该受到批判的。

第二，无产阶级取得政权后，保卫和热爱无产阶级政权是爱国主义的新型表现。马克思恩格斯论述了无产阶级推翻资产阶级政权建立无产阶级政权的"爱国"前提，列宁使马克思恩格斯的设想得以在俄国实现。十月革命之后，俄国的无产阶级逐步建立起苏维埃社会主义共和国联盟，无产阶级有了自己的国家。在这一背景下，保卫新生的无产阶级政权成为苏联无产阶级爱国主义的最典型表现，所以，列宁指出，"不管是对于我们或者是从国际社会主义的观点来看，保存这个已经开始了社会主义革命的共和国是高于一切的"①。在实践中，列宁领导的苏联人民也是这么做的，苏联人民为了巩固新生政权做出了重大民族牺牲，使新生政权有了喘息机会。另外，虽然苏联无产阶级建立了自己的国家政权，但是列宁提倡的爱国主义仍然是国际主义的。在列宁看来，保卫苏联政权也是符合国际无产阶级根本利益的，巩固政权和坚持无产阶级的国际主义具有内在一致性，这是爱国主义的国际性原则在新时期的体现。

第三，爱国主义本质上是人民对于国家的认同与热爱，这种认同与热爱是对家乡、故土及祖国情感的集中表现。无产阶级的爱国主义包含了对自己祖国的地理、历史、政治、经济、文化、军事及外交等多维度的"社会的环节"的深刻了解，体现了对自己祖国命运的真正关心，体现了无产阶级爱国主义的"最强有力的因素"，要求人们在社会实践中善于推动社会变革，实现祖国各方面的全面发展。在爱国主义的行动表现方面，列宁也继承了马克思恩格斯的观点，认为只有通过保卫和建设无产阶级的祖国才能真正实现爱国主义，列宁在实践中丰富了马克思恩格斯有关这一观点的探讨。通过领导革命斗争，列宁使无产阶级完成了民族独立的重要任务，无产阶级有了属于自己的政权。

第四，爱国主义表现为对本民族文化的尊重。在列宁看来，爱国主义

① 《列宁全集》第33卷，人民出版社，2017，第260～261页。

者具有强烈的民族自豪感，这种自豪感表现为对本民族语言、文字、文化的认同与传承。列宁在《论大俄罗斯人的民族自豪感》一文中指出大俄罗斯已经觉悟的无产者具有高度的民族自豪感并详细叙述了这种民族自豪感的具体表现，即"我们满怀民族自豪感的大俄罗斯工人，希望大俄罗斯无论如何要成为一个自由的和独立自主的、民主的、共和的、足以自豪的国家，按照平等这一人道的原则，而不是按照败坏伟大民族声誉的农奴制特权的原则对待邻国"①。

总的来说，列宁的爱国主义思想主要并不是从正面或者直接来论述的，其思想散见于他对种种片面与有害的"爱国主义"的批判和揭露之中，从某种意义上讲，列宁爱国主义思想最有价值的内容在于他为后人提供了掌握无产阶级爱国主义内容的一些方法，一是要注重用感情和理性统一的认识方法来对待爱国主义；二是要善于掌握联系社会经济根源和考察社会政治倾向相结合的唯物史观的方法；三是要能够掌握具体情况具体分析的辩证方法。② 列宁爱国主义思想对新时代提升爱国主义教育亲和力具有理论意义，要善于抓住爱国主义基本内容来提升教育亲和力，从列宁关于爱国主义的方法出发，增强爱国主义教育实效性。

（二）中国共产党人关于爱国主义教育的理论

在人类社会的发展历史进程中，不同时期人们对爱国主义内涵的理解有所不同。以毛泽东同志为主要代表的中国共产党人在坚持辩证唯物主义和历史唯物主义的世界观和方法论基础上，深化了马克思主义关于爱国主义教育的理论，认为爱国主义的内涵并不是永恒不变的。江泽民明确指出，"爱国主义是一个历史范畴，在社会发展的不同阶段、不同时期有不同的具体内容"③。因此，中国共产党人关于爱国主义教育的理论总是与那个时期我们民族国家的社会生活实际相联系，与当时那个时期广大人民群众的现实追求相适应。在新民主主义革命时期，中国人民的爱国主义表现为反对外来民族的压迫，争取民族独立和人民解放。社会主义革命时期，

---

① 《列宁全集》第 26 卷，人民出版社，2017，第 110 页。

② 参见贺祥林《列宁对无产阶级爱国主义理论的两大贡献》，《中南民族学院学报》（人文社会科学版）2000 年第 1 期。

③ 《江泽民文选》第 1 卷，人民出版社，2006，第 121 页。

爱国主义则要求在拥护中国共产党的领导下为建立社会主义制度而努力。当社会主义制度确立后，爱国主义则主要表现为热爱社会主义，为社会主义建设贡献自己的力量。在改革开放新时期，"爱国主义主要表现为献身于建设和保卫社会主义现代化事业，献身于促进祖国统一事业"①。因此，在长期的中国革命、建设和改革过程中，中国共产党人将马克思主义爱国主义思想与中国实际相结合，同时吸收中华优秀传统文化中的爱国主义内核，进一步丰富和发展了马克思主义爱国主义教育思想。

1. 坚持爱国和爱党、爱社会主义相统一

坚持爱国和爱党、爱社会主义实现有机统一，这是中国共产党人爱国主义理论的鲜明特点，是马克思、恩格斯、列宁爱国主义思想在中国的新发展。

在中国共产党人的爱国主义理论体系中，爱国和爱党是紧密联系在一起的。这是在历史的反复对比中，马克思主义在中国发展所得出的必然结论。进入近代社会以来，资产阶级政党也曾领导中国民主革命，试图以实际行动挽救深陷泥潭的中国，他们在传播民主共和理念、撼动反动统治秩序、建立共和制国家等方面推动了社会变革，或多或少地对中国近代社会产生过一定的进步作用，但中国的资产阶级政党与生俱来的弱点——软弱性、妥协性，使他们在革命过程中提不出彻底的反帝反封建的民主革命纲领，也不能够发动和动员群众参与革命，最终没有能够完成彻底反帝反封建的重任。但是自从有了中国共产党，中国的革命面貌就焕然一新。经过28年艰苦卓绝的斗争，我们党带领全国各族人民取得了新民主主义革命的胜利。新中国成立以来，在中国共产党的领导下，又经过70多年的发展，中国越来越接近世界舞台的中央，中华民族所取得的巨大成就离不开中国共产党，中国共产党的领导是中国特色社会主义的本质特征。除此之外，中国共产党也是爱国主义精神最坚定的弘扬者和实践者。

爱社会主义也是中国共产党人爱国主义观的题中应有之义，这方面从毛泽东到习近平，历届领导人对此都有丰富的论述。中国共产党人的爱国主义在民主革命时期就已经和社会主义紧密结合在一起了，毛泽东在革命时期就向人民勾勒了未来中国的蓝图。他从中国社会性质入手，创造性地

_____

① 《江泽民文选》第1卷，人民出版社，2006，第121页。

提出了新民主主义革命总路线，指出了新民主主义的前途必然是社会主义。对中国革命制定了分"两步走"的基本方针：先完成民主主义革命，经过这个必要的准备阶段后，再进行社会主义革命。新中国成立后，毛泽东明确把建设一个"伟大的社会主义国家"作为党和人民奋斗的目标。

邓小平爱国主义思想中的"坚持社会主义"这个原则是其革命奋斗经历的凝练与概括。早年留法勤工助学期间，邓小平受到进步同学以及法国工人的影响，接触到马克思主义书籍并加入了中国共产党，从此成为一名坚定的马克思主义者。邓小平指出，"中国走资本主义道路不行，中国除了走社会主义道路没有别的道路可走。一旦中国抛弃社会主义，就要回到半殖民地半封建社会，不要说实现"小康"，就连温饱也没有保证。"① 在邓小平看来，不爱社会主义就是不爱国，因为祖国并不是抽象的，他说，"不爱共产党领导的社会主义的新中国，爱什么呢？"② 如果一个人爱社会主义的祖国，能够自愿为社会主义的祖国服务，那么这个人就具备了无产阶级的世界观。在长期的实践中，邓小平更是坚定了只有社会主义才能救中国、只有社会主义才能发展中国的真理。社会主义制度的确立，不仅巩固和发展了新民主主义革命的成果，而且也为中国的社会发展进步提供了坚实基础，因此"我国人民从切身体验中越来越认识到，只有社会主义才能救中国，只有社会主义才能发展中国，爱国主义与社会主义是统一的"③。新时代的爱国主义以实现中华民族伟大复兴的中国梦为目标，唯有坚持走好中国特色社会主义道路，才能一步一步地实现爱国主义的目标。习近平指出："祖国的命运和党的命运、社会主义的命运是密不可分的。只有坚持爱国和爱党、爱社会主义相统一，爱国主义才是鲜活的、真实的，这是当代中国爱国主义精神最重要的体现。"④

2. 爱国主义的前提是实现民族独立和人民解放

如上文所述，中国共产党人的爱国主义观是历史的，其内涵根据时代的变化而不断丰富。在新民主主义革命时期，爱国主义就是要实现民族独立和人民解放，主要表现为坚决反对帝国主义、封建主义以及官僚资本主

---

① 《邓小平文选》第3卷，人民出版社，1993，第206页。
② 《邓小平文选》第2卷，人民出版社，1994，第392页。
③ 《江泽民文选》第1卷，人民出版社，2006，第581页。
④ 《习近平关于社会主义文化建设论述摘编》，中央文献出版社，2017，第129页.

义对中国人民的剥削与压迫。反抗侵略、反对封建主义、反对官僚资本主义，实现中国的独立与自由，切实维护中华民族的尊严，这是新民主主义时期中国共产党人爱国主义观的重要内容。新民主主义革命理论是毛泽东思想的重要组成部分，而新民主主义革命理论的重要内容之一就是关于新民主主义革命的任务。近代中国半殖民地半封建的社会性质，决定了近代中国需要完成反帝、反封建和反对官僚资本主义的任务。中国共产党成立后，在第一次国共合作时期、土地革命时期以及解放战争时期对本国的封建主义开展了不同形式不同内容的斗争，消灭了两千多年来封建制的生产关系。

1937 年 7 月，日本军队发动卢沟桥事变，中国全面抗战爆发。在民族危亡面前，中国共产党人以大局为重，调动全民族的爱国主义热情。毛泽东在《论持久战》中痛斥亡国论者，指出"中国降了，任何人都要做亡国奴"，如果中华民族不能赶跑侵略者，"每个中国人只能当顺民，做牛马，不许有一丝一毫的中国气。"① 中国共产党在抗日战争时期高举爱国主义伟大旗帜，发挥了中国共产党在抗战中的中流砥柱的作用，诠释了中国共产党人爱国主义观的强大伟力。

解放战争时期，中国共产党人把反对官僚资本主义融入了爱国主义内容之中，因为中国社会中产生出来的官僚资本主义是一种垄断资本，它"和国家政权结合在一起，成为国家垄断资本主义。这个垄断资本主义，同外国帝国主义、本国地主阶级和旧式富农密切地结合着……不但压迫工人农民，而且压迫城市小资产阶级，损害中等资产阶级"② 。这不利于实现民族独立和人民解放。

3. 坚定维护国家主权和领土完整是爱国主义的基本要求

维护国家主权和领土完整是爱国主义最一般性的要求。中国共产党在领导开展革命、建设和改革过程中，把坚定维护国家主权和领土完整的要求融入了中国化马克思主义的爱国主义思想。

在维护国家主权问题上，邓小平指出："中国反对霸权主义、强权政治。"③ 针对 20 世纪八九十年代一些西方国家以人权为借口推行霸权主义

---

① 《毛泽东选集》第 2 卷，人民出版社，1991，第 455 页。
② 《毛泽东选集》第 4 卷，人民出版社，1991，第 1253 – 1254 页。
③ 参见《邓小平文选》第 3 卷，人民出版社，1993，第 383 页。

和强权政治，鼓动国内一些不明事理的人试图搅乱政局，破坏社会稳定团结，邓小平指出，这些所谓的"民主斗士"不断渲染"人权""人格"，"人们支持人权，但不要忘记还有一个国权。谈到人格，但不要忘记还有一个国格。特别是像我们这样第三世界的发展中国家，没有民族自尊心，不珍惜自己民族的独立，国家是立不起来的"①。邓小平非常清晰地看到在这种隐蔽的霸权主义和强权政治的背后是对中国主权的破坏，他指出，"从鸦片战争侵略中国开始，他们伤害了中国多少人的人权！"② 这是绝不容许的，他提出"国权"的概念以坚决捍卫国家主权。邓小平把促进祖国统一放在重要突出位置，他指出："实现国家统一是民族的愿望，一百年不统一，一千年也要统一的。"③ 在香港、澳门和台湾问题上，他多次表示香港不允许搞主权和治权的分开，台湾不容许搞"两个中国"以及"一中一台"。为此，他创造性地提出"一国两制"的思想并将之运用到解决香港和澳门回归实践中。要实现祖国统一就是要坚持和各种分裂势力做斗争，反对境内外分裂主义势力把台湾从中国的领土中分裂出去的企图，分裂势力总是和外来干涉联系在一起，邓小平强调，"中华人民共和国决不会容许任何国家来干涉自己的内政。"④ 此外，他还呼吁广大港澳台同胞、海外华侨不要忘记大家都是中华民族的子孙，要共同为祖国的统一与民族振兴贡献力量。

进入新时代以来，在维护国家主权和领土完整问题上，呈现了许多新特点，必须坚持以伟大斗争推动实际爱国行动。在庆祝中华人民共和国成立 65 周年招待会上的讲话中，习近平明确指出，"我们前面的路还很长，不会那样平坦，我们必须准备进行具有许多新的历史特点的伟大斗争。"⑤ 维护国家主权和领土完整，实现祖国完全统一，是全体中华儿女共同愿望，是中华民族根本利益所在。我们要弘扬爱国主义精神，要坚定维护国家统一，坚决反对各种形式的分裂主义，在伟大斗争中形成捍卫国家主权和领土完整的坚强决心。

---

① 《邓小平文选》第 3 卷，人民出版社，1993，第 331 页。
② 《邓小平文选》第 3 卷，人民出版社，1993，第 348 页。
③ 《邓小平文选》第 3 卷，人民出版社，1993，第 59 页。
④ 《邓小平文选》第 3 卷，人民出版社，1993，第 332 页。
⑤ 《十八大以来重要文献选编》中，中央文献出版社，2016，第 81 页。

4. 爱国主义就是要实现国家富强和人民幸福

如果说实现民族独立和人民解放是中国共产党人在革命时期对爱国主义的基本内容，那么实现国家富强和人民幸福则是中国共产党人在建设和改革时期对爱国主义内涵的主要规定。

新中国成立之后，毛泽东把为人民谋求福祉、建设一个伟大的社会主义国家作为其践行爱国主义的具体目标，他号召广大人民把这个具体目标转变为建设社会主义的生动实践，目的就是改变近代以来中国贫穷落后的面貌，在此基础上实现中国的繁荣昌盛。他指出："我们这样的国家，可以而且应该用'伟大的'这几个字。我们的党是伟大的党，我们的人民是伟大的人民，我们的革命是伟大的革命，我们的建设事业是伟大的建设事业。"① 以毛泽东同志为主要代表的中国共产党人带领全国各族人民发愤图强建设社会主义，独立探索适合中国国情的社会主义建设道路。

爱国主义也是对人民富裕生活的不懈追求。国家以民为本，广大人民群众的幸福安康是国之所以为国的前提。邓小平指出："搞社会主义，一定要使生产力发达，贫穷不是社会主义。"② 他说："我们奋斗了几十年，就是为了消灭贫困。第一步，本世纪末，达到小康水平，就是不穷不富，日子比较好过的水平。第二步，再用三五十年时间，在经济上接近发达国家的水平，使人民生活比较富裕。"③ 以邓小平同志为主要代表的中国共产党人以敢闯敢试的气魄，探索出了一条适合本国国情的中国特色社会主义发展道路，改革开放事业的推进，使中国经济社会发展进步显著，国际地位迅速提升。在共同富裕问题上，邓小平提出了先富带动后富的理念，并指出，"一部分地区、一部分人可以先富起来，带动和帮助其他地区、其他的人，逐步达到共同富裕"④。在爱国主义实践上探索了一条务实的中国特色社会主义道路。

中国特色社会主义进入新时代后，中国共产党人则将爱国主义内容凝结在实现中华民族伟大复兴的思想之中。实现中华民族伟大复兴是近代以来中国最伟大的梦想，从进入近代社会以来，中国社会的主旋律其实就是

---

① 《毛泽东文集》第 7 卷，人民出版社，1999，第 88 页。
② 《邓小平文选》第 3 卷，人民出版社，1993，第 225 页。
③ 《邓小平文选》第 3 卷，人民出版社，1993，第 109 页。
④ 《邓小平思想年谱（一九七五——一九九七）》，中央文献出版社，1998，第 343 页。

一代代中国人在爱国主义的旗帜下努力追求中华民族伟大复兴，这是所有中华儿女的共同期盼，是中华民族根本利益与长远利益的统一。习近平指出："实现中华民族伟大复兴的中国梦，是当代中国爱国主义的鲜明主题。要大力弘扬伟大爱国主义精神，大力弘扬以改革创新为核心的时代精神，为实现中华民族伟大复兴的中国梦提供共同精神支柱和强大精神动力。"①

5. 注重从文化传承与发展中看待爱国主义

我们党重视从中华优秀传统文化、中国精神层面理解和看待爱国主义。2016 年习近平在庆祝中国共产党成立 95 周年的讲话中指出，"文化自信，是更基础、更广泛、更深厚的自信。在 5000 多年文明发展中孕育的中华优秀传统文化，在党和人民伟大斗争中孕育的革命文化和社会主义先进文化，积淀着中华民族最深层的精神追求，代表着中华民族独特的精神标识。"② 他在阐释新时代爱国主义思想时，坚持围绕弘扬中国精神、陶铸中国品质来讲爱国主义，体现出对承载爱国主义的中国的文化自信。习近平强调要"深入挖掘和阐发中华优秀传统文化讲仁爱、重民本、守诚信、崇正义、尚和合、求大同的时代价值"③，这体现了他对中国文化传统优秀基因的高度认同。中国精神凝聚了兴国之魂与强国之魄，是民族精神与时代精神的统一，成为勉励中华各族儿女建设社会主义现代化强国的不竭动力。

那么如何传承并发扬好中国精神，从而不断使爱国主义代代相传呢？中国共产党人坚持要实现爱国主义与中华优秀传统文化相结合，要弘扬和培育民族精神以发扬爱国主义。民族精神作为一个民族长期以来所形成的民族意识、心理、品格以及气质，是民族文化的最本质体现。5000 多年以来，中华民族形成了以爱国主义为核心的民族精神，这种精神赋予了爱国主义以中华民族特色的内涵，包含了团结统一、爱好和平、勤劳勇敢、自强不息等。胡锦涛重视民族精神的作用，他指出，"民族精神是我们民族的生命力、凝聚力和创造力的不竭源泉"④。弘扬和培育民族精神是构建社会主义和谐社会的需要，是维护民族团结的需要，也是实现中华民族伟大

---

① 《习近平关于社会主义文化建设论述摘编》，中央文献出版社，2017，第 127 页。
② 习近平：《在庆祝中国共产党成立 95 周年大会上的讲话》，人民出版社，2016，第 13 页。
③ 《习近平关于社会主义文化建设论述摘编》，中央文献出版社，2017，第 141 页。
④ 《改革开放三十年重要文献选编》下，中央文献出版社，2008，第 1330 页。

复兴的需要。胡锦涛在纪念辛亥革命一百周年大会上指出，"实现中华民族伟大复兴，必须坚定不移高举爱国主义伟大旗帜。辛亥革命一百年来的历史表明，爱国主义是中华民族精神的核心，是动员和凝聚全民族为振兴中华而奋斗的强大精神力量"①。胡锦涛将爱国主义与民族精神结合在一起，提出实现中华民族伟大复兴必须发扬爱国主义精神。他把中华民族精神、中华民族伟大复兴与爱国主义进行关联，体现了爱国主义新的社会价值，完善了新的历史条件下爱国主义的内涵。

总之，中国共产党人对爱国主义的论述继承和发展了马克思主义爱国主义思想，内容丰富，时代特征鲜明，形成了具有中国特色的爱国主义教育思想体系，这些思想激励着中华儿女为实现中华民族伟大复兴的中国梦而努力奋斗。

二 爱国主义教育的中华优秀传统文化源流

中华民族具有悠久的历史，5000多年文明历史绵延不绝，创造了博大精深的中华文化，它积淀了中华民族最深层次的精神追求，是中华民族独特的精神标识，同时也为人类的文明进步作出了重要贡献。这种生生不息、不断发展壮大的中华优秀传统文化，成为我们实现中华民族伟大复兴中国梦的精神力量。中国传统文化中所蕴含的崇高的忧国忧民情怀、不屈不挠的民族气节、反抗阶级剥削、抵御外敌入侵、维护国家统一与民族团结等内涵是中国古代爱国主义的主要内容。习近平总书记指出："爱国主义始终是激昂的主旋律，始终是激励我国各族人民自强不息的强大力量。"② 因此，"弘扬爱国主义精神，必须尊重和传承中华民族历史和文化。对祖国悠久历史、深厚文化的理解和接受，是人们爱国主义情感培育和发展的重要条件"③。我们的民族精神以爱国主义为基本内核，新时代大力弘扬爱国主义要立足民族，需要用中华优秀传统文化来涵养新时代爱国主

---

① 《胡锦涛文选》第3卷，人民出版社，2016，第560页。
② 《习近平谈治国理政》，外文出版社，2014，第58页。
③ 《大力弘扬伟大爱国主义精神　为实现中国梦提供精神支柱》，《人民日报》2015年12月31日。

义，中华优秀传统文化是我们所倡导的爱国主义的深厚文化渊源。

（一）中华传统文化中的爱国主义思想发展历程

我们的爱国主义传统是在中华民族特有的生活方式下逐步形成的。长江、黄河是千百年来中华民族赖以生存的重要水系，长江、黄河流域孕育了中华文明，这种特有的地理构造使古老的中华文明以农业为基本特点。中华民族很早就掌握了谷物种植方法，中国成为世界上最早掌握水稻种植技术的国家。这种定居于某个区域的生产生活方式提高了人们相互接触和打交道的频率，他们的互帮互助自然地使群体之间形成情感，这种情感使大家对其所在地产生了深深的热爱之情。但是由于自给自足的小农经济天然存在不可避免的缺陷，当时农业生产力较弱，如果遇到自然灾害如旱灾、水灾等，以个体或小群体为组织的农业经济经常受到较大损失。这时国家就开始发挥其应有的作用，例如兴修水利、组织救灾等，尽可能降低自然灾害带来的损失。所以，相对落后的农业生产对于家庭、乡邦及国家的依赖逐步使人与人之间的情感转变为人对于国家的情感，这是中国传统文化中爱国主义兴起的最直接的原因。作为历史范畴的中华民族爱国主义，它的产生、发展经历了一个历史过程。从时代内容主题来看，中华民族爱国主义大致可以分为四个阶段。

第一阶段，从夏朝到战国时期。这个阶段是"国家"概念较为模糊的时期，"国家"概念最初从氏族部落或部落联盟发展演变而来，有时代表城市，有时代表都城，有时还代表方位或区域，而作为王朝或诸侯领地最为常见。"中国"一词的内涵，到春秋时代一般泛指华夏诸侯，那时候虽然西周有较长的统一历史，但是从总体上看，分裂时间长于统一的时间，加上当时生产力不发达，交通也比较落后，人们所爱的"国"大都是自己的宗国或者诸侯国，爱国主义是基于诸侯国立场上的爱国主义，以自己的诸侯国为情感中心来看待他"国"与自己的亲疏远近。[①] 所以，爱国主义的核心是爱宗国、爱诸侯国。例如，郑人弦高退秦师、申包胥哭秦庭而存楚，都体现了这种爱国主义情感。最突出的当属屈原，他的爱国主义思想

---

① 参见潘龙海、郎毅怀、田丰编著《中华民族爱国主义通论》，延边大学出版社，1987，第147页。

建立在爱楚国的基础上，他所希望的天下统一是以楚国为前提的统一。

当然，这一时期有一种"泛爱"的爱国主义思想也在发展，一些思想家、政治人物提出爱天下、爱四海、爱九州等思想观念。例如，孔子常常站在华夏族群的立场上为"天下"命运着想，这种突破"父母之国"的理念凸显了其以天下为己任的爱国主义，体现了那个时代爱国主义思想的变化趋势。它虽然并不是当时流行的爱国主张，却为后来秦统一天下奠定了思想根基。需要指出的是，孔子所言的爱国主义也并不是基于"中华民族"立场上的爱国主义，他所指的"天下"主要还是指华夏族群。

无论是爱诸侯国还是爱狭义"天下"的爱国主义，中华民族早期所形成的爱国主义更多体现出以乡土、宗国以及狭义的民族概念为基本前提。

第二阶段，从秦统一六国到鸦片战争前。秦统一六国后，随着天下归一，地理概念的延展使人们的爱国情感也开始冲破宗国或者诸侯国的边界，逐渐形成包括少数民族在内的大一统的国家观念。爱国主义从诸侯国扩大到整个中华，中国成为各个民族的共同祖国，中国人民的爱国活动表现为维护和促进祖国统一。从秦至清，中国统一的时间远长于分裂时间，爱国主义使2000多年的中国历史形成了内聚式越分越合的趋势。秦以后历朝历代的爱国主义都是建立在中华民族基础上的。这个时期的爱国主义核心内容是实现中华民族的完整、统一与繁荣。很显然，该内涵和上一个阶段的爱国主义是有明显区别的。需要说明的是，这个时期爱国主义也同样保存了爱国主义第一个历史阶段关于对乡土、对狭义民族观念的热爱，大一统的爱国主义中夹杂了地域性的民族之爱，例如"宋金世仇""辽金世仇"的观念体现了各民族的民族感情之间的激烈碰撞。所以，这个历史时期的爱国主义从主流和大势上看，是以整个中华民族为对象、以维护祖国统一为基本表现形式的，但这不是其全部的内容和表现。

第三阶段，鸦片战争至辛亥革命前后。鸦片战争以前的中国和外国的交流很少，相应地，从总体上来说，爱国主义的发展历程漫长而缓慢，它以内化式自我演进为主要形式。1840年鸦片战争以来，外敌的入侵使传统的中国爱国主义内涵开始由中华民族内部爱国统一转向为面向外部求得民族独立，这种对外指向的爱国主义体现了中国人民对祖国的热爱情感，表现为反对帝国主义对中华民族的侵略。从马克思对鸦片战争后的中国局势的描述中可以看出爱国主义的这种鲜明转向。他指出："在中国，压抑着的、鸦片战争时燃起的仇英火种，爆发成了任何和平和友好的表示都未必能扑灭的愤怒烈火。"① 而辛亥革命的发生，使建立在中华民族基础上的爱国主义将斗争锋芒指向了帝国主义以及在中国统治的社会基础。在斗争实践中，中华民族爱国主义思想得到了空前增强与发展，为开启爱国主义新发展阶段奠定了历史条件。

第四阶段，五四运动至今。五四运动是中国新民主主义革命的开端，自从中国的工人阶级走上了政治舞台，尤其是 1921 年工人阶级的先锋队——中国共产党成立后，中国的革命面貌焕然一新。五四运动发生后，中国人民以空前高涨的热情投身爱国主义斗争，中国政治思想领域也随之产生巨大激荡。马克思主义开始与中国人民爱国主义斗争实践相结合，中华优秀传统文化中的爱国主义再一次得到发展。在中国共产党领导下，爱国主义在马克思主义科学基础之上，逐步形成无产阶级的爱国主义，这种爱国主义表现出与传统爱国主义不一样的内容。首先表现在新民主主义革命上，在中国共产党带领下，经过 28 年的革命奋斗，最终建立了中华人民共和国，在中华民族爱国史上书写下浓墨重彩的一笔。新民主主义革命胜利之后，爱国主义又表现为中国共产党领导人民开展社会主义革命、建设、改革与复兴，实现了中国的爱国主义与社会主义事业紧密结合，创造了一个又一个中国奇迹。新时代，在习近平新时代中国特色社会主义思想指引下，爱国主义坚持以实现国家富强、民族振兴、人民幸福的中国梦为中华民族的奋斗目标，充分弘扬民族精神与时代精神，新时代爱国主义成为当代中国的兴国之魂和强国之魂。

（二）家国情怀是传统爱国主义思想的最集中表现

古代传统文化中，"爱国"较早出现于《战国策·西周策》，文献中有关于"周君岂能无爱国哉"的表述，荀悦《汉纪·惠帝纪》也提到对封建诸侯有关于"爱国如家"的要求。古代的爱国主义首先源自国家意识的兴起，关于国家意识的形成要追溯到先秦时期。《孟子·离娄上》提出了"天下之本在国，国之本在家"的有关内容，引出了"国""家"的基本内涵及其相互关系。

---

① 《马克思恩格斯选集》第 1 卷，人民出版社，2012，第 793 页。

中国传统爱国主义文化中为何会具有家国情怀？在原始社会时期，人们因为血缘关系而形成了小家结构，后来因为家族规模不断扩大，年轻的家族成员逐步从大家庭中脱离出来，与其他家族成员进行结合组建新家庭，最后比邻而居。在不断形成的新家庭与原来的旧家庭之间会形成规模较大的宽泛意义上的"大家庭"，当其规模发展到一定阶段之后就会形成宗族和邑落。在《说文解字》中"邑"指的就是"国"。在传统的宗族与邑落中，虽然它们以较为零散的形态呈现，但在这些组织中人们有共同的祖先、类似的生活习惯、相近的价值理念。在此基础上，逐步发展为最早的国家。因而，生活在同一国家中的人们往往具有共同的血脉，一般对于认同祖国的人们，也往往具有与祖国荣辱与共的思想，具有爱国如爱家的基本意识。所以，我们的传统文化中提倡"修身、齐家、治国、平天下"的理念。这种理念既是道德规范，也是政治规范，其中蕴含了个人修养、家庭观念以及国家发展的三位一体内涵。在家国一体的传统意蕴中提出了国家观念，这种家国关系的提出是中华传统文化中爱国主义的体现。

在家国关系的优先级上，中华优秀传统文化中的爱国主义提倡"国尔忘家、公尔忘私"的精神境界。中华优秀传统文化历来坚持集体的优先性。例如，上古时期就有对大禹治水"三过家门而不入"的褒扬，他"腓无胈，胫无毛，沐甚雨，栉疾风"（《庄子·天下》），却依然把治水作为首要任务。《尚书·周官》也提出"以公灭私，民其允怀"，其意是要用公心来消灭私欲，这样人民就会认同执政者。《吕氏春秋·去私》中也有关于祁黄羊去私的故事，在为国举荐人才问题上，祁黄羊坚持以国家利益为重，为国家举荐有用之才，他不会因为有用之才是自己的仇人而不举荐，也不会因为有用之才是自己的孩子而避嫌。祁黄羊的忠公体国、急公好义，使他誉满朝野。这些都体现了中华优秀传统文化中的家国内在关联以及国家利益至上的传统。在家与国的关系上，几千年来，儒家学者用"仁"将家、国二者很好地联系起来，指出"仁者爱人""爱人者，人恒爱之"。以儒家为代表的中华传统文化，向来认为家国一体，"齐家"与"治国"之间是相通的。

爱国主义的家国情怀中的"家"情怀如何体现？中华传统文化认为，要践行忠孝观，这种忠孝观在国家层面就是要坚持国家利益优先原则，做到有气节、有高贵人格；在家庭层面，就是要做到对长辈孝敬。中国古代，父慈子孝是家庭伦理规范的重要内容。这种传统的形成最初是因为在传统的农业社会中，长者往往在社会生产方面有着丰富的经验，他们所积累的丰富生产技术是给予后辈的宝贵财富，是人类得以生存的基础。因此，久而久之，社会中逐渐形成了尊老的习俗。在家庭制度建立后，"孝"成为中国传统文化中极为重要的内容，所谓"孝"就是要善待父母、孝敬老人。孝文化是在中华传统血缘关系中形成的家庭伦理思想。从个体角度来看，孝指的是子女对于父母血缘的情感。孝是个体出于感情的一种自觉行为，而儒家把"孝"作为仁义之根本，提出"父母之年，不可不知也，一则以喜，一则以惧"（《论语·里仁》）。后来统治阶级将这种思想全面推广，使孝敬亲长的道德传统不断发扬；从国家与社会角度来看，"孝"成了国家所提倡的道德要求。

中华优秀传统文化中的家国情怀通过把"忠""孝"联系在一起，实现了从爱家庭到爱社会再到爱国家的内在关联。对于老百姓而言，"家"和"国"都是家，二者的区别在于大与小，作为由许许多多小家庭组成的"国"，君主是这个大家庭中的大家长，他是国家和民族的象征。因此，在中国的传统文化中，对于国家的爱就自然而然转嫁到了对于君主的忠心上，这种忠心实际上就是小家庭中的"孝"的体现。2000多年的封建社会中，统治阶级为了维护其等级所有制，需要向老百姓证明其权力世袭的合理性。在众多思想流派中，儒家的理念经过适当的阐释与改造后符合了统治阶级的需要。到汉景帝时期，大儒董仲舒实现了"早期儒家中'君君臣臣、父父子子'的理想系统化、模式化"①。统治阶级将儒家"仁"的思想作为核心，把忠、孝等基本内容作为官方意识形态，通过"三纲五常"来规范百姓的言行，从而达到维护社会秩序的目的。后经宋明理学的接续发展，封建君主就自然成为人们认同的天然统治者。因此，对于这个"大家长"，老百姓也应该在大家庭中坚守孝道，要把忠君与爱国联系在一起。这种在被放大了的"忠孝观"基础上形成的爱国主义对于维护封建社会的相对稳定具有非常重要的作用，但是也存在一定局限性。近代鸦片战争后，很多仁人志士试图通过变法或改革的方式使中国变强变富，而根深蒂固的忠君思想成了阻碍社会发展的绊脚石。

---

① 庞朴主编《中国儒学》第一卷，东方出版中心，1997，第113页。

家国关系中对国家利益的强调并不意味着对个体的轻视。在爱国的具体表现上，中国传统文化中不仅有对臣民的道德要求，对国家的统治者也有具体的要求。君主的爱国主要表现为对人民的重视。孟子曾说："民为贵，社稷次之，君为轻。"（《孟子·尽心下》）《荀子·大略》指出："天之生民，非为君也，天之立君，以为民也"。此外，《孟子·万章上》也提出了尊重民众主体地位的思想，指出"天视自我民视，天听自我民听"，这实际上是君权民授的观点。因此，如果君王的言行不能符合人民的利益，那么这是有悖于道义、有悖于民心的。对于君王而言，重民是其践行爱国主义的重要内容。

（三）对国家忠诚与担当是传统爱国主义思想的重要内容

中华传统文化中的爱国主义是具体而实在的，在家国情怀的基本特征下，它要求臣民对于国家的忠诚与担当，在国家遭遇外敌入侵时，传统爱国主义要求人们为国家的主权、利益而贡献自己的力量。中华传统文化倡导大一统的国家观，因此传统爱国主义表现为彻底反对分裂国家的行为，切实维护祖国的完整与统一。在和平年代，爱国主义则鼓励人们致力于经济社会向好发展，尤其是官员要具有革故鼎新的改革精神，为国家求强求富。

1. 反抗外敌入侵保卫国家

在古代中国，家国关系以宗法血缘为纽带构建了中国特有的治理模式，爱国、爱家的情感交融使社会的每个个体具有国家与家庭的责任担当。儒家的"忠孝观"以一种伦理道德的要求将爱国和爱家巧妙地结合起来，"修身、齐家、治国、平天下"更是非常精练地概括了爱国与爱家的道德关联性。每个人注重自身的修养才能很好地经营家庭，这种小我的境界最终是为了具有兼济天下的高尚情怀，为国家贡献自己的一分力量成为爱国的一种方式。这种爱国主义情怀在面对外敌入侵时表现得尤为强烈，它会转化为一种与自己的国家共同进退的信仰。

从历史上看，中华传统文化中的爱国主义包含的反抗外敌入侵内容主要有两方面内涵，一是反抗本土兄弟民族之间的入侵；二是反抗外邦民族对本民族的入侵。[①]

---

① 参见游唤民《爱国主义传统与当代中国》，湖南师范大学出版社，1997，第110页。

关于前者，这是因为我们中国是一个多民族国家，从世界范围来看，这么多民族共同生活在一个国家内的情况并不多见。数千年以来，中华大地上很多民族不断崛起并争夺统治权，在反对民族压迫斗争中涌现了很多杰出爱国将领与民族英雄，他们的英勇无畏的斗争精神和崇高的民族精神成为中华民族爱国主义精神的一部分。当然，其中有正义的民族战争，也有非正义的民族战争，那些在反抗非正义的民族战争中呈现的反抗精神、精忠报国以及民族气节，已成为中华民族宝贵的精神财富。

关于反抗外来民族的侵略，与中华民族实现民族解放密切相关。抗击外国殖民主义者对中国的入侵是爱国主义的基本内涵。尤其进入近代以来，外国殖民主义者凭借他们的坚船利炮入侵中国，中国人民开启了一场保卫民族生存、反对外来民族的伟大民族解放战争。恩格斯说："我们不要像道貌岸然的英国报刊那样从道德方面指责中国人的可怕暴行，最好承认这是'保卫社稷和家园'的战争，这是一场维护中华民族生存的人民战争。"① 在一场场反抗外来民族入侵的战争中，中国人民敢于与强敌血战到底的英雄气概、为国悲壮献身的精神、用生命维护人格与国格被普遍认为是爱国主义的体现，也一直被褒扬。

2. 维护国家统一，反对国家分裂

中国是一个多民族国家，在 2000 多年来形成的爱国主义传统中，形成了以民族团结为核心内容的国家统一理念。国家的团结统一意味着和平、安定与社会繁荣。大一统国家有利于开展统筹规划，采取有利于生产力发展的措施，在经济上可以互通有无，比如中国南方的茶、木材，海滨的盐，北方的铁，在大一统国家的统筹下，通过国家统一经营能够利及全国。而分裂意味着战争与社会生产力的破坏。例如，春秋战国时期，诸侯国林立，几乎无年不战；魏晋南北朝时期，战乱对社会生产力造成了无法估计的破坏；公元 311 年的永嘉之乱给黄河流域人民带来巨大灾难；五代十国时期，各国混战使不少地区"田无禾麦，邑无烟火""白骨蔽地，荆棘弥望"。中华民族深感国家统一的益处以及分裂的害处。因此，千百年来中华民族的爱国主义表现为维护国家统一、反对国家分裂。为此，爱国主义重视民族团结，因为中国作为一个多民族的国家，统一建立在民族团

---

① 《马克思恩格斯选集》第 1 卷，人民出版社，2012，第 798 页。

结基础之上，爱国主义就是在实践中落实正确的民族政策。

3. 关心国家发展，做到革故鼎新

中华民族向来是一个革故鼎新、崇尚改革的民族。早在《周易》中就提出了"革故鼎新"的思想，《周易·杂卦》中就有"革，去故也，鼎，取新也"的阐述。春秋战国时期，不少仁人志士把自己的个人价值融入其所在邦国兴旺发达的实际行动中，像魏国李悝改革、楚国吴起变法、秦国商鞅变法等，展现了他们试图使自己国家变强变富的决心和勇气，有的甚至为此献出了生命。

关心国家发展、革故鼎新的改革精神贯穿中华民族发展的整个进程，这种爱国主义内核中包含了以改革促进社会发展的内容。各个时期改革内容虽然不同，但是都具有鲜明个性。古代仁人志士承前启后、不断创新的改革举措是推动传统中国社会进步的强大力量。那些在历史上推动改革的改革者，有的可能在当时不被社会认可，但是在历史的长河之中，他们往往被后人所认可，被作为爱国主义的榜样对待。

中华优秀传统文化中的爱国主义是深沉悠远且浓烈醇厚的，在中华文明的历史长河中不断积累与深化，渗透到中华儿女的血液之中，扎根在中国人的心里，是强大的民族精神的象征。中华民族的爱国主义集中体现的思乡恋土情结是其情感纽带，这种最为质朴的情感具有自发性、朴素性和地域性的特点，是人们爱国主义情感的共同心理基础。爱国主义以祖国的共同利益为根本，民族、社会、个人利益需要与祖国的共同利益相适应，围绕这一根本，中国古代强调忠君、爱国、爱家的统一。中华传统文化中的爱国主义在维护国家利益、实现国家经济社会发展过程中还体现了精神层面的自强不息、贵和执中以及群体至上的理念。

习近平指出，"要认真汲取中华优秀传统文化的思想精华和道德精髓"[①]。中华优秀传统文化中的爱国主义传统构成了当代大学生爱国主义教育的重要理论来源，新时代爱国主义教育要继承好优秀的爱国主义传统，大力弘扬以爱国主义为核心的民族精神和以改革创新为核心的时代精神，坚定中华民族的文化自信。

马克思主义作为人类社会有史以来最为科学的思想理论体系，代表了

---

① 《习近平谈治国理政》，外文出版社，2014，第164页。

全世界无产阶级以及最广大人民群众的根本利益，揭示了人类社会发展的客观规律。马克思主义的爱国主义理论指引着社会主义国家爱国主义教育的基本方向，不仅揭示了爱国主义基本要义，也挖掘了爱国主义教育的深层内涵。从表面看，爱国主义反映的是人们对于自己祖国的质朴真挚情感；从深层次看，是阶级关系在祖国情感上的表现，反映了人们对个人利益与祖国利益关系的认知以及由此而产生的为国家利益奋斗的奉献精神。

中华优秀传统文化中的爱国主义是新时代高校爱国主义教育的文化根脉，一个民族的语言、文字与文化是这个民族之所以存在的文明标识，是民族国家的文化载体，民族国家的历史、精神深深镌刻在它的文明之中。中华优秀传统文化中的家国情怀、对国家的忠诚与担当意识使其中的爱国主义并不只是一种抽象的情感，尤其是那些仁人志士投身保卫国家的行动为中华民族树立了爱国主义的标识。只有深刻理解中华优秀传统文化中的爱国主义，我们才能更好地理解并致力于实现中华民族伟大复兴。通过树立起爱国主义的文化自信，激发对国家的自豪感进而生成强烈的爱国热情，并将这种热情投注于民族国家的建设之中。因此，高校提升爱国主义亲和力必须把握中华优秀传统文化中爱国主义的源流。

通过对爱国主义教育的马克思主义理论渊源以及中华优秀传统文化源流的分析，我们要深刻认识到，提升高校爱国主义教育亲和力既要坚持马克思主义爱国主义的基本立场，又要注意在爱国主义教育中融入中华优秀传统文化。要以马克思主义的立场、观点与方法来实现高校爱国主义教育亲和力的提升，注重结合中华优秀传统文化中爱国主义的优秀成分和内容，把学生潜在和朴素的爱国情感升华为理性的爱国主义。

第二章　高校爱国主义教育亲和力的理论探讨

　　我国高校爱国主义教育是以马克思主义爱国主义思想为指导，注重吸收中华优秀传统文化因素的爱国主义教育。在中国共产党的领导下，爱国主义教育具有鲜明的社会主义特质。高校是我国爱国主义教育的重要场所，在长期的探索过程中，高校爱国主义教育也逐步形成了一定的理论体系。探讨高校爱国主义教育的意义、内涵、目标等，有助于深化对高校爱国主义教育亲和力的理解与认识。高校爱国主义教育亲和力是实现高校爱国主义教育实效性的关键，需要从理论层面对其内涵、必要性等诸多内容展开探讨。提升高校爱国主义教育亲和力需要坚持特定的原则、掌握一定的基本要领，对这些问题的澄清是实现高校爱国主义教育亲和力提升的理论基础。

一　高校爱国主义教育的基本理论

　　广泛开展爱国主义教育具有重大意义，高校是广大青年学生聚集的场所，不能忽视高校在我国爱国主义教育体系中的地位与作用。理论对实践具有指引作用，我国高校爱国主义教育的基本理论，是结合马克思主义爱国主义思想与中华优秀传统文化并在实践中形成的理论，既具有一般爱国主义教育的共性，也具有高校的鲜明特色。

（一）爱国主义教育的意义

爱国主义是中华民族精神的核心，是中华民族最重要的精神财富。爱国主义教育对个人、社会和国家的发展具有深刻的影响和重要的意义。

1. 落实立德树人根本任务的重要途径

爱国主义教育是思想政治教育的重要组成部分，应该摆在思想政治工作的突出位置。立德树人是思想政治教育的根本任务，因此爱国主义教育也是落实立德树人根本任务的重要途径。爱国是立德之源，对于新时代大学生来说，热爱祖国是立身之本、成才之基。爱国主义教育有多种实现形式，如榜样教育、爱国主义教育基地教育、革命军事博物馆教育等，这些教育形式都蕴含着丰富的德育资源。对青年大学生进行党史、新中国史教育，不仅能引导青年学子弄清楚我们从何而来，又将往哪里去，增强其爱党爱国爱社会主义的情感，增强其对伟大祖国的归属感和自豪感，而且能使大学生学习英雄人物和时代楷模身上的道德风范。青年大学生在参观爱国主义教育基地和革命军事博物馆时有心灵上的震撼和启迪，感受榜样人物的高尚品质和人格魅力，不断树立正确的世界观、人生观和价值观，为个人的全面发展奠定坚实的基础。

2. 推进精神文明建设的重要动力

人无精神不立，国无精神不强。精神文明建设是社会主义现代化建设的重要组成部分，能够为中国特色社会主义提供强有力的精神支撑，为物质文明的发展提供精神动力和智力支持。社会主义精神文明建设必须适应改革开放和社会主义现代化建设的需要。党的十八大以来，习近平总书记坚持把培养时代新人作为精神文明建设的着力点，尤其是党的十九大以来，他提出"培养担当民族复兴大任的时代新人"这一使命任务。培育有理想、有道德、有文化、有纪律的社会主义新人，有助于提高整个中华民族的思想道德素质和科学文化素质。爱国主义是一种崇高的道德品质，它要求个人和集体都服从并服务于党和国家的大政方针，自觉将个人利益与国家利益结合起来，不断提高自身素质，通过自己的劳动、勤奋学习，为祖国的繁荣发展贡献力量。因此，爱国主义教育与社会主义精神文明建设具有内在的一致性。爱国主义教育也是社会主义精神文明建设的重要内容，有效的爱国主义教育会对整个社会风气、社会群体的精神面貌、个人的内在素质产生深刻影响，进而对社会主义精神文明建设产生促进作用。因此，在高校广泛开展爱国主义教育，能让青年大学生受到社会环境积极因素的影响，使他们形成健康向上的生活态度，勇往前行。

3. 凝聚团结奋进力量的基础工程

爱国主义是千百年来形成并巩固起来的、人们对自己祖国的一种最深厚的情感。这种情感是对祖国的忠诚，是对祖国文明的认同和自豪，也正是这种情感使爱国主义具有强大的凝聚力，把中国56个民族紧紧地团结在一起。民族的团结和祖国的统一一直是中华民族的主旋律。在近代中国的反帝斗争中，中华民族团结一致，民族的命运与祖国的命运联系在一起，共同维护民族独立、国家主权和领土完整。在当代，2008年的抗震救灾、2020年的抗击新冠肺炎疫情等体现了中华民族万众一心、同舟共济的守望相助精神，民族凝聚力得到了大力提升。这些凝聚力都源于各民族人民对祖国的热爱。爱国主义教育使全社会产生一种内驱力，激励各族人民奋发图强，拥有战胜困难的顽强毅力，共同为祖国建功立业。

4. 实现中华民族伟大复兴的重要前提

《新时代爱国主义教育实施纲要》明确指出，"坚持把实现中华民族伟大复兴的中国梦作为鲜明主题"[①]。实现中华民族伟大复兴是近代以来中华民族最伟大的梦想，这一梦想包含着人们对未来的向往和无限的斗志。中国梦需要社会主义时代新人，时代新人要实现中华民族伟大复兴就必须爱党、爱人民、爱社会主义，把自己的理想同祖国的前途、把自己的命运同民族的命运紧密联系在一起，不断提高个人的素质，直面困难，以青春之我创建青春之国家。而时代新人的培育离不开教育，更离不开爱国主义教育。爱国主义教育能让学生清楚地认识到自己是在为谁奋斗、应该为谁奋斗。有效开展爱国主义教育能让爱国主义精神在青年大学生心中深深扎根，培养大学生的爱国之情、强国之志。因此，爱国主义教育能够为国家培养时代新人，推动中华民族实现伟大复兴。

（二）高校爱国主义教育的含义

爱国主义教育自古以来就是中华民族的优良传统，但不同时代的爱国

---

① 《新时代爱国主义教育实施纲要》，人民出版社，2019，第2页。

主义教育的含义是有所区别的。古代的爱国主义教育是教育臣民忠于国家、忠于君主；近代的爱国主义教育是教育中华儿女前赴后继，众志成城，挽救民族危亡；新时代的爱国主义教育是教育国人为实现中华民族伟大复兴的中国梦而不懈奋斗。"爱国"是国人对伟大祖国真挚的、热烈的、义无反顾报效祖国的情感，是远在异国他乡的人们对祖国的深深眷恋。所谓"主义"是指形成系统的理论学说或思想体系。那么高校爱国主义教育就是指高校教育工作者培养大学生对自己祖国深沉的纯朴情感，并在这一情感的基础上逐渐系统化、理论化的思想教育活动。在高校爱国主义教育活动中，大学生把对祖国的爱升华为对国家的担当、奉献，形成为民族独立、人民解放、国家富强而奋斗终生的行为，能自觉将小我利益与大我利益结合起来，具有"献身精神"，并以此为基础和导向，形成正确的、符合本国国情的价值取向。

爱国主义教育是思想政治教育的重要组成部分，是社会主义精神文明建设的永恒主题。《新时代爱国主义教育实施纲要》对爱国主义教育的鲜明主题、本质要求和着力点做了详细说明。《新时代爱国主义教育实施纲要》指出，"新时代爱国主义教育要面向全体人民、聚焦青少年"①。高校进行爱国主义教育也必须充分发挥课堂教学主渠道的作用。新时代高校爱国主义教育是高校教育工作者的思想政治教育活动，该活动根据新时代爱国主义的内涵对大学生进行爱国主义教育，对大学生的爱国观念、爱国情感、爱国行为等方面提出明确要求，使大学生实现爱国情感从感性到理性的成长，从而使大学生的爱国情感得到升华，并能自觉将爱国理念付诸实践，将对党、人民和祖国的热忱和报效之情付诸实际行动，自觉将自己的"个人梦"和"中国梦"结合起来，积极投身社会主义现代化建设，为社会主义现代化强国的建设贡献力量，最终成为坚定的爱国者。

（三）高校爱国主义教育的目标

目标是一个组织或者个人在未来一段时期内所要实现的预期成果，具有导向作用、激励作用以及考核和评价作用。根据新时代爱国主义教育的

---

① 《新时代爱国主义教育实施纲要》，人民出版社，2019，第9页。

含义，我们可以将新时代爱国主义教育的目标划分为四个维度，即爱国主义教育情感目标、爱国主义教育观念目标、爱国主义教育价值目标及爱国主义教育行为目标。

1. 爱国主义教育情感目标——树立对祖国的高度认同感

爱国主义教育，从本质上说，是培养人们对伟大祖国的认同感并将之转化成为伟大祖国努力行动的思想教育活动。其中认同感是指群体内的每个成员对外界的一些重大事件与原则问题能有共同的认识和评价。爱国主义教育情感目标就是要培养教育对象对祖国的认同感。具体认同什么？习近平总书记指出，要"不断增强各族群众对伟大祖国、中华民族、中华文化、中国共产党、中国特色社会主义的认同"[①]。因此，新时代开展高校爱国主义教育实现其情感目标，即培养大学生对中国道路、理论、制度、文化的认同，在深度认同的基础上逐步树立自信心和自豪感。这就是从认同的角度来丰富和阐述中华儿女的爱国主义情怀。

2. 爱国主义教育观念目标——坚持爱国和爱党、爱社会主义相统一

这一目标本质上是要教育者帮助大学生形成爱国就是要爱党、爱中国特色社会主义的正确观念，使学生认识到爱国和爱党、爱社会主义是相统一的，使他们能正确处理个人、集体、国家三者之间的关系。爱党就是要深刻认识到中国共产党是立党为公、执政为民的政党，是始终将人民利益摆在至高无上地位的政党，是历史的选择、人民的选择，是在中国长期执政的政党。只有中国共产党才能带领中国人民实现中华民族的伟大复兴。爱社会主义就是要深刻认识到只有社会主义才能救中国，只有社会主义才能发展中国。中国特色社会主义制度使中华民族实现了从站起来到富起来再到强起来的伟大飞跃，为党和国家事业发展、人民幸福、社会稳定、国家长治久安提供了强大的制度保障。因此，习近平指出："只有坚持爱国和爱党、爱社会主义相统一，爱国主义才是鲜活的、真实的，这是当代中国爱国主义精神最重要的体现。"[②]

3. 爱国主义教育价值目标——坚持社会价值与个人价值相统一

这一目标就是要求高校爱国主义教育工作者进行爱国主义教育时要

---

① 汪晓东、张炜、吴姗：《凝聚起中华儿女团结奋斗的磅礴力量——习近平总书记关于弘扬爱国主义精神重要论述综述》，《人民日报》2021年10月2日。

② 《习近平关于社会主义文化建设论述摘编》，中央文献出版社，2017，第129页。

关注教育的社会功能。教育是影响人的身心发展的社会实践活动，教育的社会功能主要表现为对人口、经济、政治、文化等的影响。如第一章所述，中国高校爱国主义教育是建立在马克思主义爱国主义理论基础之上的，马克思主义坚持社会主义的集体主义与个人主义相统一，正确处理好个人与集体的关系是高校爱国主义教育的题中应有之义。这一原则是对古代中国爱国主义教育理念的重大发展，在古代，社会本位的爱国主义教育的目的就是要培养忠诚于国家的臣子和百姓，却忽略了个人的价值实现。而在美国等一些国家，提倡一种多元价值下的爱国主义，凸显个人主义，忽略了个体对集体的重要意义。新时代高校爱国主义教育，就是要对中国古代重国家轻个人、西方国家重个人轻集体的价值观念进行纠偏，帮助大学生自觉将个人价值与社会价值相统一，深刻认识到个人的价值就是对自己、他人乃至社会需要的满足，个人需要通过自己的实践活动来充分发挥自己的潜能，不断创造满足自己、他人以及社会需要的物质财富和精神财富。

4. 爱国主义教育行为目标——实现爱国主义教育的知行统一

爱国主义教育必须做到"知情意行"的统一。前三个目标可以概括为爱国主义的认知和情感目标。思想是行为的先导，爱国主义教育成功与否最终要看受教育者的行为表现，内化的效果只有通过外化的行为才能表现出来。一个人即使拥有了正确的爱国主义认知和情感，也不一定就能够转化为一贯的爱国行为。爱国行为的表现可以分为两种，一种是爱国语言的表达，如在公开场合、网络平台等表达自己真挚的爱国之情，表达对祖国利益的维护；另一种是直接的爱国行动，在本职岗位上，尽职尽责，为国家建设贡献自己应有的力量。当然，这两种行为都应该是理性的，只有理性的爱国行为才是真正的爱国。对青年大学生进行爱国主义教育就是要聚焦他们爱国习惯的养成，培养他们的强国之志和报国之行，让他们能够有底气对党和国家做出"请党放心，强国有我"的郑重承诺。

（四）高校爱国主义教育的内容

高校爱国主义教育的内容十分广泛，开展爱国主义教育的形式也多种多样，从课程方面来看，涉及伦理学、历史学、教育学、心理学等多门学科，在丰富的爱国主义教育内容中，高校教师在对大学生开展爱国主义教育时应当有侧重地进行，这体现为爱国主义教育工作在大中小学思政课一体化视域下的内容梯度性。笔者认为，当前高校开展爱国主义教育的内容应当主要关注以下几个方面。

1. 中华优秀传统文化、传统美德教育

中国作为世界文明的发祥地之一，有近 4000 年的有文字可考的历史，中华民族在 5000 多年的历史中创造了灿烂的文化。中华优秀传统文化以及其中所蕴含着的传统美德对爱国主义这一社会意识的养成起到了极为重要的作用。人是社会中的人，一个人的价值观和社会意识的养成离不开其所处的文化环境。文化环境具有历史性、传承性，现代文化也必然受到古代传统文化的影响。广大学生对中华优秀传统文化和传统美德的认同感，会派生出自信心和自豪感，从而产生强大的凝聚力和向心力。因此，开展爱国主义教育必须大力传承和弘扬中华优秀传统文化，深入挖掘中华优秀传统美德，并融入当今时代的主题。

2. "四史"教育

学史明理、学史增信、学史崇德、学史力行，历史是最好的教科书。开展爱国主义教育，必须重视历史教育，尤其是中国共产党史、新中国史和改革开放史教育，其中涵盖的革命精神、奋斗精神、改革开放精神等内容是中国从传统向现代演进过程中爱国主义的最新表现。进行相关的历史学习的根本目的是知史爱国、知史爱党。高校思想政治教育工作者要以文化自信为指引，认识新中国史教育的重要性，坚持正面教育，讲好中国故事；要以中国共产党是历史和人民的选择为指引，认识党史教育对爱党和弘扬革命精神的重要性；要以时代精神为指引，认识改革开放史对解放思想、实事求是以及守正创新的重要意义。开展爱国主义教育必须有侧重地讲好中国的故事、中国共产党的故事、改革开放的故事，引导广大青年学生正确认识国情、党情，从历史中汲取力量、增长智慧。

3. 理想信念教育和中国梦教育

爱国主义情感的养成是爱国主义教育最基础也是最低层次的要求，爱国主义信念和信仰的形成是爱国主义情感的进阶、凝练和升华。信念具有稳定性、执着性，爱国主义理想信念的养成意味着理性爱国者的养成，因为坚定的爱国主义信念是以深化理性认识和理性爱国精神为必要前提的。中国梦是国家的梦、民族的梦和每个中国人的梦，实现中华民族伟大复兴的中国梦离不开每个中国人坚定的理想信念，理想信念是实现中国梦的动力，是每个中国人在追梦过程中迎难而上的强有力的支撑。因此，对青年学生进行理想信念教育和中国梦教育是开展爱国主义教育的重要内容。高校教育工作者要引导青年学生坚定对马克思主义的信仰，坚定对中国特色社会主义的信念，坚定对实现中华民族伟大复兴的中国梦的信心，坚定对党的忠诚，坚定共产主义必胜的信念，培养出既有激情又具理性的爱国者。

4. 集体主义教育

集体主义是社会主义的核心价值理念，是社会主义中国区别于资本主义国家的根本道德原则，体现了中国的制度和价值属性。多元文化的融合冲击以及全球政治经济一体化的影响，使集体主义的价值理念受到前所未有的冲击和挑战。在高校进行集体主义教育就是要引导学生认识到集体利益与个人利益是一致的，集体利益又高于个人利益。在爱国主义方面就是要认识到个人利益与国家利益是辩证统一的，国家利益是个人利益的保障，当两者发生冲突时，必须始终将国家利益放在首位，必要时甚至需要牺牲个人利益以维护国家利益。在一定程度上，社会主义和集体主义在根本上是一致的，二者都强调群体利益，个人利益本质上来源于社会。因此，开展爱国主义教育要把集体主义教育纳入其中，帮助青年学生理解集体主义的本质，发挥其价值导向作用。

5. 形势政策教育

时代性是爱国主义教育的鲜明特点。爱国主义是在社会发展过程中逐步形成的一种思想情感和道德观念，在不同时代、不同时期具有不同的内涵。培养大学生对祖国的热爱之情，必须对他们开展国内外形势政策教育。通过国内外横向对比，大学生可了解我国在改革开放进程中取得的巨大成就；通过国内纵向对比，大学生可了解当代中国的自我实现和自我超越过程，增进爱国情感。在开展爱国主义教育时必须结合中国的国情和国外的形势，进行形势政策教育就是赋予爱国主义新的时代内涵，使青年学生由"两耳不闻窗外事"到养成"家事国事天下事，事事关心"的习惯。进入新时代，面对世界正在经历的百年未有之大变局，形势政策教育要引导青年学生准确把握时代新变化，把握我国的基本国情和国外形势，深刻认识到中国所面临的新的机遇和挑战，深刻认识到青年一代在这些新的机遇和挑战中应该拥有斗争精神、创新创业精神、勤学敬业精神，为进行伟大斗争增强斗争本领，在努力拼搏中坚定理想信念，更好地弘扬爱国主义精神。

（五）高校爱国主义教育的特点

爱国主义教育由于其内涵的丰富性、目标的多样性，从而呈现多种特点，主要包括综合性与复杂性、规范性与稳定性、动态性与针对性、递进性与连续性、理论性与实践性。

1. 综合性与复杂性并存

爱国主义教育的综合性主要体现为爱国主义教育内容的综合性、爱国主义教育形式的综合性。爱国主义教育内容涉及多方面的知识，有政治教育、传统文化教育、历史教育、理想信念教育等。但值得注意的是，爱国主义教育不同于专门学科的学习，它是对这些学科知识的选取、凝练，整合出与爱国主义相关的、有利于青年学生爱国主义这一道德品质养成的知识。另外，爱国主义教育有多种实现方式，有课堂内的理论宣讲，课堂外的参观访问，重大纪念活动、纪念日等，在开展爱国主义教育时必然会综合运用这些形式。同时，综合性也带来了爱国主义教育的复杂性，一方面是工作内容的复杂性，爱国主义教育内容的综合性需要高校爱国主义教育工作者具有多方面的爱国主义教育知识储备，形式的综合性需要高校爱国主义教育工作者能够从中选择最优化的教育形式；另一方面是教育工作环境的复杂性，除了学校是爱国主义教育的主阵地，家庭教育和社会舆论也会对学生产生潜移默化的影响，这需要多个场域共同发力，推动大学生爱国主义教育工作开展。

2. 规范性与稳定性兼具

教育者开展爱国主义教育要遵循党和国家的大政方针，以爱国主义教育相关文件为导向。《新时代爱国主义教育实施纲要》明确提出了进行爱国主义教育的总体要求，对爱国主义教育的指导思想、鲜明主题、着力点等做了明确规定，凸显了规范性的特点。爱国主义教育的稳定性是指爱国主义教育是贯穿各个发展时期的永恒主题，无论在哪一时期的哪一阶段，爱国主义教育都是为了培养人们的爱国之情、强国之志和报国之行，只是随着时间的推移和时代的变迁，其具体内涵发生了变化，需要不断融入新的时代主题，在这里爱国主义教育就表现出稳定性的特点。可以看出，爱国主义教育的规范性有助于形成爱国主义教育的内容、形式、方法等，使之成为稳定的、具有一定经验与模式的教育工作。而爱国主义教育的稳定性使规范性成为可能，那些不同时间段、不同教育内容、不同实践形式的爱国主义教育的共性特征助推形成了规范性。

3. 动态性与针对性交融

社会环境是动态变化的，也是人赖以生存和发展的，因此爱国主义教育也是动态变化的。进入新时代，我国经济社会快速发展，综合国力不断增强，社会主要矛盾发生了变化，物质环境和精神环境也发生了显著变化。教育者应当认识到教育的社会制约性，充分利用教育环境中的积极因素开展爱国主义教育。由于教育环境的动态变化，开展爱国主义教育要具体到特定的时期和特定的区域，不同时期同一受教育者所处的教育环境是不同的，同一时期不同区域的受教育者所处的教育环境也是不同的。在这里，爱国主义教育环境的具体性就决定了爱国主义教育内容的针对性，有针对性地运用教育环境有利于更好地开展爱国主义教育活动。

4. 递进性与连续性衔接

爱国主义教育的对象要聚焦青少年。鉴于青少年身心发展特点，爱国主义教育应该是一个从低级到高级的培养过程，呈现递进性的特点。对青年学生进行爱国主义教育首先是培养浓厚的热爱之情，从对家乡故土的热爱到对祖国母亲的热爱，进而形成理性的爱国观念和信念，最后形成为中华民族伟大复兴的中国梦和共产主义事业奋斗终生的精神并落实到自己的学习、工作和生活中去，这就是爱国主义教育递进性的表现。另外，爱国主义教育应该贯穿每个人的一生，虽然学校里的青少年是爱国主义教育的聚焦对象，但步入社会的青年以及其他年龄阶段的人也应该通过各种形式，直接或间接地加强自身的爱国主义教育，营造浓厚的爱国社会氛围，这是爱国主义教育连续性的要求。

5. 理论性与实践性并重

爱国主义教育有自己的理论依据和时代含义，有自己的指导思想，有自己的相关指导文件，有学者指出，"马克思主义人民主体价值观是爱国奉献价值追求的理论基础。马克思主义关于历史创造者的观点，对奋斗者的价值追求起着定位和定向作用"①。奉献精神是一名坚定的爱国者的必备品质，爱国者会自觉地将自己的人生价值与人民、社会和国家紧密联系在一起。爱国主义教育的实践性要求人们将自己的爱国之情、强国之志转化为报国之行。爱国可以表现为在自己的本职岗位上勤勤恳恳与兢兢业业，可以是认真学习的学生、勤劳耕作的农民、努力工作的职员、无私奉献的军人等，爱国并非一定要轰轰烈烈，平凡的生活也能体现爱国的真谛。

二　高校爱国主义教育亲和力的内涵探讨

高校爱国主义教育亲和力是高校爱国主义教育理论的一个重要方面，也是高校思想政治教育亲和力理论的一个分支，对该理论的认识与深化，能够增进新时代爱国主义教育效度。

（一）亲和力的基本内涵

在思想政治教育领域广泛关注"亲和力"之前，"亲和力"最早是属于化学领域的一个概念。它是指一种原子与另一种原子之间的关联特性，两种或两种以上的物质结合成化合物时互相作用的力。但"亲和力"越来越多地被应用于人际关系领域，通常指某人对其他人的友好，使其他人想要亲近、愿意接触，就形容这个人具有亲和力。

化学领域的概念当然不能简单地生搬硬套于人文社科领域，但它会为人文社科领域或者其他领域提供一种思路、一种逻辑、一种方法，其他领域需要从中学习，结合自己的学科背景、学科特性、学科知识，衍生出一套属于自己的理论逻辑。化学领域的"亲和力"是一种原子与另一种原子之间的关联特性，这里的关键词是"关联特性"。"关联特性"意味着两种原子之间是具有联系的。从辩证法来看，联系是有条件的，条件是对某一事物的存在和发展具有特定影响的各种因素。依据这一思路来看人文社科领域的"亲和力"，即人与人的关系主要有血缘关系、地缘关系、群体关系以及大数据时代的信息关系等。血缘关系通常以家庭结构的形式表现出

---

① 贾英健：《爱国奉献精神的理论基础与时代意蕴》，《光明日报》2018 年 10 月 12 日。

来，在此基础上形成的亲和力是自然且强大的；地缘关系主要表现为村落、社区等结构，在此基础上形成的亲和力也是非常重要的；群体关系通常以社会结构的形式表现出来，他们是基于共同的价值观、共同的信念、共同的利益、共同的诉求等结合在一起的，在此基础上形成的亲和力也是较为强大的。前三种关系是传统关系。而在大数据时代，在现代社会中产生的一种新型关系是信息关系，它是以网络空间为载体构建起来的人与人之间的交互关系，这种关系具有虚拟性、开放性、随机性、共享性等特点。

此外，化学领域的"亲和力"又是两种或两种以上的物质结合成化合物时相互作用的力，这里的关键是"相互作用的力"。这说明产生化学作用的双方并不仅仅是一方对另一方或者另外几方的单向作用，而且是相互之间共同作用产生一种力量。引申到人文社科领域的"亲和力"，有亲和力的双方就是有共同力量表示的双方，这种友好表示使双方愿意合作，有一种合作意识，因而双方也就具有了一种交互性。因此，亲和力的本质就是在各种关系中形成交互性。

（二）高校爱国主义教育亲和力的内涵

高校爱国主义教育亲和力理论是由思想政治教育亲和力理论发展细化而来的，它的丰富与发展必然会进一步夯实高校思想政治教育工作的理论基础。因教育内容的具体化，爱国主义教育亲和力也有着自身特殊的含义、功能与本质。

1. 高校爱国主义教育亲和力的含义

爱国主义教育是我国高校普遍重视的思想政治教育内容，但是在实施过程中常常会遇到空洞说教的情况，学生很难从中产生由衷的认同，爱国主义教育效果不太理想是高校爱国主义教育工作的常见问题。这些问题的出现究其根本是教育者在开展爱国主义教育时，未能较好地阐释文件精神、讲好中国爱国主义故事，让学生认为爱国主义是"高大上"的理论学说和思想体系，与自己的关系不大，爱国主义教育内容很难入耳、入脑、入心、入行。这是爱国主义教育缺乏亲和力的表现。

要改变这种现状，高校在开展爱国主义教育的过程中，需要坚持以中华大地这一地缘关系和中华民族这一群体关系为基础，基于共同的理想信念、共同的价值观、共同的利益即坚定的共产主义理想、中华民族伟大复兴的中国梦、社会主义核心价值观、人民利益至上等内容，辅以大数据、人工智能等载体，构建起教育者和受教育者之间的交互关系，使受教育者在情绪情感上对我们的国家产生亲近感与和谐感，在教育者和受教育者之间形成一种亲近和结合的力量。这种力量具有亲近时代、亲近对象的基本特点。

简而言之，高校爱国主义教育亲和力是高校在开展爱国主义教育的过程中，注重以科学合理的内容、生动活泼的形式、与时俱进的载体等要素对大学生进行爱国主义引导、激励、凝聚，切实使大学生凝聚爱国心、升华报国情、践行强国志的一种积极力量。这种积极力量能够使高校爱国主义教育展现出独特吸引力和强大感召力。

爱国主义教育要想具有亲和力，就应要求高校教育工作者在开展爱国主义教育的过程中更好地发挥自身的主导性作用，提高自己阐释的能力和讲好中国故事的能力，让青年大学生更好地体会到爱国主义教育的亲近感，进一步增强学生对爱国主义教育的认同感。所以说，我们这里讨论的亲和力，实际上就是围绕教育者、受教育者以及开展爱国主义教育的活动这三个要素而进行的讨论，通过发挥教育者的主导作用，更好地丰富受教育者的学习体验，进一步增强受教育者学习的愉悦感和获得感，让受教育者愿意接触并更加主动地参与学习或者活动，进而潜移默化地从中接受爱国主义教育熏陶。

2. 爱国主义教育亲和力的功能

爱国主义教育亲和力是顺势而生并发展起来的。亲和力具有鲜明的时代价值，以下几点关于爱国主义教育亲和力的功能，实际上也是对为什么要研究爱国主义教育亲和力的回答。

第一，感染功能。爱国主义教育具有了亲和力就自然而然具有了感染力，与传统的"灌输法"相比，爱国主义教育不再是生硬的，而是贴近学生生活、充满趣味性和张力的。爱国主义教育者在爱国主义教育内容、方式的选取以及呈现上，更加注重学生的实际需求和学生的心理。例如，更多地选取贴近学生生活的内容，思想政治课程中采取课堂讲授与课外爱国主义教育基地实践相结合的教学方式，选择学生喜爱的视频、作品等呈现。而辅导员、班主任等注重爱国主义教育亲和力，更容易使学生受到爱国主义教育的感染。学生在这种教育方式下，会不自觉地接受革命先烈的事迹、中华民族的辉煌灿烂文明、社会主义现代化建设中涌现的先进模范人物的熏陶，从而产生认同的思想感情。这种感染力使学生发自内心地接受爱国主义教育内容，产生的影响是深远且持久的。

第二，激励功能。爱国主义教育亲和力的激励功能主要体现在广大青年学生在爱国主义教育的感染下，激起了为实现中华民族伟大复兴中国梦而勤奋学习的动力，用自己的梦想共筑中华民族的复兴梦。激励作用最重要的是激发受教育者的强国之志，培育受教育者的志气。高校爱国主义教育亲和力的激励功能一旦生成，甚至会对已经步入社会的青年产生深刻影响。激励是一种动力，激发起广大青年传承和弘扬中华5000年辉煌文明的动力；它是一种催化剂，激发起青年更强的民族自豪感和自信心；它是一种斗志，激发起青年进行伟大斗争的斗志。爱国主义教育亲和力的激励功能是广大青年将自己的爱国之情、强国之志转化为切实的报国之行的重要前提。教育者在教学过程中要有意识地发挥这一功能。

第三，凝聚功能。凝聚力原为物理学概念，指物质结构中分子与分子之间、原子与原子之间黏合在一起的某种力量。爱国主义教育亲和力的凝聚功能是指在开展爱国主义教育活动的过程中，受教育者这一共同体内部各成员结为有机整体的凝聚力。这种凝聚力是有条件的，共同的利益和价值目标是凝聚力存在的前提。也正是因为这种凝聚力的存在，聚合在一起的爱国者才能保持自身的内在规定性。新时代爱国主义教育的凝聚功能使受教育者紧密团结在以习近平同志为核心的党中央周围，同党中央保持高度一致，维护党和国家的集中统一领导。

第四，引导功能。正是有了感染、激励和凝聚这三个功能，才有了爱国主义教育的引导功能。引导是指带领、引领，是引导者带领被引导者为实现某一目标而行动。引导并不意味着被引导者完全处于被动状态，而是在引导者的带领下，受到启发，带着思考为实现既定目标而努力。爱国主义教育亲和力的引导功能就是引导受教育者逐步符合社会要求，成为党和国家所需要的爱国者。在这里，教育者所具备和传达的亲和力使爱国主义教育活动变得更加鲜活，受教育者更容易接受，其引导功能也得以发挥。爱国主义受教育者在亲和力的感染、激励和凝聚下，愿意在教育者的引导下，朝着爱国主义教育目标前进。在前进的道路上，受教育者充满热情、信心和凝聚力，并且发挥主观能动性对自己的思想和行为做出正确的调整，在实现自我发展的同时，践行自己的强国之志，为实现中华民族伟大复兴的中国梦而不懈奋斗。

3. 爱国主义教育亲和力的实质

从爱国主义教育亲和力的内涵来看，其实质是交互性。爱国主义教育亲和力的交互性主要体现在三个方面：教育者与受教育者的交互性、复杂信息的交互性、实践活动的交互性。

第一，教育者与受教育者的交互性。思想政治教育工作是由教师的"教"和学生的"学"共同组成的一种双向活动，教师教育工作是为了学生的知识、情感与能力的习得或提升，它是教师和学生之间的一种合作和交流形式。没有交互性的思想政治教育活动是无意义的，也是无效的。因此，爱国主义教育活动也应该是一种双向活动，爱国主义教育亲和力不只要教育者一个人具备和传达亲和力，受教育者也要对教育者的亲和力做出回应，因此教育者与受教育者的交互性是爱国主义教育亲和力的实质表现之一。教育者和受教育者在教学活动中的角色分别是主导和主体。爱国主义教育亲和力的有效发挥离不开二者的相互作用、相互合作。教育者从政治、思想、心理等方面，为了实现爱国主义教育，达成一定的价值观共识、家国情怀、责任担当，对受教育者展开有效沟通的、说服的、具有亲和感的实践活动。受教育者基于自身的需要，与教育者相互理解、相互合作、协同发展，从而提高爱国主义教育的实效性。

第二，复杂信息的交互性。随着信息技术的发展，大数据时代到来，大数据背景下的信息化和智能化建设对各个领域都产生了重大影响。对大学生的爱国主义教育可以随时随地在各种载体中进行，教育亲和力实际上存在于受教育者对各类信息进行"接受—反馈"的信息交互过程中，存在于爱国主义教育活动过程中。如何处理错综复杂的信息，是新时代爱国主义教育要解决的问题。开展爱国主义教育，需要选择适当的教育资源，进而在教学活动中与受教育者进行信息互动。在这里教育者要注意的是，爱国主义教育内容虽然随着时代的发展而发生变化，但它始终有其内在的稳定性。爱国主义教育亲和力的作用就是要在爱国主义教育内容信息交互的过程中，推动信息的优化，让这些知识鲜活起来。

第三，实践活动的交互性。理论和实践是相辅相成、缺一不可的。实践是理论的基础，实践活动的有效开展可以使学生对所学内容感触深刻。爱国主义教育实践活动多种多样，主要有参观爱国主义教育基地、革命烈士纪念馆、爱国主义博物馆，以及观看优秀爱国主义影片。爱国主义教育亲和力的作用就是适时、适度地开展学生能够接受的爱国主义实践活动。所谓"适时"是指实践活动可以是为理论学习做好前提准备，也可以在理论学习后对其加深巩固；所谓"适度"是指爱国主义教育不能仅仅在实践中开展，更不能流于形式。

（三）提升高校爱国主义教育亲和力的必要性

爱国主义教育是系统化、理论化的活动，具有较强的思想性、综合性和时代性，要取得实效是有一定难度的。长期以来，高校爱国主义教育容易脱离大学生学习生活的实际，教育方法单调，主体间的互动性不足。爱国主义教育实效性欠佳的重要原因之一就是亲和力不足。一些高校教育工作者亲和力观念淡薄，与学生情感沟通不够，没有做到顺势而为，对学生的需要关注不足，没有很好地激发学生内心的爱国情感。提升高校爱国主义教育亲和力是改善当前高校爱国主义教育亲和力现状的迫切需要。

1. 新时代社会主义高校内涵发展的需要

高校的根本使命是为国家和社会培养优秀人才，来助力国家和社会更好地发展。2021 年新修订的《中华人民共和国教育法》指出，"教育必须为社会主义现代化建设服务、为人民服务，必须与生产劳动和社会实践相结合，培养德智体美劳全面发展的社会主义建设者和接班人"[1]。新时代，要实现第二个百年奋斗目标、实现中华民族伟大复兴是全体中华女儿的共同愿望。作为新时代社会主义高校，其所培养的人才必须是能够担负起民族复兴大任的时代新人，必须是有崇高的理想信念、高强的才干本领、奉献的担当精神的时代新人。爱国主义教育亲和力的有效运用会使青年大学生能动地产生认同感、亲近感和获得感，有效地激发起学生的爱国、报国、强国情怀，从而更好、更有效地做出科研成果，

---

[1] 《中华人民共和国教育法》，中华人民共和国教育部网站，2021 年 4 月 29 日，http：//www. moe. gov. cn/jyb_ sjzl/sjzl_ zcfg/zcfg_ jyfl/202107/t20210730_ 547843. html。

实现自我价值和社会价值的统一。所以，爱国主义教育亲和力的提升是有效保障人才培养质量的重要前提，是高校充分利用现有的人力、物力等条件，充分挖掘教育潜力，使各要素相互协调，提高教育质量和办学效率的重要途径。

2. 学生成长成才规律的需要

一个大学生的成长成才绝不是一朝一夕之功，离不开家庭、学校、社会等多方面的培育，而不管是哪一方面的影响，其中最关键的是在教育中要真正关心学生成长。在高校，教育工作者与学生的关系较为疏远，因此很多时候学生出现问题而教师未能及时发现。良好和谐的师生关系对学生的健康成长具有重要意义。良好和谐的师生关系是指老师和学生之间有着亲切的、友好的、活泼的、健康的人际关系。这种关系一旦建立，学生就会对教师产生亲近感，就会觉得自己与教师的接触和交流是有效的，能够感受到教师对自己的关注和爱护，也感受到自己是被人需要的，是有价值的，从而产生较高的自我效能感。心理学家埃里克森认为，亲近感是个体人格发展的第六个阶段，发生在个体 18 ~ 25 岁。从这个方面来看，高校大学生对亲近感的需求是强烈的。正所谓"亲其师"才能"信其道"，高校爱国主义教育亲和力的提升意味着高校教育工作者不仅要完成爱国主义教育内容，而且还要以自己无微不至的耐心、细心和爱心，让学生更加自信，享受学习的乐趣，自觉地去明确大学的意义，自发地端正自己的生活和学习态度，以正确价值观的构建来培养正确的国家观、是非观和荣辱观，发自内心地认同爱国主义教育内容。因此，爱国主义教育亲和力的提升单从心理学角度来看也是符合学生健康成长发展规律的。

3. 提高爱国主义教育质量的关键

青年大学生正处于思想活跃、价值观逐步成熟的关键时期，追求个性、独立、自由是他们的典型特征。他们在人际交往中更加强调自我意识、个人价值。在信息化时代，各种信息铺天盖地，对新时代大学生产生了深刻影响。大学生获取的知识更加丰富，获取知识的方式更加多样，获取的知识层次也更加复杂。这些"爆炸式"的信息必然会对青年大学生的价值观念产生深刻影响，传统爱国主义教育也必然会受到强烈冲击。另外，当代青年大学生面临巨大的就业压力，特别是疫情防控常态化时期青年大学生就业会呈现更加困难的局面，大学生的身体和心理压力只会越来越大，如果不加以引导，就会"在一定程度上消解着爱国主义教育的实效性，更对当代大学生接受思想政治教育构成挑战"①。爱国主义教育亲和力的提升，有助于提高青年大学生对高校爱国主义教育工作者的认同，也有助于提高大学生对爱国主义教育本身的认同，从而更好地激发大学生爱国情怀，落实好爱国主义行动。另外，爱国主义教育亲和力的提升能增进爱国主义教育者和学生之间的相互了解和信任，并促使高校爱国主义教育工作者针对广大青年学生的实际情况和困境提升自身的思想政治教育工作水平。因此，提升高校爱国主义教育亲和力是爱国主义教育质量提升的关键。

4. 培育国民良好道德品质的重要手段

爱国主义教育不仅包含对祖国大好河山、历史文化等的热爱之情，同时也是对现行政治制度、国家治理体系和治理能力等的认同，具有鲜明的政治属性和政治内涵。新时代爱国主义教育必须重视国民的政治认同感，并将政治认同置于新时代高校爱国主义教育的核心。此外，进入新时代，社会经济、政治、文化都在快速发展，与此同时，公众的素质存在参差不齐的状况，而新时代对公民素质的要求日益提高。爱国主义教育必须自觉承担起"立德树人"的根本任务，为公民思想道德素质的提高做出应有的贡献。高校大学生是最主要也是最关键的教育对象，对他们教育效果的好坏关系着国民素质的高低。前文中我们阐述了爱国主义教育亲和力的功能之一即引导功能。爱国主义教育亲和力能让学生相信爱国主义教育工作者所讲，对爱国主义教育工作者产生信任感，自觉、主动地接受爱国主义教育工作者的引导。因此，有效运用爱国主义教育亲和力能引导广大青年学生高度认同中国特色社会主义制度、中国特色社会主义理论体系，对中国优越的治理体系、治理能力产生高度的认同感、自豪感和自信心。此外，在爱国主义教育过程中，爱国主义教育亲和力对爱国主义的德育起着促进作用，有利于学生良好思想品德的提升。

5. 破解理论与实践脱节的难题

在高校的各门课程教学中，学生对某一学科或知识点缺乏兴趣、感到

---

① 吴海江、包炜杰：《全球化时代大学生爱国主义教育的话语创新》，《思想理论教育》2017年第 2 期。

学习困难，往往是因为该学科或知识点与学生生活距离较远，理论性较强，较为抽象，学生很少能够在实践中应用到，从而产生抵触情绪。这就是教学中常见的理论与实践脱节的问题。在高校，爱国主义教育主要通过思想政治理论课来进行，学生对这些课程自主性学习的能力较差，学习效果也不尽如人意。而爱国主义教育亲和力在破解理论与实践脱节的难题上发挥了积极作用。高校教育工作者一旦有了亲和力观念，必定会推进爱国主义教育的时代化，爱国主义教育的时代化要坚持以习近平新时代中国特色社会主义思想为指导，特别是以《新时代爱国主义教育实施纲要》和习近平总书记关于爱国主义教育的重要论述为依据，不断推动爱国主义教育基础理论的时代化，让理论服务于新时代的社会实践，让学生对所学内容产生亲近感。此外，爱国主义教育亲和力必然表现为爱国主义理论对现实问题的阐释能力。爱国主义教育不是一种纯理论的活动，它要直面现实问题、回应时代问题，这也是增强爱国主义教育亲和力的关键。坚持爱国主义理论的时代化，提高爱国主义理论对现实问题的阐释力，能有效增强爱国主义教育的实践性。

三　提升高校爱国主义教育亲和力的基本原则

原则是人们说话或行事的标准与依据，是对客观规律的反映，是人们参与社会活动必须遵循的准则。提升爱国主义教育亲和力也需要注意一定的基本原则，这些原则是提升亲和力的最一般化的经验总结，遵循了这些原则，就能够充分运用爱国主义教育的规律提升亲和力。

（一）教育者要始终坚持主导性原则

高校的爱国主义教育者是经过专门训练，能够有目的、有计划地对大学生进行爱国主义教育的个人，是爱国主义教育活动的发动者、组织者和实施者。教育者的素质和能力直接决定着高校爱国主义教育亲和力的实效。教育者必须始终坚持主导性原则，这是提升爱国主义教育亲和力的前提。高校爱国主义教育者始终坚持主导性原则需要注意以下两个方面。

一是对高校爱国主义教育系统内诸要素的有效整合，使这些要素增强内容的吸引力以提升亲和力。整合的实质就是发挥各部分的最大效果，运用系统优化的方法，形成爱国主义教育系统内诸要素的最大凝聚力，从而作为一个整体更好地促进高校爱国主义教育亲和力的有效发挥。这就需要高校爱国主义教育工作者充分研究大学生特点、明确爱国主义教育目标、理解爱国主义教育内容、选取爱国主义教育方法、运用爱国主义教育环境。教育者在爱国主义教育总目标的基础上调整爱国主义教育的教学目标，凭借自身的学识水平、思想政治教育组织能力和人格魅力，营造积极向上的爱国主义教育氛围，整合爱国主义教育亲和力诸要素的亲近感，让学生亲近自己、尊重自己和信任自己，并促进良好学风的养成。

二是高校爱国主义教育工作者发挥自己的主动性。提升爱国主义教育亲和力是一项系统工程，爱国主义教育工作者、大学生、教育目标、教育内容、教育环境等构成了高校爱国主义教育亲和力的各个要素。在这一爱国主义教育亲和力系统内，亲和力的实现必须发挥高校爱国主义教育工作者的主动性，他们要自觉承担起高校爱国主义教育的责任，强化自己的责任意识，在课程育人、科研育人、心理育人、管理育人、服务育人等方面渗透爱国主义教育、理想信念教育，引导学生逐步树立爱国情怀、强国之志。此外，教育主管部门、高等院校等也要能够形成联动机制，为爱国主义教育工作者能动地发挥自身主导作用创造有利的外部条件。

（二）注重发挥受教育者的主体性原则

虽然高校爱国主义教育工作者坚持主动性是亲和力实现的必要前提，但教育者的主动性只是单向促成了学生的爱国主义认识活动和实践活动的有效开展。亲和力的实现是一个双向互动过程，学生在教育活动中不完全是被动的接受者。在爱国主义教育活动中，不仅要发挥爱国主义教育工作者的作用，还要注重受教育者的呼应行为，爱国主义教育的效果最终要通过学生的主动接受和自我教育来实现。

学生是爱国主义教育活动中的主体。开展爱国主义教育活动虽然会涉及理论性知识的灌输，但是有效的爱国主义教育必须经过学生主体性的思维运作。学生要发挥自己的主观能动性，对爱国主义教育内容加深认识和掌握，并进一步内化为一个对自我认识的消化、吸收和评判的过程，最后外化为自己独特的行为表征。实现高校爱国主义教育亲和力必须遵循主体性原则，主要表现在以下两个方面。

一是坚持以学生为本。2013年习近平总书记在全国宣传思想工作会议上指出，"要把实现好、维护好、发展好最广大人民根本利益作为出发点和落脚点，坚持以民为本、以人为本"①。爱国主义教育是围绕大学生展开的教学活动，大学生是具有主观能动性的，随着生活阅历的逐渐丰富，他们往往表现出更强的自主性和独特性。因此，高校爱国主义教育要坚持以学生为本，要尊重学生的自主性和独特性。爱国主义教育是为了让学生形成爱国之情、强国之志、报国之行，为实现中华民族伟大复兴的中国梦贡献自己的青春力量。学生的爱国情怀和理想信念的养成效果具有个体差异性，他们在爱国主义实践过程中必定会有自己的理解，必定会在实践中打下有自己特征的烙印。高校爱国主义教育工作者在与学生互动的过程中，必须尊重大学生的心理特征和个性特点，激发学生参与爱国主义教育的主动性和自信心。

二是坚持注重教育互动。教育者和受教育者在教学活动中的地位是平等的，二者的有效互动是实现亲和力提升的关键。高校爱国主义教育工作者对学生的爱护、尊重、友好态度，是良好的爱国主义教育亲和力关系确立的前提，也是学生接受爱国主义教育工作者、爱国主义教育内容所必需的催化剂。这是对传统爱国主义教育单向讲授式、灌输式教育的转变。在注重互动的爱国主义教育活动中，学生能够充分表达和展示自己的想法和观点，爱国主义教育工作者能够引导学生主动参与、主动思考，双方被看成合作者。爱国主义教育者和受教育者在交流、讨论与合作中互相借鉴以达成爱国主义教育共识，在这一过程中，爱国主义教育亲和力也必将得到提升。

（三）教育内容充分体现生活化原则

爱国主义教育内容是高校爱国主义教育工作者和学生共同认识、掌握和运用的对象，是爱国主义教育活动中的客体，是教育过程中传递信息的主要组成部分。高校爱国主义教育内容的选择关系到爱国主义教育活动亲和力的实现。优化爱国主义教育内容是提升爱国主义教育亲和力、传播力

---

① 《习近平关于社会主义文化建设论述摘编》，中央文献出版社，2017，第25~26页。

和引导力的关键。在坚持爱国主义教育内容政治性的前提下，要充分体现贴近学生实际的生活化原则。

《新时代爱国主义教育实施纲要》的总体要求指出，"坚持爱党爱国爱社会主义相统一。新中国是中国共产党领导的社会主义国家，祖国的命运与党的命运、社会主义的命运密不可分"[①]。这表明高校爱国主义教育亲和力首先要具有政治性。在我国，高校爱国主义教育为中国共产党治国理政服务、为巩固和发展中国特色社会主义服务、为建设社会主义现代化强国和实现中华民族伟大复兴服务，充分体现党和人民的意志，旗帜鲜明地讲政治，让大学生坚持正确的政治立场、坚定政治信念，这也是培养社会主义建设者和接班人的要求。

但爱国主义教育内容是随着时代的发展和教育对象的变化而变化的，爱国主义教育亲和力也必然要具有时代性。《新时代爱国主义教育实施纲要》根据时代的发展变化对 1994 年版的《爱国主义教育实施纲要》进行了进一步完善，提出了新时代爱国主义教育的基本内容，高校爱国主义教育工作者选择具有鲜明时代性的教育内容，及时跟进学生关心的热点事件，才能更好地发挥爱国主义教育亲和力的时代性，爱国主义教育内容才能更好地被学生接受。

爱国主义教育"时代性"就是要做到与时俱进。笔者认为，赋予爱国主义教育内容以生活化的内涵是体现"时代性"的一条重要路径。传统爱国主义教育的不足之处就是其内容与教育对象的生活联系不够紧密，偏重于纯理论宣传的爱国主义教育缺乏亲和力，学生也就很难形成爱国主义共鸣。兴趣是最好的老师，失去了兴趣，教育内容的认同、内化与外化就不可能实现。因此，高校爱国主义教育亲和力的体现是要善于实现教育内容的生活化以激发学生爱国主义兴趣与热情。

要想实现爱国主义教育内容的生活化就要发挥教育者的主导性，根据不同学段的大学生的特点进行分层次生活化教育。所谓"分层次生活化教育"，是指将爱国主义教育的基本内容进一步细化成教育序列，由浅入深地贯穿于教育的各个阶段，这是保证爱国主义教育具有亲和力的关键所在。如大学一年级的学生处于由中学向大学的过渡期，对大学生活充满期

---

① 《新时代爱国主义教育实施纲要》，人民出版社，2019，第 2~3 页。

待，思想的可塑性强，这一阶段的爱国主义教育内容应围绕理想信念的培育，培养学生对自己就读专业的热爱之情，立志用扎实的专业知识实现自己的强国之志，将生活化教育内容融于学生的大学适应教育之中。大学二年级的学生已经有了一定的专业理论知识储备，思想也逐步成熟，这一阶段的爱国主义教育内容应围绕国情，开展党史、新中国史和改革开放史教育，培养学生关心国家大事的意识。大学三年级的学生价值观已基本定型，这一阶段的爱国主义教育内容应深入开展中国特色社会主义和中国梦教育，坚持用习近平新时代中国特色社会主义思想武装头脑。大学四年级的学生面临就业，即将步入社会，这一阶段的爱国主义教育内容应以实现中华民族伟大复兴的中国梦为主题，结合就业情况，鼓励大学生奔赴祖国的边远地区、扎根基层、践行初心、担当使命。对于硕士研究生、博士研究生，则结合专业特点开展融于专业研究的爱国主义教育。结合大学生各学段的特点开展的分层次教育是教育内容生活化原则的重要实现路径。

（四）坚持教育目标的全程性与全面性原则

第一，要坚持爱国主义教育目标的全程性原则。爱国主义教育作为一种实践活动，有自己明确的教育目标。目标是活动的预期目的，是活动发展的方向。教育目标可以分为总目标和分目标，高校在开展爱国主义教育活动、制定爱国主义教育目标时，往往都是通过完成一个个阶段性分目标，进而合力完成总目标。新时代高校爱国主义教育总目标就是高校爱国主义教育工作者以课堂教学、思想政治教育工作等形式开展爱国主义教育活动，帮助大学生形成正确的爱国观念、培养强烈的爱国情感、树立坚定的爱国信念、养成良好的爱国行为，最终成为一名坚定的爱国者，为中华民族伟大复兴和建设中国特色社会主义最终实现共产主义而奋斗。在实际开展过程中，高校爱国主义教育又通过一个个具体的教育过程来实现，高校爱国主义教育工作者根据不同的具体要求制定阶段性分目标，这些阶段性分目标通过有序的排列组合，形成了连贯性的过程性目标，并指向高校爱国主义教育的总目标。坚持教育目标在大学生培养过程中的全程性原则，拓展教育的时长，延长大学生接受爱国主义熏陶的周期，让大学生在接受爱国主义感染中感受亲和力。

第二，要坚持爱国主义教育目标的全面性原则。这一原则是根据大学生的实际特点以及国家对社会主义合格建设者和接班人的要求提出的。大学生具有鲜明的个性特征，高校爱国主义教育工作者尤其是班主任、辅导员要提升爱国主义教育目标的亲和力就必须依据大学生的个性特征，制定爱国主义教育个人目标。同时，爱国主义教育还应兼顾国家和社会教育导向和个体自我价值实现的二者目标的统筹性，在实现爱国主义教育目标的同时使学生达成自我实现。为此，高校爱国主义教育工作者要全面了解爱国主义教育对象的自我价值目标，通过优化教学目标、教学内容、教学方法等教学系统诸要素，把爱国主义教育切实融入学生个体自我价值实现过程之中，进而不断提升爱国主义教育亲和力。因此，坚持教育目标的全面性原则就是建立一种指向全面发展的爱国主义教育体系，使学生在实现全面发展过程中接受潜移默化的爱国主义教育，爱国主义教育的亲和力也就自然得以实现。

（五）教育环境创设坚持协调性原则

环境是人类生存的空间及其中可以直接或间接影响人类生活和发展的各种自然因素。马克思指出："人创造环境，同样，环境也创造人。"① 这是马克思关于人与环境关系的观点，在他看来，人与环境是相互创造的，人对环境具有能动性，环境对人具有制约性，二者在实践的基础上相互影响。

高校爱国主义教育环境可以分为客观环境和人为创设环境。教育工作者要注重客观环境和人为创设环境内部、彼此之间的协调性，通过二者的相互作用，提升环境育人的亲和力。客观环境总是动态变化的，进入新时代以来，我国社会的主要矛盾发生了变化，当今世界正经历百年未有之大变局，在新冠肺炎疫情的冲击下，全球大变局的演变加速。高校开展爱国主义教育要充分考虑国内政治、经济、文化以及国外的时代背景，主动应对客观环境的深刻变化，善于发现变化的环境给爱国主义教育带来的危与机，重视环境对人的能动影响，制定合理的爱国主义教育举措，使之与客观环境相协调。要注重人为创设环境与客观环境相协调、与大学生的爱国主义接受力相协调，把客观环境和人为创设环境看作育人共同体，充分利

---

① 《马克思恩格斯选集》第 1 卷，人民出版社，2012，第 172 ~ 173 页。

用教育环境包括自然环境和社会环境的变化，并融入爱国主义教育的因素，有针对性地运用和优化教育环境，为大学生营造良好的爱国主义学习氛围，进而更好地开展爱国主义教育活动，提高高校爱国主义教育环境的亲和力。教育环境也包括网络环境，要营造清朗的爱国主义网络环境。随着科学技术的发展，网络环境成为信息传播的重要途径，为爱国主义教育的开展提供了新的载体，要创设政治立场正确、大学生乐于接受的网络育人环境。此外，大学生所处的校园也是重要的爱国主义育人场所，高校应为爱国主义教育活动创造适宜的环境，涵养大学生的思想道德品质，提高爱国主义教育亲和力。

四　提升高校爱国主义教育亲和力的基本要领

在不同的时期、面对不同的主体，提升爱国主义教育亲和力的方法和策略会有所不同但提升亲和力也有一些共通的要领，掌握了这些要领，就能够在纷繁复杂的高校爱国主义教育实践中采取灵活的措施。

（一）　不断提升教育工作者的人格魅力

提升爱国主义教育亲和力离不开爱国主义教育工作者自身的亲和力。爱国主义教育工作者在爱国主义教育活动中起主导作用，爱国主义教育工作者亲和力的发挥需要依靠主体较高的素质，素质越高，越能组织好与实施好爱国主义教育活动，越能使大学生认同爱国主义教育。这就要求高校爱国主义教育工作者不断提升自己的人格魅力。教育工作者的人格魅力表现为他们在思想品德、能力、气质、性格等方面能够吸引教育对象。在思想政治教育或教学日常活动中，教育工作者的人格魅力主要表现为"三力"，即对学生的强大感染力、号召力和影响力。提升教师的人格魅力主要有两方面：一是提升内在的爱国主义理论素养力；二是具有用强烈的爱国主义理想信念以身示范的行动力。

在提升内在的爱国主义理论素养力方面。目前，全国高校没有专门开展爱国主义教育的课程，爱国主义教育往往融入在思政课程、课程思政之中。另外，班主任、辅导员在开展思想政治教育工作过程中也渗透爱国主义教育。教育工作者的爱国主义理论素养魅力会影响受教育者对爱国主义教育的认同度，良好的理论素养力是提升教育工作者人格魅力的知识性要素。因此，高校爱国主义教育工作者要全面、系统地学习爱国主义理论知识，深入学习习近平总书记关于爱国主义教育的相关论述以及爱国主义教育相关文件。当今世界，信息更新和传播速度日益加快，爱国主义教育工作者要有不断学习的意识，关注具有时代性的爱国主义教育内容，不断更新充实新知识、新理论，善于选择反映时代精神、具有时代特色的爱国主义教育内容，以增强爱国主义教育工作者的主导力和爱国主义教育的吸引力。只有具备了丰富的爱国主义知识，才能改变一味灌输的单向的思想政治教育模式，建立与学生双向互动的、学生积极参与的教育模式，增强爱国主义教育的渗透力、感染力和吸引力。

提升人格魅力还应具有用强烈的爱国主义理想信念以身示范的行动力。教师的示范性是教师职业道德的外化要求，教师自身较高的思想道德素质、深厚的理论学识、较强的组织能力等都会带给学生潜移默化的影响，学生会对这样的教师产生崇拜之情和信任之感，会不自觉地产生向师性，爱国主义教育亲和力在这样的崇拜之情与信任之感中得以实现。因此，高校爱国主义教育工作者要不断增强自身的爱国主义理想信念，在爱国主义教学中时刻流露出对祖国的热爱之情，维护祖国的利益，讲述自己的强国之志、报国之行，以自己的日常言行影响学生。这种发自内心的真诚必然会感染学生，爱国主义教育亲和力也就会自然而然地散放出来。

（二）注重显性教育与隐性教育的结合

显性教育和隐性教育的结合，是爱国主义教育亲和力提升的另一大基本要领。课堂教学是爱国主义教育的显性阵地，在这一阵地中，爱国主义教育工作者通过旗帜鲜明地给学生讲述祖国的历史、文化、经济、自然等有助于激发学生热爱祖国的内容，体现知识的"亲和力"。在课堂之外，学生的日常生活则是爱国主义教育的隐性阵地。抓住学生成长的重要环节，对学生进行爱国主义教育，由此产生的潜移默化的影响与显性教育阵地相互补充。因此，爱国主义教育亲和力的提升要坚持显性教育和隐性教育的结合。

要进一步彰显和运用好隐性教育阵地提升亲和力的优势。由于社会环境的变化，爱国主义教育环境也变得复杂多样，各种社会思潮和价值观念给大学生带来了极大的冲击。大学生获取知识和信息的途径不再局限于课堂和书本，他们能够迅速接受网络上的新鲜事物和新观点，传统的课堂教学这一显性教育阵地的吸引力在一定程度上有所下降。所以，在价值观塑造、理想信念树立、思想道德培养等方面，要重视非传统爱国主义教育领域的育人作用。"价值始终是教育的基础，关注隐性课程实际上就是关注学生价值观受生活环境影响的方式。"① 隐性爱国主义教育主要将爱国主义教育内容融入具体的教育教学中、社会实践中以及学生的日常生活中，例如在校园广播站播放爱国歌曲、国庆节等重大节日在校园道路边插上五星红旗等。

要突破显性教育过程中阻碍亲和力提升的瓶颈。当前，显性爱国主义教育仍然是主阵地，不能完全用隐性教育代替显性教育。因此，高校爱国主义教育工作者要重视显性教育主体性地位。在爱国主义相关文件学习、政治宣传和理论学习等方面，显性教育的优势更加突出。中国共产党人开展的一切工作都是鲜明的，习近平指出，"要旗帜鲜明讲政治，站稳政治立场，把准政治方向，坚定政治信念，提升政治能力，确保政治过硬"②。突破显性教育过程中阻碍亲和力提升的瓶颈，就是要不断与时俱进，不断改进完善显性教育的内容方法，始终把提升亲和力作为显性教育的目标。例如互联网带来的挑战和冲击是巨大的，显性教育要利用好这一平台，加强爱国主义教育者和受教育者的双向互动，扩大主流价值观的影响力，增强爱国主义教育的吸引力。因此，提升爱国主义教育亲和力需要以爱国主义显性教育为主，并辅以隐性教育，在二者的相辅相成中注重亲和力提升。

（三）重视爱国主义教育的语言艺术

教育工作者在爱国主义教育活动中的话语表达直接影响着教育过程的亲近感。语言是教育者与受教育者之间传递信息的载体。中国共产党的领导人特别注重通过语言艺术来增强思想政治教育工作的亲和力。毛泽东指出："至于艺术技巧，这是每个艺术工作者都要学的。因为没有良好的技巧，便不能有力地表现丰富的内容。艺术技巧是多方面的，并不只限于语

① 胡大平：《坚持显性教育和隐性教育相统一　全面提升高校立德树人水平》，《思想理论教育导刊》2019年第7期。
② 《习近平谈治国理政》第3卷，外文出版社，2020，第385页。

言。但是，对于艺术工作者来说，掌握语言的能力确是非常重要的。"① 爱国主义教育工作者如果能够有效利用语言艺术，就能为爱国主义教育锦上添花，能有效增强爱国主义教育实效。但在实际教学过程中，有些爱国主义教育工作者不注重语言艺术，内容讲解不生动，语言逻辑不严谨，语速过快、语调不合理等。此外，爱国主义教育具有较强的政治性和理论性，使高校爱国主义教育内容容易脱离学生学习生活。用带有时代特征的话语对新概念、新名词进行详细阐述，是爱国主义教育话语亲和力提升的关键，也是爱国主义教育工作者自我提升的重要方面。

第一，要注重互动中的语言艺术以增强爱国主义教育亲和力。爱国主义教育不是单向输入的理论说教，任何话语都有自己存在的语境，都存在于一定的社会环境、时代背景之中。教育工作者要注意在交流互动中实现交流亲和力，只有这样，其价值和功能才能实现。要善于与受教育者建立良好的对话交流机制。爱国主义教育的传统交流方式是教育者拥有话语主导权，其话语中带有明显的支配性，这种对话是一种单向的灌输，双向互动较少，爱国主义教育因为少了温度而显得生硬。具有亲和力的互动交流应该注重营造融洽的交流氛围，交流的语言应该是生活化而非学术化语言，这种互动式的语言风格应该让学生更多感受到的是一种如家庭、亲友般的平等对话。在教育者和受教育者的观点不一致时，教育者要善于倾听学生表达，如果学生在爱国主义问题上有明显的错误观念，教育者应当注重以引导式语言、反思式的提问艺术与学生深入沟通，在包容与引导式的教育语言环境中让学生学会反思其不合理的爱国主义观点，从而形成正确的价值观。

第二，爱国主义教育工作者要注重话语输出的亲和力。要改变学生对高校教师开展思想政治教育就是"说教"的陈旧观念，教育语言要接地气，又要做好价值引领工作。在网络新媒体迅速发展的大趋势下，社会思潮呈现多样化发展态势，爱国主义教育话语面临更大的挑战。与当下比较流行的网络语言、时代语言相比，传统爱国主义教育话语表达缺乏生动性、鲜活力，其表现形式更显单调。因此，爱国主义教育要由抽象的学术术语转化为学生能够理解的话语，在规避使用一些不规范用语的前提下将

---

① 《毛泽东文集》第 2 卷，人民出版社，1993，第 125 页。

爱国主义理论话语和网络语、生活语等有效融合，转化为通俗易懂、具有趣味性的话语。习近平总书记重要讲话中的话语表达值得我们学习借鉴。他"善讲故事以阐述深刻道理、善用俚语以释疑解惑、善引经典以提纲挈领，并在平实和亲切中蕴含力量、直指人心"[1]。爱国主义教育工作者也要讲好中国故事，寓道理于故事中，将枯燥的理论形象化、生动化，以吸引学生；善于引经据典，在增强爱国主义教育内容的文化底蕴的同时，使学生感受到中华文化的博大精深，从而坚定文化自信；善用俚语，使爱国主义教育内容通俗易懂，增强学生的认同感。

（四）持续优化爱国主义教育的载体

"载体"一词最早出现在化学领域，指的是那些能够传递能量或运载其他物质的物质。爱国主义教育载体则是指，在爱国主义教育活动中，能被爱国主义教育工作者运用，承载和传递爱国主义教育内容和信息，使爱国主义教育者和受教育者相互作用，最终达到爱国主义教育效果和目的的物质实体或活动形式。在高校，爱国主义教育载体有多种形态，主要有物质载体，如校园物质环境；课程载体，如开设爱国主义教育课，进行课堂教学；文化载体，如开展爱国主义知识竞赛、以爱国为主题的文艺晚会等活动；传媒载体，通过大众传媒向学生传递爱国主义教育内容和信息，使学生不自觉地受到爱国主义教育的熏陶。载体承载着爱国主义教育的知识、内容、形式等，它给学生带来的影响和冲击直接关系到爱国主义教育效果。要提升爱国主义教育亲和力，持续优化载体是需要把握的基本要领。

无论是在爱国主义教育方面还是在专业学习方面，实践活动都是大学生增长才干和奉献社会的主要形式，要优化好爱国主义教育的传统实践载体。实践载体在爱国主义教育方面形式很多，但是只有那些能够焕发时代魅力的传统实践载体才能提升爱国主义教育亲和力。优化实践载体，可从以下几方面发力。一是要善于用好爱国主义教育仪式，仪式礼仪有助于给学生带来良好的爱国主义情感体验，高校要利用一些重大节日活动中的升

---

[1] 杨威、谢丹：《习近平语言艺术对新时代思想政治教育话语创新的启示》，《学术论坛》2019 年第 6 期。

旗仪式、唱国歌等提升爱国主义教育亲和力，在高校延续并创新好中小学每周升旗仪式等爱国主义教育形式。二是要善于在实践中融合中华优秀传统文化，让大学生在中华优秀传统文化中感受中华民族的伟大，从而激发学生的爱国之情。三是要善于组织重大纪念活动，在国家重要纪念日举办形式多样的文化活动，如在五四青年节举办情景剧等活动，弘扬五四精神；开展历史人物的诞辰忌日纪念活动，例如在中国或党的历史上的伟人诞辰之际，组织开展主题演讲活动等。高校爱国主义教育工作者要积极运用实践载体，丰富学生的爱国主义实践经历，因为实践中的所感所悟最为深刻。

（五）坚持感性教育与理性教育并重

爱国主义教育工作者与学生产生思想沟通和共鸣的切入点是"情感"。爱国主义教育是以"情"为开端、以"行"为终端的，爱国主义本质上就是以情感为基础的理性行为，爱国主义情感是爱国主义教育的基础和前提。但有时候高校爱国主义教育缺乏情感温度，爱国主义教学内容更多的是概念化、知识化、标语化，对爱国故事、人物的叙述较为浅显，爱国主义教育活动的开展表面化、形式化，学生很难产生共鸣和自主学习的动力，因此爱国主义教育效果也较差。高校爱国主义教育工作者要重视学生的爱国主义道德情感的养成，并在强烈的爱国情感的基础上，引导学生正确认识爱国的理性行为，避免跟风，要让爱国更有深度。

一是要培养学生的爱国主义道德情感。教学是一个双向活动，在对学生进行情感教育之前，爱国主义教育工作者首先要具备或形成良好的爱国情感。只有教育工作者有了积极的情感，他们对党、国家和社会主义矢志不渝的热爱，才会感染学生。然后对学生进行爱国主义情感教育，让学生明白爱国主义是一种强烈的情感，是对祖国深深的热爱，是对中华灿烂文化的认同感，是对国家和民族的自豪感、归属感。激发学生爱国主义情感是爱国主义教育要实现的第一个目标。爱国主义教育工作者要巧设情境，让学生有身临其境之感，从而引起学生的情感共鸣。爱国主义教育工作者还可以通过感染性的语言、生动的描述，点燃学生情感的火花。

二是要培育学生形成持久的爱国主义情感。对学生进行爱国主义理性教育，理性教育能让学生的爱国主义情感更加持久、更加深刻。爱国主理性教育就是将爱国主义情感转化为坚定的信念、顽强的意志、果敢的行动。首先，爱国主义教育具有政治性，因此要培养学生爱国的政治理性，让他们坚持正确的政治方向，坚定不移跟党走。其次，培养学生爱国的道德理性。爱国主义是一种道德要求，它要求人们将对祖国的忠诚、对祖国利益的维护看作崇高的美德，而不是一种强加的情感。最后，培养学生爱国的行为理性。爱国要以守法为前提。只有以情感人、以理服人，才能使爱国主义教育释放出自身的亲和力。

第三章 提升高校爱国主义教育亲和力面临的现状及可行性分析

　　2019 年，中共中央、国务院印发的《新时代爱国主义教育实施纲要》指出："爱国主义是中华民族的民族心、民族魂，是中华民族最重要的精神财富，是中国人民和中华民族维护民族独立和民族尊严的强大精神动力。"[①] 人无精神不立，国无精神不兴。同时，该纲要也对新时代爱国主义教育面临的现状做出了及时回应："中国特色社会主义进入新时代，中华民族伟大复兴正处于关键时期。新时代加强爱国主义教育，对于振奋民族精神、凝聚全民族力量，决胜全面建成小康社会，夺取新时代中国特色社会主义伟大胜利，实现中华民族伟大复兴的中国梦，具有重大而深远的意义。"[②]

　　青年爱国则国家必兴必强，着力培养社会主义建设者和接班人首先要培养学生的爱国情怀。在新时代，爱国主义教育的重要对象就是广大青年大学生，爱国主义教育的重要阵地就是全国高校。作为意识形态工作的前沿阵地，高校的意识形态工作成效事关培养什么人、怎么培养人、为谁培养人这个根本问题，高校要加强对学生正确价值观念的引导和培育，引导学生把爱国情、强国志、报国行自觉融入坚持和发展中国特色社会主义事业和实现中华民族伟大复兴的奋斗之中，因此如何不断增强爱国主义教育的实效性和针对性就是亟待解决的问题。中国特色社会主义进入新时代以

---

① 《新时代爱国主义教育实施纲要》，人民出版社，2019，第 1 页。
② 《新时代爱国主义教育实施纲要》，人民出版社，2019，第 1~2 页。

来，我国高校爱国主义教育面临的国际国内环境、校内校外环境、教育主体思想领域等都呈现前所未有的大变革。大变革也必然会反映在广大学生的思想层面，因为青年大学生是社会上思想最为活跃的群体，他们很容易受到外界环境的影响。如何进一步加强和改进对大学生的爱国主义教育，确保爱国主义教育取得良好的效果，需要在爱国主义教育的方式方法上下功夫。增强爱国主义教育的亲和力是应对不断变化的主客观环境的有效方法，因此，增强高校爱国主义教育的实效性和针对性需要立足亲和力，不断改革创新，做到贴近学生、贴近生活、亲和有效。而做到这一点的前提是能够科学而客观地分析提升亲和力所面临的现状，本章主要通过分析影响教育效果的外部环境因素、解构教育过程的主体因素来分层阐释目前提升高校爱国主义教育亲和力面临的现状。经过深入研究与分析，我们清醒地认识到当前提升爱国主义教育亲和力所面临的困境与挑战；同时，更应不失自信地提升亲和力。

一　国内外复杂环境给爱国主义教育带来巨大挑战

当前世界面临百年未有之大变局，国际国内形势的深刻变化，也使高校大学生的爱国主义教育既面临有利的条件，也面临严峻的挑战。

（一）全球化背景下高校爱国主义教育面临多元化思潮的冲击

这是一个变革的时代，也是机遇与挑战并存的时代，在这个时代中，哪个国家能够把握住时代脉搏，以"润物细无声"的方式向广大青年传播好主流价值观、抵御外来不良价值观，哪个国家就能够赢得先机。

1. 高校爱国主义教育的外部环境面临百年未有之大变局

思想政治教育环境是指对思想政治教育活动以及思想政治教育对象思想品德的形成和发展产生影响的一切外部因素的总和。高校思想政治教育工作者在对大学生进行爱国主义教育的过程之中，必然会受到外部环境的影响。思想政治教育的环境本身是非常复杂的，它受到多重因素和多重主体的影响，根据不同的标准可以分为自然环境和社会环境、物质环境和精神环境、国内环境和国外环境、显性环境和隐性环境等。教育环境的亲和力会对思想政治教育的亲和力、针对性和实效性产生非常重要的影响。因此，我们在教育过程之中分析如何提升高校爱国主义教育的亲和力就不能忽视对教育环境的分析和研究。教育环境既可以发挥正向的激励作用来消除不良因素对受教育者的影响；也可能产生一种负向的消极作用，对受教育者产生负面影响，削弱爱国主义教育的亲和力和针对性。

环境对受教育者的影响是潜移默化的。高校爱国主义教育环境会影响爱国主义教育亲和力作用的发挥，要提升亲和力，需要全面分析社会环境对高校爱国主义教育亲和力的影响。当前世界正面临百年未有之大变局，国际国内形势发生了深刻变化，这对于我国正处于实现中华民族伟大复兴的关键时期来说，既是机遇也是挑战。党的十八大以来，我国的综合国力不断提升，我国在国际舞台上也发挥着越来越重要的作用。在全球化的大趋势下，中国始终以积极的姿态融入全球化的发展。全球化一方面促进了各国之间的政治交流、贸易交往、经济沟通、文化交流；另一方面也使爱国主义教育面临一些新的挑战，因为在全球化的趋势下，人们所面临的思潮也是多元化的。具体来说，随着全球化进程加快，每个国家的发展进程实际上已经成为世界历史进程中的一部分，各个国家之间的联系越来越密切，即便受新冠肺炎疫情影响，各个国家在政治、经济、文化等方面的交流仍然很频繁。密切的世界交流促进了不同国家与地区的文化相互影响。因此，我国在经济、文化、政治等领域的发展都不可避免地受到全球化的影响和冲击，在各国经济文化的相互交流碰撞中，人们的价值观念、思想方式、文化特性正发生着一些变化。

2. 西方国家加强意识形态渗透"亲和力"，试图影响大学生思想观念

在世界百年未有之大变局下，西方国家加强了意识形态渗透"亲和力"，试图影响我国大学生的思维方式、行为方式以及生活方式，弱化大学生的爱国主义观念，使我国高校爱国主义教育工作所承担的加强主流意识形态教育的任务变得非常艰巨。因为"每一种价值观念都在迅速运行和发展，它们之间存在矛盾和冲突，这些问题为大学生道德教育带来了更多的难题与困境。面对日新月异的世界，旧的落伍观念被人们抛弃，而新观念的选择过程又是极其复杂的，这就容易导致人们的迷茫和不知所措"①。

---

① 吴少华:《新时代高校思想政治教育面临的问题及解决路径探析》，经济管理出版社，2019，第60页。

　　一方面，西方国家注重从与大学生日常生活密不可分的网络入手，增强网络对大学生的吸引力。网络科技的发展加速了各国意识形态之间的碰撞，西方资本主义国家试图通过网络舆论对我国的主流意识形态进行攻击以动摇我国的主流意识形态，利用多元化的文化价值理念来取代马克思主义在我国意识形态领域的指导地位。西方国家通过网络灌输或者是传播错误舆论，批判放大我国政治、经济、文化发展过程中遇到的一些问题。网络是大学生了解外部世界最便捷的渠道，但是他们对信息筛选的能力较弱，各种社会思潮的冲击对正处于世界观、人生观、价值观形成发展重要时期的大学生来说更是一种考验。另一方面，西方国家把西方价值观巧妙地隐藏于语言、影视、游戏等载体中，渗透西方拜金主义、极端个人主义等价值观，使大学生受到潜移默化的影响。

3. 在西方意识形态"亲和力"影响下我国大学生爱国主义思想遭到侵蚀

　　西方国家在意识形态"输出"上采用了比较隐蔽的方式与方法，这种意识形态渗透"亲和力"的提升无疑给我国高校爱国主义教育带来了挑战。在多种形式的意识形态侵蚀之下，我国大学生爱国主义观或多或少地受到了影响。

　　大学生群体是一个思想相对活跃的群体，他们更加注重思想的独立性、自由性、主体性，他们渴望独立，在选择和面对多元价值思潮的时候，会不由自主地受到一定外部环境的影响。加之西方意识形态的渗透越来越具有隐蔽性，大学生群体在思想上还不够成熟，有些大学生政治觉悟、政治敏感度还不够高，对于这种隐蔽性极强的价值思潮和观念的渗透难以做出正确的判断，因此有些大学生会在不同程度上受到错误思潮和错误观念的渗透和影响。一些大学生可能会不同程度地存在爱国主义思想减退的问题。例如，在政治信念方面，政治信仰迷茫、理想信念不坚定；在文化观念方面，缺乏对中华民族及其文化的自信，价值取向扭曲；在社会责任方面，追求极端个人主义，社会责任感缺乏，团结协作观念较差。此外，部分社会思潮没有正确地看待我国的传统文化、历史文化和社会文化，尤其是历史虚无主义思潮、新自由主义思潮对我国社会主义核心价值观的弘扬和中华优秀传统文化的传播产生了消极的影响。这些无疑对高校爱国主义教育工作产生了冲击，影响了新时代爱国主义教育。我国爱国主义教育强调爱国和爱党、爱社会主义高度统一，强调集体主义、以人民为中心和以国家利益为主的价值观念，与西方的一些个人主义、英雄主义、绝对自由主义思想是相冲突的。西方多元社会思潮的影响导致少部分大学生不能正确看待个人主义与集体主义、个人利益与国家利益、个人发展与国家发展之间的关系。虽然大学生获得信息、接触信息的渠道越来越广，但是他们在分辨信息、处理信息和正确对待这些价值观念的方面还存在一些问题。

因此，在世界百年未有之大变局的背景下，一些西方国家增强了意识形态领域渗透"亲和力"，我国大学生爱国主义观受到侵蚀，给提升我国高校爱国主义教育亲和力带来巨大挑战。

（二）经济发展带来观念的变革，加大了高校爱国主义教育难度

近年来，随着全面深化改革事业的不断推进，我国社会生产力快速发展，综合国力不断增强，人们的物质文化生活迎来了显著的变化，我国的国际影响力在不断提升，但是在中国取得巨大发展成就的同时，社会上出现的一些问题与矛盾也是不容忽视的。社会主义市场经济的深入发展一方面对于我国经济、政治、文化等诸多方面的作用是巨大的，人们的生活水平有了显著提升；另一方面它也对社会主义主流价值观念产生了巨大冲击。随着社会主义市场经济的不断发展，我国社会的一些经济成分、组织形式、就业方式、利益分配方式等也日益多样化，人们思想活动的独立性、选择性、多变性和差异性日益增强。在新的历史条件下，高校爱国主义教育工作也不可避免地受到一些错误思潮的负面影响。

1. 经济发展会导致青年大学生价值观念的变化

我国意识形态领域的价值观念呈现新旧交替、多种价值观念并存的现象，这种价值观念表现出社会主义和资本主义、传统和现代、东方和西方思想文化交流碰撞的多样化态势。市场经济在配置资源的过程当中，同时也激发了人们思想观念和价值观念的转变，并且当这些消极思想渗透到社会的思想道德层面的时候，就会造成人们价值观念的扭曲，容易破坏社会的良性道德秩序，冲击社会的主流价值观。

在社会主义市场经济不断发展的今天，个人主义、拜金主义、享乐主义思潮的不良影响也改变了部分大学生的思想价值观念。大学生的主流是积极的，但是也存在一些消极现象。在不断社会化的过程中，大学生的主

体意识、个人意识被唤醒，他们在面对一些社会问题的时候，不一定遵循主流道德意义上的评价，而是倾向于个人价值取向，这导致大学生集体主义精神和社会主义责任感的减弱。除此之外，他们更注重个人利益的实现和个人理想的追求，追求绝对实效和绝对利益。例如，在决定是否参加学校的各种活动前，他们把能否得到评奖、评优、加分作为衡量标准；在就业的时候，更加倾向于选择收入高和对个人有利的职业。在社会主义市场经济条件下，他们忽略了集体利益和社会利益，忽视了人生价值也在于为国家和社会作出贡献。

2. 不良价值观念会阻碍大学生正确爱国主义观的形成

在社会主义市场经济条件下，社会更加鼓励每个人个性的充分发展，但一些人一味追求个人利益，以物质享受和金钱至上为目标，把拜金主义、享乐主义、个人主义作为自己奉行的基本原则，与爱国主义教育传统相违背。爱国主义教育也不断在发展变化，但在整体上与社会主义市场经济和现代社会存在一些不相适应的环节和方面。社会主义市场经济一方面为爱国主义教育注入活力，比如增强当代大学生的独立意识、创新意识、自主自强意识、创新创业意识；另一方面，也对爱国主义教育提出了更高的要求。

总的来说，社会主义市场经济的深入发展，导致大学生群体思想活动的多变性、多样性显著，这给高校开展爱国主义教育工作带来巨大挑战。有学者指出："改革开放以来，社会主义市场经济蓬勃发展，社会利益格局深刻变化，加之信息技术革命发展迅速，国内外各种思潮共存现象极为复杂。客观形势的变化对高校思想政治教育提出了全新要求，原先单一的灌输式教育方式很难满足新时代的所有需求。"[1] 同样，新时代高校爱国主义教育要适应时代需求，以更加亲和的方式增强对大学生爱国主义思想的引领力。爱国是大学生的立身之本，新时代爱国主义的本质是坚持爱国和爱党、爱社会主义高度统一，大学生群体要深刻理解个人的命运与国家的命运、党的命运、社会主义的命运是密不可分的。在社会主义市场经济条件下，一些错误思潮的影响对大学生正确理解个人与社会、个人与国家的关系造成了干扰，这些都需要依靠高校提升爱国主义教育亲和力来加以

---

① 沈光：《新时代高校思想政治教育亲和力研究》，中国矿业大学出版社，2020，第3~4页。

解决。

（三）高校爱国主义教育工作的薄弱环节制约了亲和力发挥

目前我国发展正处于关键时期，进入了新的历史方位，我党要牢牢掌握意识形态工作领导权。面对新形势、新变化，党中央对高校思想政治教育工作提出了改善的意见和要求。高校在开展思想政治教育的过程中还存在一些与时代不相适应的薄弱环节，对高校爱国主义教育亲和力的提升造成了阻碍，具体体现在以下几个方面。

首先，一些高校对大学生爱国主义教育工作的重视程度不够。高校思想政治教育工作对大学生爱国主义教育工作的重视程度会影响到爱国主义教育亲和力的提升。如今我国发展进入了新的历史方位，综合国力得到了极大的提升，这也对高校思想政治教育工作提出了更高的要求。但是少部分高校爱国主义教育工作缺乏改革创新和与时俱进的精神。当前党中央高度重视高校大学生爱国主义教育工作，要求切实加强和改进高校爱国主义教育工作，但少部分高校爱国主义教育工作在实施过程中存在脱节问题，在理论与实践方面存在形式化、官僚化、表面化的问题，难以与当前的形势发展有机衔接，难以在真正意义上取得爱国主义教育的实效。当前高校的着眼点在于提高人才培养能力，很多高校强调教学气氛、学术气氛和科研气氛，举办大量的学术、文化、科技实践活动，但爱国主义教育在内容丰富、平台拓展、方法创新上总体上显得有些墨守成规。无论是学术研究还是课堂教学都难以非常有效地将爱国主义教育贯穿其中，难以从根本上解决教育评价指挥棒的问题，这就导致高校爱国主义教育亲和力在体制机制支持方面缺乏相应保障。

其次，部分高校的思想政治理论课程存在实效性不强、课程建设滞后的问题。爱国主义教育是高校思想政治理论课教授的重要内容，思想政治理论课是大学生爱国主义教育的主渠道，增强高校思想政治理论课的实效性和针对性对于提升高校爱国主义教育的亲和力十分重要。爱国主义教育具有非常鲜明的时代性和现实性。思想政治理论课作为爱国主义教育的主渠道，应当不断提升其爱国主义教育的吸引力和感染力，以此来增强爱国主义教育的时代性、针对性和实效性。因此，教师必须紧跟时事热点，与时俱进，把握时代脉搏，贴近学生、贴近社会、贴近生活，根据学生的思想实际和身边的社会实际，有的放矢地进行爱国主义教育，挖掘课程中蕴含的爱国主义教育资源，把握爱国主义教育的重点。但是当前一些教师对于理论的讲授和学理性的阐释以及对于教育内容的挖掘不够深刻，缺乏创新性，对目前社会上存在的一些争议性或学生思想实际中存在的困惑和问题，以及对于改革开放和经济全球化所带来的一些新变化理解不够透彻，难以帮助学生解决思想实际中遇到的问题。有极少部分老师在教学过程中照本宣科，不能够帮助学生树立正确的历史观、时代观、责任观和角色观；不能够帮助他们正确认识当前中国在国际社会中的地位，没有引导他们把对祖国的满腔热情和对现实的思考、个人的梦想和伟大复兴中国梦结合起来，导致学生不太理解新时代爱国主义的本质就是坚持爱国和爱党、爱社会主义高度统一。教师难以充分发挥课程育人的主体作用，课程思政建设推进不够，没有深入挖掘其爱国主义教育价值，不能够满足学生身心发展的需求，没有准确把握学生的思想动态和思想行为特点，使爱国主义教育显得空洞乏味，缺乏时代性、现实性和创新性，这样导致爱国主义教育亲和力提升显得困难重重。

最后，学生管理工作与形势发展要求不相适应，教师队伍建设亟待加强。思想政治教育工作面临一些新形势和新的发展状况，在高校思想政治教育工作者开展爱国主义教育的过程中，爱国主义教育的目标也会随着时代发展而不断发生变化，但在这种新形势、新变化的情况下，学生管理工作和教师队伍建设存在适应性不强、创新力不够、支撑力不稳的现象和问题。在开展爱国主义教育的过程中，高校要将管理育人和队伍建设有机结合在一起。高校作为人才培养的重要阵地，必须以爱国主义为核心开展思想政治教育工作，必须加强对于思想政治教育的管理工作，营造风清气正、管理到位的育人环境。目前高校爱国主义教育在管理育人方面存在一些问题。在学生管理和服务方面，一些管理和服务部门存在形式化、表面化、僵硬化的问题，忽视了整体的协调性，导致高校爱国主义教育的目标空洞，缺乏层次性、整体性和渐进性。在管理队伍方面，高校思想政治工作队伍素养参差不齐，不能够准确把握大学生的特点而采取有针对性的教育管理措施，更谈不上爱国主义教育的亲和力了。

习近平在学校思想政治理论课教师座谈会上指出："办好思想政治理

论课关键在教师，关键在发挥教师的积极性、主动性、创造性。"① 高校在爱国主义教育工作队伍建设上存在思想政治工作和党务工作队伍素质与实际要求不符的情况。高校应当严格按照 1∶350 的师生比例核定专职思政课教师，目前虽然已经有不少高校解决了教师数量的问题，但是还有一些高校尚未达到要求。此外，教师素质也参差不齐。有少部分教师的师德素质、政治素质和职业素质偏低，缺乏开展爱国主义教育和集体主义教育的意识和主动性、积极性，在教学过程中不能很好地激发学生对爱国主义的激情和动力。在专业素质方面，少部分教师不能创新教育教学方法，深入挖掘教育内容中的爱国主义教育资源；不能将思政小课堂与社会实践大课堂结合在一起，难以很好地提升爱国主义教育的亲和力和针对性。在管理育人方面，少部分教师没有利用好爱国主义教育的资源，没有发挥好各管理组织群体爱国主义教育的育人合力，因此在提升爱国主义教育亲和力方面缺乏必要的队伍支持和组织保障。

二　教育主体视域下提升爱国主义教育亲和力面临的困境

提升爱国主义教育亲和力涉及的影响因素是多方面的。在提升爱国主义教育亲和力的过程中，亲和力就是指受教育者在这个过程中被教育者的思想和行为表现所吸引，并且在教育者与受教育者之间能够形成一种良性互动，由此产生积极的协同教育效果。换句话说，就是亲和力的运用实践问题。教师在教学过程中以学生为主体，并充分尊重学生的主体性作用，并且通过长期的教育实践给受教育者带来充分认同的情感，由此持续地推动教育实践的开展。在实践过程中，不可或缺的是以下几个因素：教育者的亲和力，教育对象的亲和力，教育环境、教育内容的亲和力，教育目标的亲和力以及教育方法的亲和力等。爱国主义教育亲和力的提升，是教育者根据既定的教育目标和教育内容，采取适当的教育方法，通过一定的教育环境，对教育对象开展爱国主义教育，并且在此过程中赢得学生心理上

---

① 《习近平谈治国理政》第 3 卷，外文出版社，2020，第 330 页。

的高度认同，满足学生的发展期待和发展需求，由此形成的能够推动教育实践持续开展的良好系统效应。也就是说，爱国主义教育亲和力的发挥依赖于多重主体因素的相互协调。对于当前高校爱国主义教育亲和力所面临的问题，我们必须基于多重主体来分析，只有进行多重主体的分析才能深入了解目前高校爱国主义教育存在的实际问题和面临的挑战。

（一）当代大学生发展特点和发展需求变化对提升亲和力提出了挑战

在开展爱国主义教育的过程中，教育者要实时关注受教育者的身心发展状态，了解受教育者的心理接纳程度，满足受教育者的发展需求和教育期待，着力解决受教育者身心发展和思想道德实践过程中所产生的矛盾，推动受教育者心理有机转化，只有这样才能够达到价值观念的有效传递，形成良性的互动关系。大学生是十分宝贵的人才资源，是民族的希望和祖国的未来。作为意识形态工作的前沿阵地，高校的意识形态工作成效事关培养什么人、怎么培养人、为谁培养人这个根本问题，高校要加强对学生正确价值观念的引导和培育。热爱祖国是大学生立身之本、成才之基，因此，必须加强爱国主义教育，着力提高他们的思想政治素质，引导他们在中国特色社会主义事业的伟大实践中汲取营养，厚植爱国情怀，让爱国主义精神在心中扎根发芽，为实现中华民族伟大复兴的中国梦而不懈奋斗。高校爱国主义教育需要聚焦大学生群体发展特征，把握其发展需求，为其提供靶向服务，不断提高教育的针对性和实效性。

首先，就大学生自身的发展特点而言，当前的大学生群体大多是"00后"，他们的身上呈现的是一番新气象。一方面，当代大学生思想比以往的大学生都更加开放，思维更为活跃，全球化、信息化、网络化背景使其可以利用互联网络来拓宽知识面，强烈的求知欲和宽广的信息平台使他们成为新事物的热衷者和追随者。他们的情感也更加丰富，对待祖国、社会、他人有自己的责任感和义务感，愿意积极融入社会，自立自强、创新进取、勇做时代踏浪人。但是，他们对于爱国主义教育的形式、内容、载体等的态度已经不同于以往的大学生，原来的教育方式已经不能引起他们的兴趣，这对爱国主义教育亲和力提出了较大挑战。另一方面，当代大学生自身生活阅历不深，缺乏社会经验和社会实践的锻炼，导致他们对许多复杂的社会问题的看法往往简单化、片面化，容易受到错误思想的影响，进而导致许多大学生不能树立坚定的政治信仰。一些大学生在不同程度上存在政治信仰不坚定、理想信念淡薄、价值取向扭曲等问题。因此，对大学生错误思想进行纠正难度较大。

其次，一部分大学生固有的功利性和目标性倾向导致爱国主义教育难以发挥对他们的思想引领作用。有研究者认为："获得需要的满足需要个体积极的行为推动，两者呈正比例关系。因此，在思想政治教育过程中，需要重点关注学生需要，受教育者获得关怀满足后接受教育者的思想道德引导，认可引导意愿，成为教育中亲和力生成的第一条件。"[1] 当代大学生的独立性、自主性不断增强，他们追求自由，更愿意以自己的思维方式评判他人，个人主义价值观念明显。此外，一些大学生功利性和目标性倾向使他们推崇实用主义。不少大学生重学习结果，而相对忽视学习过程。大学生有着较强的主体意识，但是主体意识的增强也存在一定的弊端，在此基础上形成的个性化心理特征将导致有些大学生很难理性地接受爱国主义教育。有的大学生认为爱国主义教育在他们实现发展需求的过程中不能给他们带来直接的"好处"。"与其他社会群体不同，大学生具有较强的独立人格和自我意识，更加注重维护自己的自由、权利和尊严，因而也具有更强的敏感性、主动性和创造性。在此情形下，要想他们自觉接受、理解、信仰马克思主义基本理论和中国特色社会理论体系，就必须在思想政治教育的方式方法上加以改进"[2]。因此，要想着力提升高校爱国主义教育的实效性，必须立足学生的主体地位，把握学生的发展特点和发展需求，通过提升亲和力，增强爱国主义教育对大学生思想的引领作用。

（二）教育者作用发挥不足限制了爱国主义教育亲和力的形成

从爱国主义教育亲和力的组成要素来看，教育者是非常重要的影响因素。需要通过教育者与受教育者的良性互动，形成积极的协同效应，从而有针对性地提升爱国主义教育的亲和力。换句话说，教育者主导性作用的发挥是其重要的杠杆因素，但是当前部分高校教育工作者在开展爱国主

---

[1] 邓若玉：《思想政治教育亲和力：概念·生成·结构》，《中学政治教学参考》2020 年第 37 期。

[2] 沈光：《新时代高校思想政治教育亲和力研究》，中国矿业大学出版社，2020，第 3 页。

教育的过程中难以高效地发挥自身的主导性作用。问题主要体现在以下几个方面。

首先，在教育教学方法理念上。现在"00后"大学生的思想比以往任何一代大学生都开放自由，他们发展需求多样，思想观念多元，要想有针对性和实效性地对大学生群体开展爱国主义教育，就必须把握大学生思想政治工作规律、教育规律、大学生成长规律，做到因事而化、因时而进、因势而新，以学生为中心，把握学生思想特点和发展需求，优化内容供给，创新教育教学方法。

但在实际工作中，一些高校教育工作者因循守旧，没有意识到要以改革创新的精神做好高校爱国主义教育工作。一是有的教师一味地照本宣科，将理论讲授作为教育工作方法的常态化模式，难以挖掘目前许多学生感兴趣的时政热点和网上爱国主义教育资源，使学生的体验感不足，容易引起学生的反感。二是有的教师缺乏创新意识和实践精神，没有做到创新爱国主义教育的实践载体，思政小课堂和社会实践大课堂有机结合不足，应充分利用爱国主义教育基地和重要基础文化设施等开展爱国主义教育。三是有的教师忽视学生的主体地位，使学生的主体性作用没有得到有效发挥，分类指导和因材施教意识不足，无法充分利用"第二课堂"发挥这一思想政治教育阵地的作用，从而调动学生的积极性和主动性。有的教师忽视在学生互动社区以及大学生在线、"两微一端"等主流网络阵地开展爱国主义教育，学生学习的主动性和参与的积极性难以被激发，对提升爱国主义教育的亲和力造成了阻碍。

其次，部分高校教育工作者思想政治素质有待提高。从思想政治素质方面看，高校教育工作者应当具有较高的思想政治素养，讲信仰的人自己要有信仰，旗帜鲜明讲政治，善于从政治上看问题，不断提高政治敏锐性和政治辨别力，始终保持政治要强的本色，只有这样才能更好地提升高校爱国主义教育亲和力。思想政治教育者既是受教育者，也是先进思想文化的传播者、中国共产党的坚定拥护者、学生健康成长的指导者。高校思想政治教育工作者在做好高校爱国主义教育工作的过程中要坚决贯彻党的教育方针政策，忠于党、忠于人民，不断提高自身的政治素养，践行社会主义核心价值观，只有这样，才能为学生培根铸魂，引导大学生理解爱国和爱党、爱社会主义的统一性，坚定不移地高举爱国主义伟大旗帜。当前一些高校中的极少部分教师存在政治信仰不坚定的问题，他们缺乏奉献大学教育事业的境界，缺乏事业心和责任心，极大地降低了爱国主义教育亲和力。

再次，部分高校思想政治教育工作者存在专业素质不高的问题。高校思想政治教育工作者在开展爱国主义教育的过程中必须具备专业素质，包括理论素质和教育教学素质等。就理论素质而言，应当具有高等教育学、高等教育心理学、爱国主义教育工作等相关的知识储备。但是当前少数高校思想政治教育工作者的理论素养欠缺，难以运用深刻透彻的科学理论说服学生，与此同时，缺乏丰富的理论基础和知识储备，不能有效地解答学生思想上存在的问题。就专业素质而言，少数高校思想政治教育工作者缺乏对大学生群体身心特点规律和教育教学工作规律的把握，不能够做到将普遍要求和分类指导有机结合。在表达方式上缺乏沟通共情的能力，进而影响爱国主义教育亲和力的提升。有的教师教育教学方法单一，重在理论灌输，缺乏创新的意识和改进的精神，让学生感到枯燥乏味，难以调动学生学习的积极性和主动性。此外，有的教师对学生的主体性作用关注不够，未能及时解答学生提出的问题和困惑，致使学生在受教育过程中兴致不高，这都会极大地影响到大学生爱国主义教育亲和力的提升。

最后，部分高校教育工作者爱国主义示范性不足。高校教育工作者在开展爱国主义教育时应当具备高尚的人格魅力，学为人师，行为世范，应当以高尚的品行和人格魅力感染和教育学生。有学者指出："从现代的教育观点来看，在思想政治教育过程中，教育者的引导作用不可忽视，他为被教育者指明方向，督促和促使被教育对象养成优秀的道德习惯，然而在进行思想政治教育的过程中，教育者的身份和作用会发生重叠，他不光是思想政治教育手段的运用者，还应满足现代思想政治教育过程中对于社会的要求，更体现了当代先进的社会意识和优秀的思想与道德体系。"[1] 想要开展好爱国主义教育，广大教育工作者应当具有深厚的家国情怀，心系祖国的前途和命运，为社会聚集正能量，为学生指引前行方向，让家国情怀

---

[1] 吴少华：《新时代高校思想政治教育面临的问题及解决路径探析》，经济管理出版社，2019，第37页。

成为学生人生道路上不可缺失的底色，着力培养学生的爱国之情、砥砺强国之志、实践报国之行，始终高举爱国主义伟大旗帜。但是，当前一些高校教育工作者在践行爱国主义实践方面为大学生树立的示范作用并不强，大学生难以从真正意义上厚植自身的爱国主义情怀，社会责任担当和使命感不足，很难将自身的发展与祖国的未来发展融为一体。有的高校教育工作者没有深刻理解教师工作的职责与意义，在开展爱国主义教育的过程中存在课上课下不一致、网上网下不一致、心口不一致等现象，不能够做到言传身教、以德立身、以德立学、以德立教、以德育德。正所谓亲其师才能信其道，如果从言行上都难以为学生做好榜样，这样的教师也难以得到学生真正意义上的尊重和亲近，爱国主义教育亲和力则无从谈起。

（三）部分高校对爱国主义教育亲和力问题重视不足

高等教育教学的深化改革给高校思想政治教育工作带来发展机会的同时，也给高校思想政治教育工作带来了挑战，这种体制机制环境影响了高校爱国主义教育亲和力的进一步提升。

第一，我国高校在改革发展过程中将提高大学生能力作为关键点，同时坚持把思想政治教育放在首位，但是在落细落实问题上效果不明显。目前党对高校意识形态领域工作高度重视，强调应把高校思想政治教育工作摆在重要位置。思想政治教育的形式也多种多样，但是学生对思想政治教育内容的内化力、践行力不足，自然也就谈不上爱国主义教育亲和力的提升。高校思想政治教育工作关系到高校培养什么人、如何培养人以及为谁培养人这个根本问题，要坚持把立德树人作为中心环节。当前高校开展的爱国主义教育面上工作基本能够有序推进，但它更多的是自上而下地为贯彻落实中央精神所开展的面向全体学生的"任务式"教育。大部分高校开展的爱国主义教育，更多的是关注教育者主导性作用的发挥，而忽视了学生对爱国主义教育内容、教育方式的现实需求，这导致爱国主义教育效果大打折扣。例如，讲座和主题报告是很多高校开展爱国主义教育的主要活动形式，它们对高校开展爱国主义教育来说简便易行，但是高校对报告人的遴选、内容的审核、报告形式的设计等涉及亲和力的方面没有特别多的关注。有的活动甚至只是形式主义走过场，没有从实质上去真正解决这种知识层面和实践层面"两张皮"的问题，削弱了爱国主义教育的亲和力和针对性。

在爱国主义教育亲和力上没有落细落实是当前大部分高校的现状，要提升亲和力必须改变这种现状。当然，高校爱国主义教育能够产生亲近感、安全感、获得感，并不是靠一朝一夕就能够实现的，而是需要长期不断地开展工作，并且持续地发挥效用。对此现状，除了各高校在爱国主义教育上要增强主动性，在爱国主义教育的各个环节和各个方面要开动脑筋、苦下功夫以使爱国主义教育真正落细落实之外，还需要建立健全爱国主义教育的评估督导体系，确保改进和提升高校爱国主义教育的亲和力能够落到实处。

第二，高校开展爱国主义教育时，对大学生的分类指导、精准施策不够，单一的教育方式与方法很难激发大学生的爱国主义热情。

近年来，高校的招生规模总体呈扩大趋势。学生数量增加的同时，"00后"大学生身上呈现的新特点也越来越鲜明，青年大学生扮演的社会角色日益多元，也容易被物质利益所诱惑。所以，大学生群体呈现价值观念和利益追求的多样化。在对大学生开展思想政治教育的过程中，高校要进一步改革思想政治教育的体制机制以适应新时代大学生的特点，通过提供有针对性的教育管理服务以切实做好大学生的思想政治教育工作。针对不同大学生群体有效开展爱国主义教育，以正确的价值观引导学生形成正确的爱国观、践行爱国主义就显得非常有必要。

然而，在开展爱国主义教育的过程中，部分高校缺乏对不同学生群体特点的关注，无论是教育内容的选择还是教育方法的选择往往忽视了分类指导和精准施教。这种"一视同仁"的方法主要以爱国主义教育内容的输出为目标，而不去考虑输出与接收、反馈的关系问题。内容的整齐划一以及单调的教育方法只会增加教育对象对于爱国主义教育的排斥感，自然而然无法产生对于爱国主义教育的亲近感。事实上，不同特点的高校、同一所高校的不同学生群体的爱国主义观的外在表现是各不相同的，思想观念表现也是不同的。高校思想政治教育工作者在开展爱国主义教育的过程中不仅需要将解决思想问题与解决实际问题相结合，还需要将爱国主义教育的普遍要求和分类指导相结合。因为提升爱国主义教育的亲和力，其中一个非常重要的影响因素就是受教育者这一变量，需要对大学生群体进行细致分析，精准施策。

三　增强高校爱国主义教育亲和力的可行性

当前高校在提升爱国主义教育亲和力方面存在一些问题和障碍，但是这并不代表高校爱国主义教育工作在提升亲和力方面没有突破空间。当前高校爱国主义教育无论是外在环境还是内在支持在提升亲和力方面都存在可行性。下面从三个方面具体探究高校爱国主义教育亲和力提升的可行性。

（一）高校爱国主义教育的加强为提升亲和力提供了保障

高校所提供的体制机制环境对于增强大学生爱国主义教育亲和力是非常重要的。有学者指出："高校思想政治教育环境是具体的，教育对象总是生活在具体的教育环境中的，而思想政治教育活动也是在这种具体的教育环境中开展的，因此这种具体的教育环境所释放出来的亲和力也是具体的。"[①] 可以说环境是动态的、是可转化的。改进高校爱国主义教育环境对于提升爱国主义教育的实效性、针对性和亲和力起到了重要的推动作用。

第一，高校始终秉持把思想政治教育放在首要位置的原则，以爱国主义教育为重点，深入进行弘扬和培育民族精神教育，为整体上提升爱国主义教育亲和力保证了正确的方向。党的十八大以来，党中央高度弘扬爱国主义精神，强调要加强爱国主义教育。广大高校深入开展爱国主义教育，切实落实立德树人的根本任务，把培养合格的社会主义建设者和接班人作为高校人才培养的内在要求。为此，高校在爱国主义教育中坚持正确的政治立场，坚持把习近平总书记系列重要论述贯穿高校爱国主义教育的全过程，把中国特色社会主义进入新时代这一时代特征融入爱国主义教育之中，同时把"聚民心、育新人"的教育使命体现于高校思想政治教育工作中。在开展落实爱国主义教育过程中，广大高校能够做到因事而化、因时而进、因势而新，遵循爱国主义教育工作规律、教书育人规律、学生成长

[①]　沈光：《新时代高校思想政治教育亲和力研究》，中国矿业大学出版社，2020，第147页。

规律，不断提高爱国主义教育工作能力和水平，推动高校爱国主义教育工作不断在改进中加强，使高校爱国主义教育工作在守正创新中充满时代活力，富于创造性和亲和力。

第二，着力改进和加强爱国主义教育领导体制机制，为实现亲和力提升提供有力组织保障。当前，高校切实加强和改善高校党委领导下的校长负责制，在体制机制上为高校爱国主义教育的开展提供有力的支持机制。目前高校党委对高校爱国主义教育工作实行全面领导，切实发挥领导核心作用，为高校爱国主义教育工作的开展提供了有力的政治保障，高校领导班子落实"一岗双责"责任制，切实分工抓好高校爱国主义教育工作和党的建设工作。高校党委紧扣爱国主义教育的工作主旨和主题，一般由学校党委宣传部、组织部、学生工作处牵头抓总，担负起积极开展爱国主义教育的重要责任，积极分析研究当前高校爱国主义教育面临的新情况、新形势和新问题，不断提升高校爱国主义教育工作的灵活调整和适应能力。同时高校还充分发挥行政部门、共青团、工会等部门的作用，协调各部门将爱国主义教育融入各项工作中，推动爱国主义教育在实际的教学和管理过程中有机融合。这些改革措施为高校爱国主义教育工作的全面开展和不断推进提供了有力的体制保障。

第三，不断发扬改革创新的精神，做好高校爱国主义教育工作，不断增强提升亲和力的改革意识。虽然当前高校在爱国主义教育工作中存在一些问题，但是近年来各地高校也在不断开拓创新，旨在更好地进行爱国主义育人工作。

一方面，在创新爱国主义教育方法上不断尝试。不少高校爱国主义教育工作强调要贴近师生实际，建立健全校院领导联系师生谈心谈话制度，在平等沟通、民主讨论的互动交流之中，有的放矢、生动活泼地开展爱国主义教育工作。除此之外，高校在开展爱国主义教育过程中不断创新工作方法，完善工作载体，强化实践育人和网络思政育人，高校党委积极指导和帮助共青团、学生团体等创新爱国主义教育的内容、工作途径和实践平台，丰富大学生的校园文化生活，更加注重提升爱国主义教育的亲和力和实效性。将思想政治工作传统优势同网络新媒体、新技术高度融合，从教育内容和教育方法方面多层次、多角度、多方位地增强大学生的爱国主义情感的体验度，创设良好的校园文化环境。与此同时，还充分运用网络媒体的及时性和开放性，不断加强与学生的网上互动交流，拓展网络思政工作载体，建设学生的互动社区、主题教育学术网站等，运用大学生所喜欢的方式开展爱国主义教育工作。

另一方面，在理论创新与实践结合上不断探索。高校在切实加强和改进爱国主义教育工作的同时，理论结合实际，深化实践育人。一是实现大学生的日常学习与社会实践有机融合。大学生在社会实践服务中提升自我，增强社会责任意识，在服务过程中深化爱国情感，积极主动投入生活实践，展现大学生的爱国情怀和奋斗精神。二是强化学生的劳动实践。高校通过暑期"三下乡"活动和大学生志愿服务西部计划，引导大学生到基层中去、到群众中去、到祖国最需要的地方去建功立业，在实践锻炼中感受到自身发展与祖国未来发展是息息相关的。三是开展主题教育实践活动。高校要利用重要的节庆日、重大纪念日等开展主题明确、针对性和实效性明显的爱国主义教育活动，结合学生的实际发展需求和社会发展需要，因地、因时、因人、因事制宜地整合育人资源，帮助学生更加深刻地体验爱国主义教育所带来的情感触动。

第四，着力构建科学有效的爱国主义教育工作评价体制，为提升爱国主义教育亲和力提供有效的反馈与改进依据。当前，不少高校从评价端入手，对高校爱国主义教育工作进行多元化、多层次的科学有效的测评，将过程性评价和结果性评价相结合，把爱国主义教育工作纳入学校党建的重要内容，通过对爱国主义教育效果的评价，不断推动教育主体在提升爱国主义亲和力上改革创新。在爱国主义教育工作的过程管理方面，加大高校爱国主义教育工作的督导考核和追责问责力度，把软指标变成硬约束，切实为高校爱国主义教育工作的深入推进保驾护航。正确、全面、公平、客观地评估高校爱国主义教育工作过程中存在的问题和取得的成果，推动高校爱国主义教育评估工作持久深入开展。通过动态分析和静态评估，立足实际现状，对现有的问题加以改正，对取得的成果加以肯定，发挥动态评估的作用，从根本上稳步推进高校爱国主义教育工作，着力提升高校爱国主义教育的亲和力和针对性。

（二）全民爱国主义共识的形成为提升亲和力营造了良好的社会氛围

爱国主义教育必须依托良好的社会环境和浓厚的爱国主义教育氛围。

开展爱国主义教育工作，既需要良好的外部环境，也需要内部的支持保障，有了这些条件和支持，就能更好地发挥爱国主义教育的作用。有研究认为："爱国主义教育的氛围，即渗透和体现爱国主义精神的社会环境。这种社会环境不是自然而然形成的，而是社会主体有意识地创造的。这种氛围一旦创造出来，又会对社会主体的思想行为产生巨大的制约、影响和规范作用。"① 浓厚的社会氛围能够起到影响人、塑造人的作用，良好的爱国主义教育环境能够使爱国主义教育的主旋律更加强劲、持久、深化和升华，使大学生能够随时随地感受到爱国主义精神，厚植爱国主义情怀，树立共产主义远大理想和中国特色社会主义共同理想。在这种理想信念的支配之下，爱国主义精神产生巨大的吸引力和凝聚力，成为全党全国人民共同奋斗的坚强思想基础。习近平指出："在社会主义核心价值观中，最深层、最根本、最永恒的是爱国主义。"② 赓续爱国主义传统，弘扬爱国主义精神，必须把爱国主义教育作为永恒主题，坚持全员、全过程、全方位育人，深入、持久、生动的教育实践使学生将爱国主义扎根在心中，成为自身的坚定信念、精神力量和自觉行动。2021 年，中共中央、国务院印发的《关于新时代加强和改进思想政治工作的意见》明确提出："推动理想信念教育常态化制度化，广泛开展中国特色社会主义和中国梦宣传教育，弘扬民族精神和时代精神，加强爱国主义、集体主义、社会主义教育，加强马克思主义唯物论和无神论教育。"③

党的十八大以来，以习近平同志为核心的党中央高度重视爱国主义教育，大力推进固本培元、凝心聚魂的基础性工程，推动爱国主义教育取得了显著成效。在中国人民的心中，爱国主义绝对不是虚假、虚伪的历史虚无主义，热爱祖国，为实现中华民族伟大复兴而奋斗已经成为亿万中国人民在生产生活中的生动实践。新时代爱国主义的本质就是坚持爱国和爱党、爱社会主义高度统一。社会上掀起的爱国主义热潮为高校爱国主义教育营造了浓厚的社会氛围。一方面，这一局面有助于激发高校教育工作者在爱国主义教育亲和力上进行深入思考和探索，因为全民爱国主义共识使他们看到开展教育

---

① 王春玲：《创造爱国主义教育的社会氛围》，《理论界》2000 年第 3 期。
② 《习近平关于社会主义文化建设论述摘编》，中央文献出版社，2017，第 125 页。
③ 《中共中央国务院印发〈关于新时代加强和改进思想政治工作的意见〉》，《人民日报》2021 年 7 月 13 日，第 1 版。

的效果；另一方面，全民爱国主义共识使高校爱国主义教育工作者认识到大学生在受到爱国主义氛围感染之后，有了接受爱国主义教育的内在需求。当受教育者有了内在驱动力，提升爱国主义亲和力也就相对容易了。近年来我国在社会上营造的爱国主义氛围为提升高校爱国主义教育亲和力提高了可能性。

（三）大学生的内在诉求为提升亲和力提供了主体支持

高校爱国主义教育是使青年大学生形成正确爱国观念的对象性活动，它围绕特定的对象——大学生而展开。爱国主义教育并非单向的强制灌输，形成良好的亲和力，除了教育者这一因素外，也有教育对象因素，因为亲和力是在主客体的交互过程中实现的。高校教育工作者通过持续优化爱国主义教育过程满足大学生的爱国需要，大学生对于爱国主义教育刺激做出正向情感反馈，当教育与反馈机制形成良性循环，爱国主义教育亲和力也就实现了。这里有一个关键点，即大学生是否具有反馈的内在需求？这种内在需求如果存在，那提升高校爱国主义教育亲和力就具有可行性。笔者认为，当代大学生具有"亲和"的内在诉求，这些诉求为提升爱国主义亲和力提供了强有力的主体支持，主要体现在以下几个方面。

首先，当代大学生具有渴望得到尊重的情感诉求。大学生处于人生蜕变期，在面对现实的困惑、情感选择等时，需要从心理和情感方面得到关照，越来越多的大学生希望能够获得别人的平等对待和尊重。这种心理诉求实际上在逐步打破传统意义上的师生关系，"共同成长"的教育理念和价值应得到提倡。当代大学生无论是在获取知识还是在接受思想道德品德的教育过程中，希望能与教育者有平等的互动交流，希望从以往传统的"师生型"关系向"师友型"关系转变，在这种新型关系中，没有成绩、年龄、家庭、性格等方面的差别。如果高校爱国主义教育者平等对待每一位受教育者，真正关心每一位大学生的爱国情感的养成，及时回应他们心里的爱国主义困惑，大学生是非常愿意接受爱国主义教育的。归根结底，大学生普遍希望得到关心和尊重的心理诉求，为提升高校爱国主义教育亲和力提供了可行性。

其次，当代大学生具有理论贴近现实的诉求。对大学生开展爱国主义教育不仅仅是德育过程，也包含一定的理论知识的讲授。与此同时，大学生还具有比较强烈的观照现实的爱国主义教育需求。如果爱国主义教育具有高度亲和力，教师能够结合实践讲好中国故事、展现中国智慧、推介中国方案，大学生是乐于在教学相长过程中"发声"的，感受爱国主义教育与自身的密切关联，并且乐于结合爱国主义的理论分析实际问题。

再次，当代大学生具有一定的德育反馈能力。在爱国主义教育过程中，当教育者通过一定的教学设计，采取适当的教学方法，挖掘教育内容中所蕴含的爱国主义教育因素时，教育者和受教育者之间容易生成融洽的"师友型"关系，受教育者有能力将其所学到的内容生成教育感受反馈给教育者。因为"教育对象的主体性体现在受教育者不是没有感情、没有思维能力的'物'，而是具有主观能动性、能参与思想政治教育活动的实实在在的人，教育对象参与思想政治教育活动不是一味被动的、全盘接受的，而是根据自身的领悟能力、知识水平、思维能力等有选择地接受"[1]。

这种德育反馈对于未来进一步提升亲和力是非常必要的，能够帮助教育者调整教学或思想政治教育方式、优化教育内容、创新教育载体等，从而更好地提升爱国主义教育的亲和力。例如，在课堂教学开展爱国主义教育的过程中，教育者可以通过受教育者反馈的教育效果适时调整自己的教育内容，改善自己的教学方法，学会如何有的放矢、有针对性地因材施教，聚焦重点领域、重点群体、重点区域，分类指导，因材施教，解决高校爱国主义教育工作中存在的问题，不断提升学生的获得感、满足感和幸福感。教育对象反馈功能越强，越有利于形成良好的教育效果。

最后，大学生关注在社会上实现自我价值的诉求。马克思指出："人的本质不是单个人所固有的抽象物，在其现实性上，它是一切社会关系的总和。"[2] 个人的价值最终体现在他在社会中的功能与作用上。当代大学生主体意识已经觉醒，他们善于发表不同的意见和看法，关注社会，开始从"自然人"向"社会人"转变，他们非常期望能够在社会生活中彰显自我，通过提高社会生活的参与度来实现其社会价值。这种通过公共参与以实现他们的社会价值诉求主要表现在以下几方面。在学校中很多大学生积极参加学校的各类教育实践活动，他们从课堂走到课外、从校内走向校外、从

---

① 沈光：《新时代高校思想政治教育亲和力研究》，中国矿业大学出版社，2020，第127页。
② 《马克思恩格斯选集》第1卷，人民出版社，2012，第139页。

校园走向社会，将学到的知识学以致用。同时，他们高度关注就业问题，希望通过大学阶段的学习积累知识与经验，能够找到合适的工作岗位，为社会发展做出自己的贡献。此外，他们也关注社会、关心时事政治，认识到自己的命运与国家的命运紧密联系，因此能够体会到个人的美好生活离不开国家的繁荣与富强，国家的发展进步离不开个体的辛勤劳动与付出。

大学生的上述表现是他们努力展现自身社会价值的标志，他们的内在诉求体现了个体与国家、社会、家庭之间的密切联系。这些也是爱国主义教育的重要内容。对他们自身而言，他们迫切需要有正确爱国观的引导，从而规范他们实现社会价值的具体行为。很显然，具有高度亲和力的爱国主义教育是大学生所期待的，可以说，具有亲和力的爱国主义教育是他们实现个人价值和社会价值的指路明灯。

第四章 环境亲和力：增强高校爱国主义教育环境的感染力

马克思非常重视环境的育人作用，他指出，"人创造环境，同样，环境也创造人"①，具体来说，"人们的观念、观点和概念，一句话，人们的意识，随着人们的生活条件、人们的社会关系、人们的社会存在的改变而改变"②。马克思的这些论述充分体现了人与环境间的互动关系。大学生的成长必然以一定的环境为前提，他们接受爱国主义教育也是在特定的环境中进行的。2017 年，教育部印发的《高校思想政治工作质量提升工程实施纲要》提出了构建文化育人质量提升体系的要求，指出环境文化对于大学生思想政治教育工作的意义，提出要优化校风学风，繁荣校园文化，建设优美环境，进而滋养学生心灵。结合爱国主义教育，可见环境对于大学生爱国主义情感的形成有重要影响，因此高校爱国主义教育要关注各种环境因素的制约作用。如果能够营造一个良好的爱国主义教育环境以很好地感染学生，那么这个环境就具有了亲和力。环境亲和力是爱国主义教育亲和力的重要组成部分。

一 高校爱国主义教育环境亲和力概述

从思想政治教育学基本原理来看，关于教育环境，学界主要有两种观

---

① 《马克思恩格斯选集》第 1 卷，人民出版社，2012，第 172~173 页。
② 《马克思恩格斯选集》第 1 卷，人民出版社，2012，第 419~420 页。

点。第一种观点认为，思想政治教育环境是思想政治教育的构成要素，它与思想政治教育主体、客体及介体共同组成了思想政治教育体系。第二种观点认为，思想政治教育环境不属于思想政治教育体系的内部组成部分，而是属于体系之外的条件，但是这一条件构成了人们思想品德形成与发展的基础。而本书在探讨爱国主义教育环境亲和力时，主要将爱国主义教育环境作为大学生思想政治教育体系的要素来看待。

（一）爱国主义教育环境的内涵与分类

学界关于爱国主义教育环境的理解多种多样，给它下一个人们普遍认可的、统一的定义比较难，我们可以从爱国主义教育环境的最一般性理解及分类中把握它的内核。

1. 关于爱国主义教育环境的概念界定

爱国主义教育环境源于思想政治教育环境，对思想政治教育环境的探讨主要在 20 世纪 80 年代。张蔚萍和张俊南在他们合著的《思想政治工作概论》一书中比较详细地论述了社会环境的重要内容是社会风气，并将之作为思想政治教育环境有关概念提出来；后来陆庆壬在其主编的《思想政治教育学原理》一书中提出了思想品德形成会受到环境制约的观点。[①] 而张耀灿 1988 年在其主编的《思想政治教育学原理》中对思想政治教育环境做了概念界定，他指出："所谓思想政治教育环境则是教育工作者根据一定的教育目的，有计划地选择、加工和创造的对人们发生感染、激励、鼓舞、促进作用的环境，它要求具备一定的场所、条件等客观因素。"[②]

用思想政治教育环境的定义来分析爱国主义教育环境可以看出，爱国主义教育环境具有广泛性，它无所不在、无时不有，它是历史的，又是具有时代性的。爱国主义教育环境也是复杂的，它可以是精神性质的环境，也可以是物质性质的环境；既有建构性，也有消解性。相同环境对不同人群的影响以及不同环境对同一个人的影响是不一样的。此外，爱国主义教育环境还在时时刻刻地发生变化，随着时代的发展和人们生活方式的改变，对于爱国主义教育环境的理解也有所不同。总之，所谓爱国主义教育

---

① 张蔚萍、张俊南：《思想政治工作概论》，陕西人民出版社，1985；陆庆壬主编《思想政治教育学原理》，高等教育出版社，1991。

② 张耀灿主编《思想政治教育学原理》，华中师范大学出版社，1988，第 224 页。

环境是指爱国主义教育所面对的外部客观存在，具体而言，是指那些影响大学生爱国主义观形成、发展以及爱国主义教育活动开展的一切外部因素；是与爱国主义教育有关的，并对教育过程产生影响的外部因素。

2. 爱国主义教育环境的分类

爱国主义教育实践是由众多因素构成的，不同的爱国主义教育环境对于大学生爱国主义以及高校爱国主义教育活动影响的内容与方式不尽相同。为了更好地提升爱国主义教育环境亲和力，有必要对爱国主义教育环境做一个基本分类。

一是宏观层次，包含国内环境和国际环境。中国综合国力不断提升，国际地位不断提高，总体稳定的国内形势为高校爱国主义教育环境亲和力提供了良好的国内环境；同时"中国特色社会主义进入新时代，中国对世界的影响，从未像今天这样全面、深刻、长远；世界对中国的关注，也从未像今天这样广泛、深切、聚焦"①。因此，这样的大环境为高校爱国主义教育环境亲和力不断提升提供了绝佳时机。另外，从世界格局来看，世界也正处于大发展大变革的历史时期，世界多极化发展态势越发明显，虽然和平与发展是当今世界的时代主题，然而全球范围内的和平赤字、发展赤字、治理赤字日益突出。错综复杂的国际形势给中国带来了历史机遇，同时国际环境也为爱国主义教育提供了良好的契机。

二是中观层次，主要是指高校所在地区的整体环境。"高校治理权主要集中在各级政府的教育行政部门和高校"②，对于高校开展的爱国主义教育，上级教育行政部门的领导、管理或支持可以在很大程度上提高实施的广度与深度，从而有效提升高校爱国主义教育环境亲和力。如高校在建设校外爱国主义实践教学基地时，上级教育行政部门所给予的资金、政策和人员支持，能极大地推进工程的实施，以保证基地建设的良性运转。

三是微观层次，包括高校环境和其他社会因素。高校环境是校内实践基地与校外实践基地协同创新构建的集合体，一方面，校内实践基地是实施爱国主义实践教学的大本营，通过调动本校各基层单位或个体，充分利用现有的图书馆、陈列馆等资源，形成教务、学工、后勤、保卫等部门联

---

① 张智：《新时代爱国主义教育十五讲》，人民出版社，2021，第105页。
② 冯刚、高山等：《新时代高校思想政治教育治理论》，中国社会科学出版社，2021，第283页。

动合力，搭建爱国主义教育实践平台，有效提升高校爱国主义教育环境亲和力；另一方面，校外实践基地是实施实践教学的重要平台，借助各种社会资源将爱国主义教学实践延伸到了校外，真正实现理论应用于实际。①此外，其他社会因素也是构成高校教育环境必不可少的一部分。中小学、家庭、企业、社区、大众传媒、社会团体等以不同的形式参与高校爱国主义教育实践，对高校爱国主义教育的培养产生了不同程度的影响，在潜移默化中提升了高校爱国主义教育环境亲和力。

（二）高校爱国主义教育环境亲和力的含义与基本特征

爱国主义教育是培养学生爱国主义情操、行为方式和价值观念的教育活动，它与环境的密切联系可以用三个"力"来概括，分别是感染力、约束力和推动力。从宽泛意义上来讲，感染力主要是讲爱国主义教育环境的亲和力，这一点是本节着重探讨的方面。

1. 高校爱国主义教育环境亲和力的含义

从大学生接受教育的主观感受来看，高校爱国主义教育环境亲和力是指学生在受教育过程中感受到的一种亲近与和谐之感，体现了环境的和谐、开放与人文性。它能够通过无形的力量从情感认同、情操陶冶等方面让青年大学生感受爱国主义理论的魅力，体会爱国人物的情怀以及爱国行动的伟力，能够使大学生在一种潜移默化和感同身受中接受爱国主义教育。另外，爱国主义教育环境亲和力可以体现为人为环境的亲和力，也可以体现为自然环境的亲和力。前者主要是指经过教育者加工、改造、布置，具有爱国主义教育功能的环境在育人形式上所具有的隐性感染力与熏陶力的特点。对于后者，虽然自然环境未被刻意加以改造，但是因其本身具有能够使受教育者融于其中并自然接受教育和熏陶的特点而具有了亲和力。需要说明的是，这种自然环境事实上也有了教育者的"人为"痕迹，即它能够被教育者发现并运用于爱国主义教育。

由此可见，爱国主义教育环境亲和力是指在爱国主义教育活动中，经过教育者发现、创设或改造后，能够使受教育者对爱国主义教育自觉产生

---

① 参见沈光《新时代高校思想政治教育亲和力研究》，中国矿业大学出版社，2020，第179页。

和谐、亲近感情的感染力，这种力量有助于推动高校爱国主义教育产生良好的效果。

2. 爱国主义教育环境亲和力的基本特征

具有亲和力的爱国主义教育环境有一些基本特征，这些特征能够使其与一般的教育环境区别开来。高校爱国主义教育环境亲和力有以下三个特征。

一是协同性。马克思恩格斯指出："我们所接触到的整个自然界构成一个体系，即各种物体相联系的总体。"① 高校爱国主义教育环境也是如此，每个环境因素并非孤立存在的，而是相互联系、彼此依存的。因此，高校爱国主义教育环境亲和力是各种要素协同作用合力的结果。高校爱国主义教育环境可分为物质环境和精神环境，物质环境不单单是指高校，还包括其他能进行爱国主义教育活动的场地，如革命纪念馆、博物馆、历史古迹等；精神环境主要是指校园文化、制度体系、网络传媒等精神层面的因素所构成的一种无形的特殊环境。高校爱国主义教育环境亲和力往往是在物质环境和精神环境共同作用、协同发力的过程中不断提升的。如在高校爱国主义教育的课堂上学得的思想观念、政治观点和理论知识要想被学生深入吸收、内化，还要将爱国主义教育渗透至校园的角角落落。总之，教育者应深刻认识到高校爱国主义教育环境是一个相互联系、彼此依存的合力系统，这样才能更好地调动教育环境的各种积极要素开展爱国主义教育活动。

二是交互性。高校爱国主义教育环境是宏大的，从内涵及其构成来看，高校爱国主义教育环境可分为高校内部环境和高校外部环境。具有亲和力的爱国主义教育环境具有交互性，即教育者能够充分发挥校内外爱国主义教育环境的育人功能，切实发挥在环境育人方面的衔接作用，使学生在校内、校外环境中都能够感受到爱国主义教育的熏陶。高校内部环境包括校内组织的各种爱国主义教育活动以及相应的制度体系、大众传媒等多方面因素。这些因素不仅随着时代的变化与发展而不断更新，还受到高校自身教育宗旨、教育质量、教育成效的全方位影响，具有高校的"独特烙印"。大学生身处其中自然就能接触并接收这些实时信息并受到积极影响，

---

① 《马克思恩格斯全集》第 26 卷，人民出版社，2014，第 590 页。

从而逐步产生认同感、亲近感和获得感。高校外部环境则不同于内部环境，对于高校的影响大多数是间接的，无论是从物质层面还是从精神层面来看，社会因素占的比重较大。高校外部环境是庞大而复杂的，这就需要高校爱国主义教育工作者善于根据校内环境以及学生特点，营造或创设适合本校学生的爱国主义教育环境，使学生从校内到校外、从一种环境进入另一种环境，能够自然而然体会到爱国主义在不同场域的感染力。

三是具体性。高校爱国主义教育环境是具体的，因为接受爱国主义教育的对象是一个个鲜活的个体，有着不同的学习习惯和不同的学习能力；高校爱国主义教育环境是具体的，它们分别从属于相应的特定情境，它所给予学生的感受和作用是真实、独特而深刻的。因此，不同大学生所产生的爱国主义教育活动的"情感浓度"是有差异的，这归因于诸方面要素作用的不同效果。同时，高校爱国主义教育环境还能跨越时空对大学生产生不同的影响。从时间角度来看，不同时期的爱国主义教育活动受到当时的政策、观念、资源的影响，对学生的"教"与"育"存在一定的差距，但总的培养方向是一致的；从地域角度来看，不同地区的爱国主义教育活动因经济、文化、教育实力等多方面的差异而产生不同的教育质量和教育影响，相应地，学生的爱国主义情感也会受到直接影响。所以，教育者要善于运用高校爱国主义教育环境中的具体要素和具体差异，做到具体情况具体分析，因地制宜地采取针对性措施，做到"对症下药"，促进爱国主义教育活动顺利进行，有效提升高校爱国主义教育环境亲和力。

（三）高校爱国主义教育环境亲和力的功能

高校爱国主义教育环境亲和力是在爱国主义教育过程中产生的积极力量，它能通过一定的方式感染人——让大学生在日常生活中耳濡目染，深切感受到这股积极力量；它能通过一定的方式激励人——给大学生无论身处何处、经历何事都能镇定自若的自信和勇气；它能通过一定的方式规范人——对大学生的言行举止进行有效约束，从而外化为社会要求的行为。

1. 感染功能

高校爱国主义教育环境可分为显性环境和隐性环境。显性环境是指校园或校外实践教学基地的建筑布局、文化设施、绿化美化等物化形态的环境。例如，大学生参观校史馆，可以通过文字和形象的图片了解学校悠久的历史，并逐步产生对历史文化的认同感、亲近感和获得感。隐性环境则是指校园或校外实践教学基地中一切非物化形态的环境。如高校的校训、教育宗旨等，它们以无形的方式渗透并影响大学生的价值观念。因此，无论是在显性环境还是在隐性环境中，大学生都能被这样有形或无形的方式感染、熏陶，从而树立正确的"三观"，这也是高校爱国主义教育环境亲和力发挥感染功能的成果。此外，高校爱国主义教育环境亲和力的感染功能不是短暂的而应是持久的，不是单因素作用而应是多因素合力的结果，这就要求教育者充分把握显性环境和隐性环境的不同特点，不断优化和完善显性环境和隐性环境，整体提升高校爱国主义教育环境亲和力。

2. 激励功能

激励是一种引人积极向上的方式，高校爱国主义教育环境亲和力作为一种积极力量如一道光引人坚定地前行，不惧前方坎坷，无论何时何地都能充满自信和勇气。一方面，高校开展的爱国主义教育活动给大学生构建了一个特定的情境——去深入了解和学习相关的知识，引导他们与之共鸣，进而逐步产生认同感、亲近感和获得感，并将其转化为发自内心的一种"底气"和"志气"，激励他们在挫折和危险面前也依旧能沉着冷静、积极乐观，真正体会"梅花香自苦寒来"。另一方面，大学生自身在日常生活中对爱国主义知识的能动学习也会形成一种教育环境，这种教育环境促使学生在学习过程中逐渐产生这种积极力量，然后潜意识地影响学生的思想、言行等，引导其不断努力成为富有正能量的人。这就要求教育者既要积极构建爱国主义教育环境，又要引导学生发挥主观能动性，自主构建爱国主义教育环境，做到双管齐下，共同提升高校爱国主义教育环境亲和力。

3. 规范功能

所谓规范，是指约定俗成或明文规定的标准。高校爱国主义教育环境亲和力就像一把尺子，能够帮助大学生衡量"是"与"非"、"功"与"过"，避免"过犹不及"，最终实现"不偏不倚"。从宏观上看，高校爱国主义教育活动对教育对象所传导的思想观念、政治观点和理论知识在逐步引导大学生，使其思想上能明辨"是非"——清楚什么样的行为是爱国，真正落实国家的教育目的，培养其成为德智体美劳全面发展的社会主义建设者和接班人，而不是变成精致利己主义者。从微观上看，如果把握思想上的大方向是前提，那么接下来需要纠正的便是学生个人的言行规范。高校所制定的爱国主义制度规范，能让学生进一步明确自身言行是否规范，使其言行在向社会要求的方向改变。学生得到肯定后，在言行上进一步巩固与深化，最后形成一种良好习惯。此外，媒体等也要加强宣传和引导，促使高校爱国主义教育环境亲和力的提升达到事半功倍的效果。

二 依托相关场馆提升高校爱国主义教育环境亲和力

图书馆、纪念馆、博物馆等场馆以其得天独厚的环境优势、资源优势在开展爱国主义教育过程中发挥着至关重要的作用。高校应充分利用这些优势，不断提升爱国主义教育环境亲和力。

（一）充分发挥图书馆在提升高校爱国主义教育环境亲和力中的作用

图书馆是高校重要的文化阵地，在爱国主义教育方面有着特殊的作用与使命，要充分发挥图书馆的内在优势，从图书馆自身的发展建设入手，提升教育质量；同时做好读者工作，强化教育成效；最后延展功能领域，扩大教育影响，以此不断提升高校爱国主义教育环境亲和力。

1. 丰富爱国主义馆藏资料，渲染馆内爱国主义文化氛围

高校图书馆传递着高校的教育理念，承载着高校的历史，时刻熏陶和感染着校园师生。高校爱国主义教育要充分发挥图书馆的作用，营造具有亲和力的馆内外环境，提升爱国主义教育亲和力。

首先，做好爱国主义资料和优秀文献资料的购置管理工作，使馆藏资料能够得到大学生的欢迎。除书刊资料外，爱国主义资料还应包括一些非书刊资料如录音、录像等，只有这样才是一个系统的资源库。在收藏与取放时要特别注意保持文献的连续性、完整性，从本馆的实际情况出发，尽可能地做到品种丰富、复本适量，结合现代技术，让读者能快速、准确地检索到这些资料。[①] 其次，要精心布置好图书馆的软硬件环境，营造亲和感。图书馆的阅览室、馆藏室墙壁以及专门的宣传栏作为传播图书馆文化

---

① 参见郭海燕主编《爱国主义教育新论》，海潮出版社，1997，第236页。

知识的窗口，也可以发挥爱国主义教育作用。因此，图书馆要充分利用这些外部资源条件，加强对爱国主义文化的宣传，如在图书馆建筑设计中加上中国的著名人物雕像，利用馆外的宣传栏和橱窗提供国内爱国题材书籍的最新书讯等。馆内的设计布局以及相应的基础设施建设，应充分考虑中华优秀传统文化元素并巧妙融入其中，做到"要让图书馆内的每一面墙壁会说话"，营造充满中华古韵的文化氛围。此外，图书馆工作者也要充分做好知识储备工作和研究工作，为提升环境亲和力打下基础。具体来说，就是要了解爱国主义教育及其相关的知识，具备爱国主义教育素养和高度的责任感，能与时代接轨，不断提升自我。总之，只有馆内外同步发展，才能让图书馆的爱国主义教育工作事半功倍，有效提升高校爱国主义教育环境亲和力。

2. 以品牌活动激发学生爱国情怀，以高质量服务使学生亲近图书馆

高校图书馆应充分利用读者工作有目的、有计划、有组织地引导大学生开展爱国主义教育活动，强化教育成效，提升高校爱国主义教育环境亲和力。第一，开设以爱国主义为主题的各类图书借阅专栏，包括历史类、人物类、教育类等，配合图文并茂的介绍，吸引大学生前来借阅。针对已借阅相关图书的同学，给予相应的激励，如根据学生手册的相应条例可以给予一定的学分加分，以此充分调动大学生阅读相关图书的主动性与积极性。第二，定期组织读书分享会、研讨会、演讲会、讲座等。一方面，引导大学生在听取他人的对于书中观点的剖析与见解时进一步深入思考、深刻感悟；另一方面，鼓励大学生主动分享自己的心得体会，加深对书籍内容的整体认知与理解，从而提高对爱国主义教育的理解力。第三，做好日常服务引导工作，使大学生对图书馆产生亲切感。馆员做好引导推荐、读书指导工作。尤其对于刚进入大学的新生，图书馆工作人员应根据其需要提供"一条龙服务"，对学生耐心引导，教会其如何快速检索所需图书，并进行详细推荐；适时对其进行读书指导，帮助其养成良好的读书习惯，形成一定的阅读要求。大学生在阅读图书的过程中，深切体会其中的内涵与深意，进一步激发自身强烈的爱国之情。

3. 延展功能领域，扩大教育影响

高校图书馆可进一步延展其功能领域，通过与学校档案馆、校史馆的合作，扩大各类场馆的爱国主义教育影响力，使学生在体验丰富的校园文化资源过程中增强服务祖国的情怀。图书馆与档案馆、校史馆进行合作，最大优势就是能实现三者的资源互通，最大限度地发挥协同联动的功能优势。因此，可以充分利用这一优势开展爱国主义教育活动。例如，高校档案馆展示优秀校友的个人资料，包括在校就读期间的学业成绩、获奖情况等以及如今所获得的一些成果（主要是科研论文、著作等），以校友榜样激发在校生潜心钻研、努力奋斗的精神品质，激励他们更加勤奋地学习。[1]通过详细了解高校发展史，大学生可以感受不同时间段高校的具体发展，并依据当时的历史背景，进一步理解高等教育的变革和发展与国家的兴衰息息相关，深刻感悟梁启超所言"少年强则国强，少年独立则国独立"的内涵，激发自身的强国之志。因此，图书馆可以多与其他校内场馆加强合作，进一步增强大学生爱国主义教育功能。

（二）充分发挥纪念馆在提升高校爱国主义教育环境亲和力中的作用

革命纪念馆是重要的红色基地，对于红色文化、红色精神的宣传与发展具有重要的现实意义。高校依托德育、科研优势，同各类纪念馆开展合作，一方面协同各类纪念馆做好育人工作，另一方面为广大青少年包括青年大学生营造更具亲和力的爱国主义教育环境。

1. 加强馆内外公共建设，实现"陈列"与"主题"有效呼应

在纪念馆的外部整体建设布局上，纪念馆应融入与其主题内容相关的细节和元素，彰显本馆的特色。尤其在馆内陈列方面，相关主题的布展可以发挥高校相关专业教师的专业优势，不断提高基本陈列的科学性和艺术性，充分发挥其宣传教育作用。一是馆内陈列区应"各自划块"，每一块都有特定的主题，且主题之间应存在某种联系或顺序，体现基本陈列的科学性；二是馆内陈列区的所有展品陈列，无论是从陈列区的整体来看还是从某块主题区的角度来看，参观者都能切身感受到陈列是经过精心设计的，体会到陈列的结构美、层次美。此外，还要充分发挥临时展览活跃陈列工作的作用，与主题相呼应。总之，就是对馆内陈列进行通盘考虑，在认真分析、全面调研的基础上实现"陈列"与"主题"的有效呼应，优化

---

[1] 参见姜东菲、王馥琴、韩素贞《论高校档案馆爱国主义教育基地与大学生思想政治教育创新》，《中国成人教育》2014 年第 4 期。

与完善高校爱国主义教育环境，有效提升高校爱国主义教育环境亲和力。

2. 丰富宣传教育内容，坚持"引进来"与"走出去"相结合

纪念馆必须从本馆实际出发，充分利用纪念馆自身优势，如革命旧址和革命文物资源的优势，紧密结合党史上的重大事件、杰出人物或重要纪念日，通过多样化的方式，不断丰富宣传教育内容，将"引进来"与"走出去"相结合，最终实现高校爱国主义教育环境亲和力的不断提升。① 要充分发挥各高校马克思主义学院在这方面的主题研究优势，配合纪念馆做好相关主题教育宣传工作。"引进来"要求纪念馆在教育内容上进行充实，整合原有教育内容，对不同主题、不同类型的教育内容进行分门别类的设计，拓展传统教育内容，在此基础上融入社会热点因素，如在阐述中国革命史时融入中国抗击新冠肺炎疫情的成就，展现中华儿女的爱国主义行动。要根据爱国主义在不同历史时期和阶段的内容和要求的变化，增加对新时代世情、国情、社会主义现代化建设成果以及中国共产党的最新理论成果宣传，尤其要增加对习近平新时代中国特色社会主义思想的宣传，进一步优化和完善宣传教育内容体系，增强大学生对祖国的了解，激发大学生的爱国之情。② "走出去"要求纪念馆运用新型数字媒体技术，跨越时空的局限，将爱国主义内容、精神等传播到更多地方，也将高校爱国主义教育活动举办得更加生动活泼、别开生面。

3. 高校要用好纪念馆教育功能，实现"教学"与"育人"共赢

在 2018 年 9 月 10 日召开的全国教育大会上，习近平总书记强调，要在厚植爱国主义情怀上下功夫，让爱国主义精神在学生心中牢牢扎根……要教育引导学生热爱和拥护中国共产党，立志听党话、跟党走，立志扎根人民、奉献国家。③ 因此，高校要利用好纪念馆教育功能，尤其是高校思政课可以在相关纪念馆进行爱国主义教育的现场教学，教育引导大学生在高校爱国主义教育活动中深入感悟、真正内化，逐步产生认同感、亲近感和获得感，激发爱国主义精神。高校通过开展形式多样的爱国主义教育活动，可充分利用纪念馆就地教学的优势，着力强化纪念馆的教育功能。如高校可组织纪念馆参观活动、开展"闪亮讲解员"评选大赛、成立专题课

---

① 参见汤家庆《爱国主义教育基地研究》，中国文联出版社，2003，第 181 页。
② 参见《〈新时代爱国主义教育实施纲要〉学习读本》，人民出版社，2020，第 227 页。
③ 参见《十九大以来重要文献选编（上）》，中央文献出版社，2019，第 649 页。

题组教学实践基地等，将爱国主义知识融入多样化活动中，充分调动大学生参与的主动性与积极性，引导大学生在活动中"激趣、共情、明理"，达成"教学"与"育人"的真正共赢，提升高校爱国主义教育环境亲和力。

（三）充分发挥博物馆在提升高校爱国主义教育环境亲和力中的作用

毛泽东非常注重发挥博物馆的爱国主义教育作用，他曾指出："各省的主要城市都应该有这样的博物馆，人民认识自己的历史和创造力量是一件很要紧的事。"[1] 当时博物馆的数量并不多，如今我国各地博物馆得到蓬勃发展，因此，在新的历史条件下，高校要与博物馆开展合作，提升高校爱国主义教育环境亲和力。

1. 建立合作机制，提供实践平台

高校与博物馆应建立全面合作机制，并签订有关合作协议。这种合作有助于为高校爱国主义教育提供新的环境，而且能在一定程度上提高博物馆的知名度，切实发挥博物馆的效用。在实践层面，高校通过与博物馆合作，制定有关爱国主义实践教学的具体规定，明确各项职责，切实为高校师生提供爱国主义教学的实践平台。这既有助于高校拓展爱国主义教育基地数量，又能充分发挥博物馆自身的资源优势和教育成效。高校在与博物馆合作的全过程中要做到以下两点：一是合作前，科学合理地制订教学实践计划；二是合作时，要善于反思总结教学实践工作。高校要充分调动教师的主动性、积极性和创造性，避免形式化、走过场化，提高博物馆的利用率，将博物馆的作用尽可能地发挥到极致。总之，高校要充分把握与博物馆的合作机会，更好地开展爱国主义教育活动，不断提升爱国主义教育环境亲和力。

2. 设计贴近大学生实际活动，增强高校合作项目的生动性

博物馆在与高校合作中要坚持把社会效益放在首位，拓宽服务方式，以多渠道开展爱国主义教育活动。针对与高校合作的项目，博物馆要选取大学生喜闻乐见的活动方式，如利用重大历史事件、历史人物纪念日和节假日，以及大学生开学典礼、入党、班团活动建设等有特殊意义的日子，

---

[1] 黄丽镛编《毛泽东读古书实录》，人民出版社，2012，第224页。

举行各种庆祝、纪念活动，召开研讨会、讲座、演讲会等，充分利用博物馆的相关资源，加大爱国主义教育的宣传力度。在活动形式方面，博物馆要对大学生采用"贴近实际、贴近生活、贴近群众"的形式，用身边的人或事的例子来引起大学生的共鸣，激发大学生产生精神力量，进而实现爱国主义教育目标。在资源挖掘方面，要善于结合当地特色爱国主义资源创设独特新颖的活动方式，如2016年12月浙江省博物馆推出"博物馆奇妙日"——青年公益系列活动，活动的一个独特亮点就是在首场活动中加入文物鉴赏环节，参与活动的青年可以近距离触摸和欣赏到1∶1复制的良渚玉器，从而加深对文化以及文物背后意义的认识。① 这样独特新颖的方式往往更能吸引大学生，激发其参与高校爱国主义教育活动的热情，不断提升高校爱国主义教育环境亲和力。

3. 完善管理体系，开发教育资源

博物馆要不断完善自身管理体系，构建一个良好的教育环境，有序开展爱国主义教育活动，切实提升爱国主义教育环境亲和力，尤其要做好博物馆宣传教育工作和展品陈列工作。对此，博物馆应更新理念，提高服务意识，重视宣传教育工作，不仅要加大人力、物力支持力度，扩大博物馆文化影响力，而且要提高宣传教育方式的多样性，充分运用现代教育技术，并制定相应的规则和要求，有效提升宣传教育质量，提升爱国主义教育亲和力。要认真做好展品陈列工作，真正做到馆内"所展示的一件件历史文物，所讲述的一个个真实故事，所呈现的一张张图片，所播放的一个个场景，都是一部部生动的历史教科书"②，充分开发每件展品背后的教育资源，提高博物馆资源利用率，进而不断提升爱国主义教育环境亲和力。

三 依托自然景观提升高校爱国主义教育环境亲和力

在广袤的中国大地上，到处可见进行爱国主义教育的生动景观。高校要发挥自然景观教育主题引导功能，使大学生寄情于祖国大好河山，陶醉

---

① 参见《〈新时代爱国主义教育实施纲要〉学习读本》，人民出版社，2020，第230页。
② 朱桂莲：《新时期我国中小学生爱国主义教育创新研究》，武汉大学出版社，2016，第242页。

于当地风土人情，敬仰于历史文物古迹，使大学生尽情抒发爱国之心、报国之情、强国之志。

（一）寄情于祖国大好河山，抒发高校学子爱国之心

高校可以通过多样化形式和多方面渠道引导大学生寄情于祖国大好河山，提升高校爱国主义教育环境亲和力，激发大学生的爱国之心。

1. 组织游览活动让学生感受祖国大好河山的壮美

高校可以结合特定的爱国主义教育主题，以各院、各专业或各班为单位组织学生游览活动。发挥自然景观亲和力，需要教育工作者统筹安排好游览活动。活动前，教师可要求学生收集有关该景观的详细资料、了解景观背后的故事以及所蕴含的情感，充分调动学生参与活动的主动性与积极性，为实地参观做好准备工作。活动中，教师要把握时机进行适时教育，引导学生在大好河山中"启思、明智、共情"，深切感受诗圣杜甫"会当凌绝顶，一览众山小"的心境，体会诗仙李白观"飞流直下三千尺，疑是银河落九天"的豪情，领会诗豪刘禹锡"遥望洞庭山水翠，白银盘里一青螺"的情致，进而增强学生对中华民族的认同感、自豪感和维护祖国统一的自觉性。教师还可以引导学生在游览之中自主展开一些形式多样的爱国主义活动，如举办吟诗会、诵读会等，丰富爱国主义教育活动的内容和形式，将自己全身心地投入其中，寄情于祖国大好河山，尽情抒发爱国之心。活动后，教师要适时做好游览活动的总结工作，对学生撰写的活动体会、摄影作品等进行整理评比，将优秀文章、照片、视频等在校宣传栏、微信公众号上进行传播，进一步发挥爱国主义教育的宣传作用，提升高校爱国主义教育环境亲和力。

2. 启发学生发掘爱国主义元素，增强爱国主义文化的亲近感

秀丽壮美的祖国河山背后所内含的文化底蕴，是高校教师挖掘爱国主义教育资源的宝藏地。高校教师首先要深入了解其背后的故事，可以借助文献、大众传媒、当地群众等渠道，形成一定的知识结构，在此基础上深入思考其本质内涵和思想情感。其次，要充分发挥自身的主观能动性，结合各方面力量，通过整体分析、分类分层、仔细揣摩，将各类故事及所内含的文化底蕴有效转化成相应的教育资源。例如，黄河教育资源可以依据不同的划分标准形成不同的爱国主义教育主题，根据表现形态，可以划分

为物质层面和精神层面的内容，其中物质层面的内容包括黄河的自然风光和人类社会活动留下的遗迹遗存，精神层面的内容包括人们在黄河长期的历史进程和活动中积淀所形成的精神财富；根据形成时间，可以划分为古代教育资源和近现代教育资源，古代教育资源例如盛唐时期为架起亚欧文化交流的桥梁而逐渐发展的黄河文化教育资源，近现代教育资源例如在新民主主义革命过程中形成的革命精神以及革命文物、遗迹等。① 因此，高校教师要充分挖掘祖国河山背后的教育资源，为更好地开展高校爱国主义教育活动做好准备，为提升高校爱国主义教育环境亲和力而不断努力。

3. 把教育环境中的爱国主义融入课堂教学，升华环境亲和力

将祖国河山以爱国主义文化元素或爱国主义教育资源的方式融入课堂教学，是提升高校爱国主义教育环境亲和力的重要途径。高校教师可以在爱国主义教育课堂上根据教学需要放映一些有关祖国山水的图片、音频、视频、文字等，借助现代教育技术，营造爱国主义氛围，在课堂细节之处渗透爱国主义精神，增强大学生对爱国主义文化的亲近感。也可以将祖国河山作为一种教育资源充分应用到课堂教学中，将其设计为课堂教学的情境线、任务线、时间线，设计为课堂教学的部分教学内容，设计为佐证观点结论的教学案例等，从而淋漓尽致地展现蕴含在祖国河山中的中华民族凝聚力和浓浓的爱国情。

（二）陶醉于当地风土人情，抒发高校学子报国之情

高校要围绕"当地风土人情"，充分动员各单位的力量，逐级开展爱国主义教育活动，提升高校爱国主义教育环境亲和力，激发大学生的报国之情。

第一，大力建设爱国主义教学实践基地。高校要基于当地风土人情积极构建爱国主义教学实践基地，为爱国主义教育提供相应的实践平台。"大学生爱国主义教育不仅要做好小课堂的理论讲授，守好主阵地，更需要组织开展好第二课堂实践活动，发挥实践育人作用。"② 一方面，高校教

---

① 参见李毛《充分挖掘和利用甘肃得天独厚的爱国主义教育资源》，《甘肃科技》2010 年第 8 期。

② 樊玉华、王玉鹏、翁丽媛：《青岛红色文化资源融入驻青高校爱国主义教育路径研究》，《高教学刊》2021 年第 33 期。

师在开展爱国主义教育时，可以对教学内容进行合理安排分配，将部分内容的教学放置于当地的一些富有特色的、与教学主题相呼应的村落、名人故里、革命旧址等，使大学生在当地的风土人情中深切感受地方文化魅力，体会中华文化的源远流长，油然而生报国之情。另一方面，高校教师要借助第二课堂组织开展好寒暑期社会实践、志愿服务，使大学生通过参观学习、亲身体验去感知当地风土人情所蕴含的中华传统文化魅力和红色文化魅力，将这些"文化痕迹"深深印刻于心中，厚植家国情怀，外化为报国之行。[①] 高校教师还要把在当地的实践活动情况以多种方式记录下来，既把它们作为教学实践基地的成果，也作为当地风土人情的剪影，进行存档保管。这些资料可随时转化成爱国主义教育资源，为今后更好地开展高校爱国主义教育活动提供借鉴，从而更好地提升高校爱国主义教育环境亲和力。

第二，开展风土人情调研。开展当地风土人情调研是引导大学生增进爱国主义情感的一种形式，高校教师可以申报与当地风土人情相关主题的课题项目，带领大学生开展有目的、有计划、有组织的调研活动，组织人员建立当地调查小队，深入当地群众，了解具体情况。调研内容包括以下方面：一是当地的自然环境，主要是指其地理位置、地形地势、气候特点、物产资源等；二是当地特有的风俗礼节，主要分为物质民俗、社会民俗、精神民俗，物质民俗表现在居住建筑、服饰、饮食等方面，社会民俗表现为岁时、人生仪礼等，精神民俗表现为民间信仰、禁忌、民俗艺术等。在调研的过程与反馈中，探索与挖掘更多的爱国主义教育资源，增强对当地文化和中华文明的亲切感、认同感、自豪感，继而将调研结果以文献的形式传播到更广阔的平台，扩大高校爱国主义教育影响力和当地文化影响力，提升高校爱国主义教育环境亲和力。

（三）敬仰于历史文物古迹，抒发高校学子强国之志

高校要将"敬仰于历史文物古迹"从课内延伸到课外，使大学生在课堂到课后的各种活动中充分了解历史文物古迹，有效提升爱国主义教育环

---

① 参见樊玉华、王玉鹏、翁丽媛《青岛红色文化资源融入驻青高校爱国主义教育路径研究》，《高教学刊》2021年第33期。

境亲和力，激发大学生的强国之志。

1. 爱国主义教育课堂讲授与实地参观有效结合

历史文物古迹承载着一个民族和国家的发展轨迹，是民族文化传承的重要载体，它对于高校开展爱国主义教育起到至关重要的作用。高校爱国主义教育要充分利用历史文物古迹，在进行爱国主义课堂教学时，教师要有意识地将课堂讲授与实地参观有效结合起来，促进大学生深入理解爱国主义的思想观念、政治观点和理论知识，提升高校爱国主义教育环境亲和力。高校教师可根据该教学内容是否需要有关历史文物古迹知识的讲解或运用，将相关内容分为课堂内教学和现场教学。现场教学就是将有关内容放在大学生实地参观历史文物古迹时进行辅助讲解。这样做能将日常的课堂讲授法与参观法相融合，从而创造出一种新的教学模式、教学方法，提高大学生学习的主动性、积极性和自觉性。将以实地授课、现场教学为特征的参观法和课堂讲授法相结合，无疑会增强学生对历史文物古迹这种教学环境的情感，弥补课堂教育的不足，使教学与实际情境密切联系，拓宽大学生的视野，激发大学生的求知欲，在教学过程中不断提升高校爱国主义教育环境亲和力。

2. 发挥高校保护文物古迹和宣传工作方面的作用

对文物古迹的保护是人们热爱这个国家的表现方式之一。高校要在引导大学生做好文物古迹保护的过程中激发他们的爱国热情。一方面，高校要发挥专业优势，通过育人体系培养文物古迹专业保护人员，源源不断地为保护文物古迹输送相关人才，为延续好文物古迹提供人才支持。高校要加强对文物古迹的教育教学研究，设置相关的课程体系，编制有关文物古迹及其保护的校本教材等。另一方面，高校也要做好文物古迹的宣传工作，让更多人意识到文物古迹保护的重要性。高校通过宣传，让学生更加爱护文物古迹，增强对国家历史文化的认同。高校还可以积极组织保护文物古迹的多样化活动，如举办文物古迹保护知识竞赛、开展志愿服务招募活动，并通过多种渠道宣传如何保护文物古迹，切实从细节出发，将文物古迹的保护和宣传工作落到实处，保护好这些珍贵的爱国主义教育环境资源。

3. 开展以历史古迹为主题的多样化活动

高校要开展以历史古迹为主题的多样化活动，引导大学生在活动中学习爱国主义的思想观念、政治观点和理论知识，在活动中对中华文化产生认同感、亲近感和获得感，提升高校爱国主义教育环境亲和力。如以历史古迹相关知识为切入点，举办"你知道多少"的历史古迹知识竞赛，"致敬经典、诵读经典"的诗、词吟诵会，"走进历史古迹，感受遗产魅力"的主题征文活动以及"走近古迹，铭记历史"的校园演讲比赛等。以历史古迹的风貌为切入点，利用历史古迹对艺术专业学生开展有针对性的爱国主义教育，组建成立艺术专业采风小队，深入当地认真参观历史古迹，收集大量素材，并组织摄影大赛、摄影展和画展，以校园社交媒体为宣传主力，广泛传播有关历史古迹的大量高清精美图片和画作等，发挥历史古迹的爱国主义宣传作用。

四 依托校园环境提升高校爱国主义教育环境亲和力

高校爱国主义教育与校园文化建设相结合，从学生宿舍、校园两个角度出发，强调注重宿舍文化建设、校园橱窗宣传等，营造积极健康的校园文化环境，逐步形成多层次、全方位的爱国主义教育大格局，激励大学生努力学习、奋发图强、热爱祖国、热爱生活、健康乐观、积极向上，从而不断提升爱国主义教育环境亲和力。

（一）优化学生宿舍的爱国主义教育环境

宿舍是学生在校期间接触时间最长的场所，学生在宿舍区域生活、学习。营造良好的爱国主义教育宿舍氛围，使学生宿舍沉浸在爱国主义情怀之中，从而提升宿舍在爱国主义教育方面的亲和力。

1. 精心布置宿舍硬件环境

学生宿舍硬件环境一般指外部装修、周围环境、楼道建设、内部设施、布局结构等。高校宿舍要注重外部装修，广泛征求学生的意见和建议，巧妙地将爱国主义元素融入其中。一方面可以结合当地文化和本校特色，从诗词中取材，给宿舍楼命名；另一方面可以借鉴中式建筑的特点、结构和理念，让整个宿舍楼充盈着中华文化气息。就宿舍内部而言，先是有关楼道建设，高校应充分利用楼道扶梯上的空间，在每级台阶的台面上张贴有关祖国的各种诗句、名言，并且楼道宣传栏定期更换不同主题的内容如国家时事、传统节日的来源和价值等，以此增强学生对祖国的认识与了解。宿舍内部在布置爱国主义文化元素时要进行通盘考虑，要着眼于凸显人文素养，营造令人身心愉悦的宿舍环境，体现爱国主义元素。学生进入宿舍以后能够放松心情，在舒适的宿舍环境中潜移默化地接受爱国主义元素的熏陶。

2. 不断优化宿舍制度环境

爱国主义教育蕴藏在学生生活的每个细节之中，例如我国爱国主义教育中提倡的集体主义、艰苦奋斗、勤俭节约等内涵可以在宿舍集体生活中从多方面彰显。要通过科学制定宿舍制度、环境制度，在日常点滴生活中培育践行爱国主义行为。为此，高校应以学生为中心，结合学校实际情况，构建科学的管理制度体系，规范大学生的宿舍行为，形成严格的宿舍纪律，为高校宿舍良好的秩序提供保障，也有助于大学生养成良好的生活习惯，如规定宿舍断电熄灯时间，保证大学生规律作息；一些高校采用定量供应水、电的方法，培养大学生节约资源、杜绝浪费的意识；制定严格的宿舍内务管理条例，并通过专门管理部门的检查，严抓宿舍卫生清洁，对宿舍实行综合考核并评优评级，对于考核分数极低的宿舍进行通报并做出批评教育，督促大学生积极营造整洁的居住环境，以此培养大学生的共同责任感。鼓励大学生分享宿舍生活，提出宿舍管理建议等，让每位大学生真正体会到管理民主，在宿舍生活的点点滴滴中，融入爱国主义教育，体现宿舍制度环境的亲和力。

3. 建设高尚的宿舍文化环境

高尚的宿舍文化环境指的是宿舍中形成的能够使其成员具有崇高政治信念、思想意识、价值观念、审美情趣的文化环境。这是具有亲和力环境的较高层次。高校要引领深层宿舍文化建设，以其为切入点渗透爱国主义教育，提升高校爱国主义教育环境亲和力。一方面，坚持以社会主义核心价值体系引导宿舍整体及其各成员树立正确的政治信念、思想意识、价值观念，这是爱国主义教育的核心内容之一。另一方面，把学校核心价值理念融入宿舍文化氛围之中。学校的核心价值理念如校风、校训等，是一个高校长期以来的精神积淀，也是爱国主义在这所高校最为生动的个性展现，将高校核心理念融入宿舍文化环境，实际上就是鼓励引导学生从高校实际和自身实际出发，践行爱国主义行动，校训、校风在宿舍文化中的展现，能够让学生体会到一种自觉的认同，这其实就是环境亲和力的体现。

（二）让校园传统宣传橱窗焕发新的生机

校园橱窗是展现和传播校园文化的传统环境，形式虽旧但不过时，在爱国主义教育方面发挥着特有的宣传阵地作用，因此，要让校园中传统的校园橱窗焕发新的生机，凸显宣传橱窗在爱国主义教育方面的亲和力。

1. 主题要突出

校园橱窗宣传要主题突出，切忌出现版面设计杂乱无章法的现象。因为可读、易读、醒目的版面设计才更易引起大学生的兴趣，能够使他们愿意驻足观看、耐心阅读。因此高校爱国主义教育要充分意识并利用这点，采用多种方式突出校园橱窗宣传的主题，从而有效提升高校爱国主义教育环境亲和力。

要正确处理形式与内容的关系，坚持形式一定要为内容服务，追求版面内容美，例如以长征为主题的校园橱窗宣传，尽管要通过凸显长征路上的各种艰难险阻来体现红军强烈的爱国主义精神，但相关图片不宜放置过多，还需要以文字的形式来衬托图片所表述的内容，进而展现红军长征路上百折不挠、英勇坚毅的革命形象和精神品质。要正确处理重点版面与一般版面的关系，注重版面结构的合理性，同一主题下的版面内容也有主次之分，重点版面可以通过一些设计元素着重突出，以区别于一般版面，彰显其"重点地位"；在同一篇文章中还要正确处理主题、图片、文字等要素的关系，追求亮点鲜明到位，在突出主题的同时灵活抓住大学生的眼球，版面设计应简洁明快，力求版面的平衡，层次清晰，便于阅读，使整个校园橱窗真正得以发挥实效。[①]

2. 内容要多元化

校园橱窗宣传的内容要多元化，才能充分调动大学生阅读的主动性与积极性。为此，高校应在爱国大主题下，设计不同主题的宣传橱窗，提升高校爱国主义教育环境亲和力。高校可以结合宣传橱窗所处的不同位置来设计，如图书馆的宣传橱窗，"通过生动丰富的图片文献资料，宣传党的

---

① 参见李暾、刘静姿《高校校园橱窗版面设计之管见》，《中国电力教育》2011 年第 16 期。

路线、方针、政策，以及改革开放的成就，是对读者进行爱国主义教育和革命传统教育的有效形式"[1]；教学楼的宣传橱窗，根据近期国家各方面热点定期更换橱窗版面内容，使大学生关注时事，关心国家，了解中国在世界格局中的角色与地位；食堂的宣传橱窗，除了张贴有关食堂的工作人员信息、管理条例和要求外，还可以展示各地的美食及其制作过程、历史渊源等相关图文，充分展现祖国美食文化的丰富多彩，这是大学生感受祖国文化多样性的重要途径。高校可以充分利用自身的办学特色、资源优势等创新校园文化品牌，并通过校园宣传橱窗得以全面展现，如本校的校史、校风、校训、校歌、文化景点、特色专业、师资设备、校友风采等，努力将其建设成为社会主义精神文明高地。[2] 高校还可以把学校举办的一些爱国主义教育专题文化巡展活动相关图文放在校园宣传橱窗中进行展示，让更多的大学生关注红色文化，延长爱国主义教育活动的时效性，长时间视觉和文字的传播与渲染使大学生在多元化的宣传橱窗内容中产生亲近感、认同感、自豪感。

3. 更新要常态化

校园橱窗宣传内容的更新要常态化。大学生身在迭代速度加快的时代，新生事物层出不穷，每天都有海量的新闻报道，不断发生新的事件，但一些传播媒介存在局限性，如图书受出版周期的限制，而网络社交媒体信息虽然更新迅速，但信息的准确性有待提升，学生的筛选能力也有待加强。因此，高校橱窗仍然在发挥它传统而独特的优势，高校在更新橱窗内容时要注意对信息的精细筛选以及对信息真实性的考证，帮助并引导学生进一步认知与理解信息。爱国主义教育要充分利用校园宣传橱窗的便利性与时效性，将最新的理论知识、科技成果及时介绍给大学生，增加大学生对国内外各方面的认识与了解，让橱窗成为学校与社会紧密联系的纽带，成为学生看世界、获取外界信息的桥梁。注重高校宣传橱窗的及时更新，一方面有助于提高大学生的阅读兴趣和关注的持久度；另一方面可以成为校园文化的一道亮丽风景线，在无形中影响学生的思想观念、言行举止，提升高校爱国主义教育环境亲和力。

---

① 邵光荣：《办好宣传橱窗 活跃校园文化生活》，《图书馆建设》1999 年第 5 期。
② 参见冯刚、高山等《新时代高校思想政治教育治理论》，中国社会科学出版社，2021，第 170 页。

五 依托制度环境提升高校爱国主义教育环境亲和力

制度是一所学校的软环境，良好的爱国主义教育制度能够为高校爱国主义教育营造富有亲和力的制度环境。具有亲和力的制度依赖于制度体系的科学性与合理性，教育制度的亲和力需要以大学生的认同为基本前提，此外，要提升大学生对爱国主义教育制度的执行力，在全校营造人人践行爱国主义教育制度的良好氛围，使学生在富有亲和力的环境中培养爱国主义情怀。

（一）提升高校爱国主义教育制度体系的科学性

高校爱国主义教育要避免流于形式，加强制度体系的目的性和规划性，一个具有亲和力的制度体系必然是由多元主体参与、多方广泛认可的制度体系，同时它还应是立体而全面的制度体系。

1. 多元主体共同参与制定制度体系

科学的高校爱国主义教育制度需要多方参与，仅依靠单方面制定的制度很难形成亲和力，要以高校为主体，征求学生、社会等多方意见，共同制定科学合理的爱国主义教育制度体系。

高校是制定制度体系的主体，一个严密完整的结构体系包括目标体系、组织体系、保障体系、评价体系等，高校在着手制定制度时需要有明确的理论依据和行动方向，包括具体详细的操作步骤、正常运行的机制保证以及检验成效的反馈机制，树立高校爱国主义教育制度规范的权威性和规范性，从而确保高校爱国主义教育实践有序进行，切实履行爱国主义教育制度制定的主体责任。要积极调动学生参与制定相关制度的积极性，他们是爱国主义教育制度的落实主体之一，要鼓励他们积极针对制度制定提出合理建议。从社会层面看，社会要为高校爱国主义教育制度规范的制定工作提供相应的支持与帮助，营造一个良好的外部环境，并通过社交媒体等多种渠道进行宣扬，扩大高校的影响力，共同推进高校爱国主义教育制度规范的制定工作。

总之，高校爱国主义教育制度规范的制定需要高校、学生、社会的协同互助、共同努力，使制定的制度能够得到各方认同。

2. 制度规范的内容要具有全面性

具有亲和力的制度体系应该是立体而全面的，能够从多方面保障爱国主义教育的实施，确保教育的实效性。高校要不断建立与完善具有全面性的爱国主义教育制度，既要有爱国主义教育管理制度规范，也要有爱国主义教育保障机制，还应包含高校爱国主义教育督导机制，以全面立体地实现制度的亲和性。

第一，要完善爱国主义教育管理制度规范。科学制定教育管理制度规范能够引导大学生在思想层面树立正确爱国主义观。[1] 要注重制定规范大学生爱国主义行为的相关制度，如学生行为准则、学生宿舍行为管理守则等，引导他们形成遵纪守法、文明礼貌的行为习惯。还要有规范校园活动的相关制度，如定期举办有关爱国主义党建活动、团日活动、升国旗、唱国歌等活动。第二，建立健全爱国主义教育保障机制。以制度建设确保形成稳定的爱国主义教育的师资保障、资金支持、教育设施、场馆等，使爱国主义教育可以顺利开展，实现各个教育环节的和谐有序也就是亲和性。第三，要建立高校爱国主义教育督导机制，使制度的亲和性能够保持。各高校的教育行政主管部门作为开展高校爱国主义教育的主要领导力量和督导组织，督导机制要各级从上到下，层层落实责任，使爱国主义教育坚持党的领导，贯彻党的教育方针，确保教育常态化、高效化，切实贯彻高校思想政治教育的"十大育人"任务要求，通过制度落实好"课程育人、科研育人、实践育人、文化育人、网络育人、心理育人、管理育人、服务育人、资助育人和组织育人"[2] 任务，实现培养时代新人的教育使命。

（二）促进学生对爱国主义教育制度的认同

具有亲和力的制度必然会得到制度中涉及的相关利益方的高度认同，

---

[1] 参见朱桂莲《新时期我国中小学生爱国主义教育创新研究》，武汉大学出版社，2016，第183 页。

[2] 《中共教育部党组关于印发〈高校思想政治工作质量提升工程实施纲要〉的通知》，中华人民共和国教育部网站，2017 年 12 月 6 日，http://www.moe.gov.cn/srcsite/A12/s7060/201712/t20171206_320698.html。

这种认同一方面固然源于制度本身的科学性，另一方面还源于制度出台后的宣传、推广。高校要不断强化大学生对爱国主义制度规范的了解、认同与践行，使他们对制度环境产生认同感。

1. 强化对制度本身的认知

强化大学生对制度本身的认知需要学校和教师广泛宣扬爱国主义教育制度规范，并反复向大学生强调遵守爱国主义教育制度规范的重要性。大学生只有积极主动地去学习和了解爱国主义教育制度规范，才能充分认识制度、理解制度。一方面，学校和教师从知识的层面入手，以培养学生对国家的热爱之情为目标，以中华传统优秀文化为脉络，串联学生零散的爱国主义知识片段，完成爱国主义知识体系的建构。[①] 使学生在这个过程中认识到爱国主义是每个公民应当具备的基本素养，树立起对各类爱国主义制度规范合理性的认知。在无形中引导大学生在学习中发展爱国主义精神品质，进而加深大学生对爱国主义教育制度的了解。另一方面，高校要注重对新制定的规章制度的宣传，通过校园橱窗、校报、校园微信公众号、校园广播台等渠道推进爱国主义教育制度规范的宣传工作；班级可以通过召开校规校纪的主题班会、组织班级知识竞赛等形式多样的活动，宣传爱国主义教育制度规范，使制度规范根植学生心中。

2. 强化对制度价值的认同

学校各项规章制度都基于一定的价值理念，它所承载的理念既是育人的无形力量，也是吸引制度规范涉及对象的凝聚剂，如果学校制定的爱国主义规章制度彰显的价值能够得到学生的认同，那么制度的亲和力是根深蒂固的，会潜移默化影响教育对象。如英国学者怀特所说："社会制度或社会机构的文化，在很大程度上或好或坏地塑造着在这些制度或机构中工作着的人们的愿望、习惯和素质。"[②] 因此，要想使制度及其价值真正发挥功效，除了对制度本身充分认知以外，还应强化大学生对制度价值的认同。爱国主义教育制度规范的价值理念就是爱国主义。强化对制度价值的理解和认同，不仅来源于爱国主义教育制度规范的制定工作的多元参与

---

① 参见孙银光《爱国主义教育的制度化进程研究》，硕士学位论文，华中师范大学，2016，第74页。

② 〔英〕帕特丽夏·怀特：《公民品德与公共教育》，朱红文译，教育科学出版社，1998，第7页。

性，还来源于情感层面对爱国主义的充分理解与认同。要发挥相关仪式典礼在爱国主义情感渲染上的效果，塑造国家记忆，对大学生进行情感培植，在爱国主义教育中着重培养大学生的爱国主义情感。以此由浅入深地不断强化大学生对爱国主义教育制度规范的价值理念的认同，提升高校爱国主义教育环境亲和力。

（三）提高学生对爱国主义教育制度的执行力

深入践行高校爱国主义教育制度规范，树立高校爱国主义教育制度规范学生典型，增强爱国主义教育的长效性，是提升高校爱国主义教育环境亲和力的重要途径。

1. 强化对制度规范的践行

恪守爱国主义教育制度规范，高举爱国主义旗帜，始终树立国家利益高于一切的观念，并落实于日常的实践中，这是制度环境亲和力的根本体现。在日常生活中，广大青年大学生基本能够履行有关制度规范中的义务与职责，但是近年来校园中也渗透可能会危害国家安全的境外势力，这些不良因素在很大程度上是对大学生践行爱国主义制度规范的最严格考验。强化对制度规范的践行要多管齐下，可以邀请公安部门、国家安全部门进校开展宣传，通过对案例和法律法规、学校规章制度的讲解，让学生明确爱国主义言行的重要性，在各种威胁国家利益的诱惑面前要牢固树立红线意识和底线思维，坚决抵制与杜绝一切外来诱惑和黑恶力量，以优秀的党员干部和先锋模范为榜样，提高自己的爱国主义思想觉悟，践行好爱国主义行为，以实际行动切实体现爱国主义教育制度规范亲和力。

2. 树立爱国主义教育制度规范的学生典型

高校要鼓励大学生争当爱国主义教育制度规范的表率，通过树立践行爱国主义教育制度规范的学生典型在全校营造良好的制度执行氛围，可以将学生践行爱国主义教育制度规范的情况纳入各类评奖评优体系，对模范学生进行表彰，在大学生群体中选树朋辈榜样，并通过"微视频""微寄语"等形式畅通朋辈榜样与身边同学的互动互联渠道，进一步加强大学生的报国之情和责任意识，营造高校"争当爱国主义教育制度规范表率"之风，形成尊重制度、践行制度的正能量，构筑爱国主义文化气息洋溢的校园制度环境，通过朋辈榜样的示范效用使其他大学生感受爱国主义教育制度的感染力、影响力和感召力，给予大学生更多的学习借鉴的机会和更强的前进动力。充分调动大学生践行爱国主义教育制度规范的积极性与自觉性，激发大学生不断提升自身的爱国主义精神品质，有效提升高校爱国主义教育环境亲和力。

第五章 教师亲和力：发挥教师在爱国主义教育中的主导性作用

增强高校爱国主义教育的亲和力和针对性，打造一支更加科学合理的高校爱国主义教育队伍至关重要，这支队伍应"既有专业精通的智囊型人才，也有工作经验丰富的干才；既有善于做党政业务的干部，也有善于组织活动的行家；既有富有活力的中青年，也有沉着老练的老同志；既有战斗在一线的实际工作者，也有勤奋钻研学术的研究者"①，高校教师要充分发挥在爱国主义教育中的主导性作用，不断增进教师的亲和力，以教师的教育魅力增强爱国主义对学生的吸引力，用教师的教育功底激发爱国主义对学生的感染力，从而不断提升高校爱国主义教育的实效。

一 高校开展爱国主义教育的教师群体概述

党的十八大以来，国家对于高校爱国主义教育工作高度关注。高校爱国主义教育活动的组织、实施和调控离不开高校教师充分发挥自身作用。在高校，可按照不同的标准将教师划分为多种类别，如果以教育方式为划分依据，可以将教师划分为从事理论课教育教师和日常爱国主义教育人员；如果以工作职责为划分依据，又可以将教师分为专职教师和兼职教

---

① 《思想政治教育学原理》编写组：《思想政治教育学原理》第 2 版，高等教育出版社，2018，第 340 页。

师。从宏观层面讲，所有的高校教师都担负爱国主义教育的责任，本节从相对狭义的层面展开探讨，聚焦高校从事爱国主义教育的教师群体。

（一）从事爱国主义教育的教师群体分类

《关于进一步加强和改进大学生思想政治教育的意见》指出，大学生思想政治教育工作队伍主体是学校党政干部和共青团干部，思想政治理论课和哲学社会科学课教师，辅导员和班主任。按照这个提法，在高校从事爱国主义教育的教师群体大致可以分为三类。第一类是高校党政干部和共青团干部，这是一支担任主阵地工作的大学生日常爱国主义教育的教师队伍，他们对大学生政治素质的提高和爱国主义信念的养成具有非常重要的作用，是党的教育方针政策的坚定落实者，负责大学生爱国主义教育的具体组织、协调与实施工作。第二类是思想政治理论课教师和哲学社会科学课教师，前者承担着思想政治理论的宣讲和爱国主义教育的传播工作，并在实践中以身示范，能够对马克思主义中国化的最新理论成果进行传播，提升大学生爱国主义人文素养；后者则主要在哲学社会科学课的讲授中以课程思政的方式开展爱国主义教育。二者共同的特点是在各种形式的课堂中对学生开展爱国主义教育，旨在帮助大学生系统掌握爱国主义相关理论。第三类是高校从事学生工作的教师，以班主任、辅导员为主。这类教师与学生的交流接触比较频繁，是根据校党委部署有针对性地开展爱国主义教育活动的群体，在思想、学习、生活等各个方面引导和教育学生。当然，除了高校党政干部、共青团干部、思想政治理论课教师、哲学社会科学课老师、专职辅导员、班主任等之外，高校教学服务人员和生活服务人员对学生爱国主义观念、行为的养成也具有一定的作用。

1. 高校党政干部和共青团干部

在高校中，党政干部和团干部是新时代进行爱国主义教育工作的主导者，他们主要是由学校党委以及组织部、宣传部、教务处、学生工作部（学生处）、团委以及各级学院的党政干部和团干部共同组成。① 高校党政干部和团干部是党对高校爱国主义教育工作领导的具体落实者。他们在大

---

① 参见沈光《新时代高校思想政治教育亲和力研究》，中国矿业大学出版社，2020，第121页。

学生爱国主义教育中发挥着把握方向的作用，统筹高校开展爱国主义教育的基本思想理念、教学进度及具体计划等。不同的教师因其职位和职务的不同，所发挥的主导作用有所差异。学校党政干部和团干部，统筹管理学校爱国主义教育全局，而各部门或各二级学院的党政干部和团干部掌握和主导所在部门爱国主义教育，他们在高校爱国主义教育中扮演着教育者、领导者、管理者的多重角色。这就要求他们切实做到政治强、业务精、纪律严、作风正。

第一，高校党政干部和团干部是教育者。高校是"立德树人"的地方，教育是实现这一根本任务的有效方式，没有教育者，就没有教育。教师是人类前进最为重要的力量。新时代以来，高校爱国主义教育工作受到社会各界的广泛关注，对高校党政干部和团干部的思想道德、基本能力和身心素质提出了较高的要求。首先，他们具备较高的思想意识、政治素养，拥有健康人格以及从事爱国主义教育及与之相关工作的工作热情、积极性和高度的工作责任感。其次，他们具有坚定的政治立场、敏锐的分辨力，尤其是政治分辨力，故而能在信息化、智能化时代，指引高校学生始终走在信息化最前沿。最后，他们还具有较高的基本能力和身心素质。这里，基本能力主要是指教育、教学、管理、协调、言语表达能力等。因此，高校党政干部和团干部在爱国主义教育中扮演教育者的角色。

第二，高校党政干部和团干部是领导者。"领导"是管理学上的概念，"是指指挥、率领、引导和影响组织成员为实现组织目标而努力奉献的过程"[1]。高校党政干部和团干部作为领导者，首先具有影响组织成员为实现目标而努力工作的能力，也就是号召力；其次，拥有一定数量的管理团队成员，并获得他们的拥护和信赖；最后，有着明确的领导行为，积极组织、引导、鼓励组织成员实现目标，也就是要有所作为。在高校爱国主义教育过程中，就高校内部而言，高校党委书记、校长是高校的领导者，在校党委的领导下，学校领导班子对学校内部的大小事务进行领导与决策；高校团委对校党委来说是执行者，同时也领导着各二级学院团委工作，二级学院党委、团委等在校党委、校团委领导下具体开展面向大学生群体的爱国主义教育工作，他们是高校基层党政干部和团干部。高校党政干部和

---

① 张广敬、李超：《管理学基础》，北京理工大学出版社，2017，第151页。

团干部通过校、院二级建制的方式，将党对高校思想政治教育工作的领导层层落实到位，切实体现党的全面领导。因此，高校党政干部和团干部在爱国主义教育中扮演领导者的角色。

第三，高校党政干部和团干部是管理者。高校党政干部和团干部作为学校领导，在高校爱国主义教育中发挥关键性作用。从校级层面来看，校级党政干部和团干部负责学校爱国主义教育的顶层设计。首先，把握好学生政治航向，通过政治引导，对学生进行政治原则、政治目标、政治路线等的引导，强化学生政治意识和政治敏锐力，使学生保持正确的政治方向。其次，把握好学生的价值观引导，通过宣传、灌输等方式，向学生传递社会主流价值观，使学生将其内化为自己价值体系的一部分，并能自觉运用这些观念指导自己的实践。最后，做好制度设计，根据学校特点等，建立学校的规章制度，使高校爱国主义教育及其管理等工作有法可依，推进依法治校，为高校爱国主义教育工作的有序推进、育人目标的实现提供制度保障，为高校的良性发展提供根本保证。

2. 思想政治理论课教师和哲学社会科学课教师

高校思想政治理论课教师和哲学社会科学课教师（以下统称"高校专任课教师"），是高校爱国主义教育的一线教师，发挥着主力军的作用。他们通过课堂教学以及与学生的直接对话，能够在理想信念、爱国情怀等诸多方面对学生进行正向的引导，让学生在思想、政治、道德等方面始终向着正确的方向不断前进。高校专任课教师也能够在课堂上将自身的积极性、创造性等诸多优势充分发挥，将爱国主义教育融入课堂之中。高校专任课教师一般都具有较为丰富的理论知识并且有着优秀的意志品质，能够承担教师这一职业的具体责任。

从国家政治层面来看，高校专任课教师一般具有较强的政治意识、较深的教育情怀。他们不仅注重最新理论成果的学习，而且关注社会实践，有着过硬的政治能力。高校专任课教师作为人才培育的主体，发挥主导性作用，同党中央保持高度一致，引导学生树立正确的政治观念。他们善于巩固、提升自身的政治素养，更善于从政治上看问题，坚持正确的意识形态，更能坚定理想信念。而理想信念恰恰是我国教师在教书育人过程中的指路明灯。他们作为有理想信念的人给学生讲理想信念才能做到晓之以理、动之以情，触动学生的内心，真正从学生的角度出发，帮助学生树立马克思主义信仰，坚定共产主义信念，坚定中国特色社会主义道路，形成正确的是非观和爱国情怀。另外，高校专任课教师具有较深的教育情怀，一个有情怀的人，心里才会有他人、有民族、有家国。作为人民教师，只有对祖国和民族有深厚的情感，才是真真正正的"园丁"。

从个人业务能力来说，高校专任课教师往往具有新颖的思维、宽广的视野。不仅注重学术自由，更需要以学术规范为自身研究的出发点。他们能够以扎实学识夯实教书育人的基础，善于用辩证唯物主义和历史唯物主义不断创新爱国主义教育工作地。在新的历史时期，他们注重对学生进行正向引导，帮助他们构建正确的思维方式，能够有效解决在现实社会中遇到的实际问题，拓宽视野。他们以广阔的学术视野、深厚的理论、扎实的教学技能生动阐明爱国主义，使爱国主义深入学生内心，做真正的学问之师。与党政干部和团干部相比，高校专任课教师不仅注重塑造自身的人格魅力，还重视在学术方面的魅力。学术魅力是教师在教书育人过程中自然而然散发出的一种亲和力、渗透力和影响力，吸引教育对象。而这一魅力来自教师扎实的理论功底和实践经验。

从个人道德要求来说，高校专任课教师一般具有自律性，具有端正的人格，能够筑好"师之魂"。作为一名合格的高校教师，应坚持"经师"与"人师"的高度一致，即教书与育人的统一、言传与身教的统一。"既要精于'授业'、'解惑'，更要以'传道'为责任和使命。"[①] 教育本身就是做人的工作，高校教师身为"人师"，能够教学生怎么做人，怎么做高尚的人。高校专任课教师往往具有高尚的道德和爱国情怀，以自身的道德情怀以及行为去感染学生，使爱国主义深入学生心中。教育得到爱的滋养，才能够顺利开展，只有充满爱心，爱国主义才会有深厚的情怀。高校专任课教师基本能够体现出仁爱之心，这种仁爱之心是教师滋养学生爱国主义情怀的有益助力。在教学过程中，高校专任课教师能够从个人道德的角度肩负起高校教师应有的德育职责。

3. 高校从事学生工作的教师

"辅导员是开展大学生思想政治教育的骨干力量，是高等学校学生日

---

① 习近平：《做党和人民满意的好老师——同北京师范大学师生代表座谈时的讲话》，人民出版社，2014，第5页。

常思想政治教育和管理工作的组织者、实施者、指导者……专职辅导员是指在院（系）专职从事大学生日常思想政治教育工作的人员，包括院（系）党委（党总支）副书记、学工组长、团委（团总支）书记等专职工作人员"[1]，他们和兼职辅导员、班主任等共同构成高校学生工作队伍。他们在开展爱国主义教育的具体工作中，高度重视党团和班级建设工作以及学生日常事务的管理，同时也十分重视网络思想政治教育等诸多方面。他们根据校党委的工作部署，针对所在二级学院或部门特色开展爱国主义教育活动，化身为"党委工作的助手、教师教学的助手、学生学习的助手"，"在推进教育现代化、建设教育强国、办好人民满意教育的进程中，承担伟大工程的施工员、伟大事业的质检员、伟大斗争的战斗员、伟大梦想的服务员的职责"[2]。

高校班主任是推进高校爱国主义教育工作的基层主体，以班级为单位，负责班级及学生的思想引导、学习科研指导、日常生活管理、班级班风学风建设等。目前高校班主任大多由专任课教师担任，他们不仅负责班级管理，还承担学校教学科研任务。班主任严谨的教学态度、科研态度、学习态度，会潜移默化地影响学生。高校教师有着扎实的专业知识、深厚的理论储备、较为丰富的实践经验，能为学生提供专业的指导。班主任与班级学生接触最为频繁，最了解学生情况，相对于其他教师，能给学生提供有针对性的指导。不论是高校的辅导员还是班主任都发挥着育人的作用，对爱国主义的传播有着潜移默化的作用，二者优势互补，使爱国主义教育内容更加丰富、方式更加多样，帮助学生实现全面发展。

综上所述，在高校，具有爱国主义育人功能的教师队伍主要由高校党政干部和团干部、高校专任课教师、辅导员和班主任组成。他们有以下的共性特点。首先，他们有较高的知识水平和成熟的思想。他们大多是接受过高等教育的知识分子，有着较高的知识水平。他们有着一定人生阅历、工作经验，思想较为成熟，对是非判断有自己的标准。他们兢兢业业工作，认认真真生活，传授学生知识、技能，给予其生活指引。其次，他们

① 《普通高等学校辅导员队伍建设规定》，中华人民共和国教育部网站，2017 年 9 月 29 日，http：//www.moe.gov.cn/srcsite/A02/s5911/moe_621/201709/t20170929_315781.html。
② 《全国高校辅导员优秀骨干培训班开班》，中国政府网，2019 年 9 月 25 日，http：//www.gov.cn/xinwen/2019-09/25/content_5432954.htm。

有较强的政治敏锐力、坚定的理想信念。这是高校教师区别于其他工作者的最明显的特征。作为高校教师，政治觉悟要高、思想觉悟要高，要有坚定的理想信念，从而给学生好的示范，影响学生。最后，他们的主体意识较强，不断追求发展。高校教师主体意识较强，主要体现为积极主动参与教学、科研、学生管理等工作，追求教学效果的增强、科研能力的提升、工作上的完美。他们对学生思想政治教育和管理有着自己的认识，有着自己的教育方式和管理方式。

（二）高校教师在爱国主义教育中的作用

习近平总书记在同北京师范大学师生代表座谈时强调："教师重要，就在于教师的工作是塑造灵魂、塑造生命、塑造人的工作。"[①] 因此我们强调，我国高校开展教育工作，应该将爱国主义融入其中，提高对高校教师群体的关注度，使他们在具备较强专业知识的同时，也拥有坚定的理想信念，能够积极引领学生成长。

1. 高校教师对大学生爱国主义教育具有引领作用

这里所指的"高校教师"指的是广义的教师，指的是高校各部门、各教学单位的教育工作者。他们在不同的环节与大学生进行接触交流，而任何接触交流机会都是潜在的爱国主义教育时机。他们在日常工作中与学生群体建立一种十分自然的关系，这种关系对学生的成长非常重要。教师通常是学生除父母家人之外最为信任的人，对学生产生的影响较大。因此，教师在工作的过程中应该做到为人师表，并且时刻向学生传递正向能量。对高校教师来说，学生是他们培养的中国特色社会主义建设者，因此，教师在教学过程中需要引导大学生在新的学习环境中培育爱国主义情感。高校教师要深刻地认识到，无论环境怎样变化，大学为国育才的担当不能变；在教与学这对关系上，教师处于主导的地位不能变。教师是我国爱国主义教育建设的首要资源，是国家富强、民族振兴、人民幸福的重要基石。这就使教师在爱国主义教育过程中的作用及地位更加明确，也就是需要切实地指导学生在专业学习之中融入爱国情怀，只有

---

① 习近平：《做党和人民满意的好老师——同北京师范大学师生代表座谈时的讲话》，人民出版社，2014，第4页。

这样学生才能够在学成毕业之后真正为祖国贡献出自己的力量。2018 年中组部和中宣部曾联合下发《关于在广大知识分子中深入开展"弘扬爱国奋斗精神、建功立业新时代"活动的通知》，该通知也指出了党和国家对广大教师的新期待，要求自觉弘扬爱国奋斗精神，为实现"两个一百年"奋斗目标、实现中华民族伟大复兴的中国梦培养优秀人才。近年来，中宣部、教育部等有关部门对于有着爱国情怀的优秀教师群体给予了极高的评价，通过表彰评优等向全社会展现了当代高校教师群体的责任与担当，一批批受表彰和推出的教师及群体典型也不断证明，教师是可敬、可信的，是乐为、有为的。

2. 重视思政课教师在高校爱国主义教育中的关键作用

思想政治理论课是我国进行爱国主义教育的主要渠道。习近平在 2019 年 3 月 18 日召开的学校思想政治理论课教师座谈会上指出："思政课是落实立德树人根本任务的关键课程，思政课作用不可替代，思政课教师队伍责任重大。"[1] 思想是行动的先导，一个人的行动是由思想支配的，正确的行动缘于正确的价值引领。爱国，实际上并不是简单的行动，更为重要的是其背后所体现的对于我国主流意识形态的认同。思政课教师的教学关键也正在此处。习近平总书记对思政课教师提出了六点要求[2]。教师政治要强，人们才不会仅仅将教师看成一份职业。教师情怀要深，做到爱国家、爱人民，并且将这份爱明确地传达给学生，从而激发学生群体的爱国情怀，激发他们刻苦学习的决心；教师思维要新，做到将价值观与学科知识相结合；教师视野要广，才能格局远大，才能更好地引领学生认识中国共产党为什么"能"、马克思主义为什么"行"、中国特色社会主义为什么"好"，从心底认同社会主义道路；教师自律要严，无论是在课上还是在课下，无论是在现实生活中还是在虚拟的网络世界中，都要严格要求自己；教师人格要正，才能用高尚的人格魅力吸引学生，用自身的实际行动去引导学生，让他们为实现中华民族伟大复兴的中国梦而不懈奋斗。

3. 明确班主任和辅导员在高校爱国主义教育中的纽带作用

班主任和辅导员作为联系学生与学校各部门的重要桥梁，起到了很好

---

① 习近平：《思政课是落实立德树人根本任务的关键课程》，人民出版社，2020，第 2 页。

② 这六点要求是：政治要强、情怀要深、思维要新、视野要广、自律要严、人格要正。参见《习近平谈治国理政》第 3 卷，外文出版社，2020，第 330 页。

的上传下达的作用。班主任和辅导员是平时接触学生最多且最深入了解学生的群体之一，是进行大学生爱国主义教育的一支重要力量。高校班主任和辅导员是大学生成长成才的人生导师和健康生活的知心朋友。在进行大学生爱国主义教育的过程中，班主任和辅导员的职责是将爱国主义教育贯彻落实到具体工作的方方面面，引导学生增强爱国主义情怀。班主任和辅导员在工作过程中明确自身的使命，那就是为社会主义建设源源不断地培育接班人。班主任和辅导员队伍是中国高校极富战斗力的思政队伍，他们是我们党方针政策的坚定维护者和执行者，把党的方针政策经过自己的理解后，向广大大学生进行宣传。实践表明，具有亲和力的班主任、辅导员深刻地影响着大学生的爱国主义情怀。

二 爱国主义教育视域下具有亲和力的教师特征

高校教师是对大学生开展爱国主义教育的主体，提升教师亲和力是提升爱国主义教育亲和力的重要环节。教师的爱国主义教育亲与力一般指教师和学生之间通过思想政治教育的实践互动方式，使学生对爱国主义形成的吸引力和亲近感。[①] 很显然，教师作为爱国主义教育的引领者，要具有自身的亲和力必然会展现出其群体的特征，了解具有亲和力的教师特征，有助于为提升教师亲和力路径提供借鉴。

（一）善于构建和谐平等的师生关系

长期以来，思想政治教育理论中关于主客体的争论由来已久，但无论是"单主体""双主体"还是多元主体论，学界普遍有一个共识：思想政治教育活动中的教育者与受教育者需要形成良性互动。在高校爱国主义教育过程中，就是要在从事爱国主义教育的教师和作为教育对象的大学生之间构建和谐的师生关系，这种关系建立在和谐平等的基础上。而传统爱国主义教育中的教育关系实际上是一种不平等的教育关系，教师不仅是教育

---

① 参见吴芳芳、虞满华《提升高校思想政治教育主体亲和力的原则和理论基础》，《湖北第二师范学院学报》2019 年第 1 期。

过程的控制者、教育活动的组织者、教育内容的制定者，而且是受教育者的评价者。[①] 这容易导致大学生的主观能动性得不到充分的发挥。高校教师承担着筑魂、塑人、传播思想和价值观的重任，良好的教育效果与促进教育对象的全面发展是由师生共同构建和创造的。爱国主义教育良好氛围的形成往往得益于和谐平等的师生关系。

和谐平等的师生关系强调大学生的主体地位，有助于激发大学生的主体意识。爱国主义教育亲和力的关键正在于教育者与教育对象之间在教育过程中达到协调一致，这种协调以建立良好的双方关系为基础。在开展爱国主义教育工作的过程中，需要明确大学生的主体地位。具有亲和力的教师在具备较强专业能力的同时能够树立正确的学生观，这些教师注重激发大学生的主动性和积极性，尊重学生的话语权，善于倾听学生的真实想法，真正把大学生的主体地位落在实处。他们能够认识到学生是教育的主体，教师是教育的主导者，学生之间以及教师和学生之间团结协作、相互支持的和谐人际关系既是爱国主义教育取得成功的关键，也是爱国主义教育亲和力生成的关键。

具有亲和力的从事大学生思想政治教育工作的班主任和辅导员等教师群体，能够把以人为本原则贯穿于处理师生关系的过程中。习近平指出："思想政治工作从根本上说是做人的工作，必须围绕学生、关照学生、服务学生，不断提高学生思想水平、政治觉悟、道德品质、文化素养，让学生成为德才兼备、全面发展的人才。"[②] 因此具有亲和力的班主任、辅导员群体在爱国主义教育过程中往往能够正视和尊重教育对象的主体性，不是将爱国主义教育看作单向和灌输式的教育活动，而是基于和谐平等的关系善于倾听和吸纳学生意见，关照学生合理需求，进而优化教育内容、完善教育方式，切实做到围绕学生、关照学生和服务学生，挖掘学生自身潜力，释放育人活力。

具有亲和力的高校专任课教师善于从构建具有亲和力的课堂生态上来营造和谐平等的师生关系。大学课堂是师生活动交流最基本的环境场所，是学校教育学生最重要的地方。在具有亲和力的课堂中，教师和学生具有

---

① 参见刘秉亚《"微时代"高校思想政治教育创新研究》，西南交通大学出版社，2017，第103页。

② 《习近平谈治国理政》第2卷，外文出版社，2017，第377页。

平等的地位，任课教师能够做到以主导者的身份发挥其促进作用；同时教师也要尊重学生的主体性，充分激发学生的潜能，培养学生的参与热情和学习兴趣，围绕学生主体开展一些教育教学活动。例如，在思政课上讲授有关爱国主义教育内容时，对于相对简单的内容可以布置给学生分组完成，引导学生在课外查找各种资料，再回到课堂进行汇报；对于较难理解、有思辨性的内容，具有亲和力的教师要善于发挥学生主体性，引导他们开展讨论，表达自己的看法，在讨论中明辨是非，在自主学习中提高学习能力。这种师生和谐平等的教学关系的构建有利于大学生在爱国主义教育过程中产生愉悦感、轻松感。

综上所述，师生之间和谐平等、相互帮助是构建爱国主义教育教师亲和力的基础。只有多方共同努力，爱国主义教育亲和力构建的最终目标才能完成。

（二） 坚持言传身教与育德育心相统一

言传身教主要是讲教师的教学方式，育德育心则主要反映了一种教育理念。具有亲和力的高校教师在爱国主义教育过程中不仅注重言传身教的教学方式，也注重育德育心的教育理念。

一方面，具有亲和力的教师在爱国主义教育过程中注重言传身教。2018 年五四青年节前夕，习近平总书记在北京大学师生座谈会上的讲话中指出，"要坚持教育者先受教育，让教师更好担当起学生健康成长指导者和引路人的责任"[①]。中国传统文化中也有类似这样的表述，《论语·子路》指出，"其身正，不令而行；其身不正，虽令不从"，这主要是孔子针对当政者提出的看法，但是在教师教育学生的过程中也同样适用。高校教师是爱国主义精神传播的关键中介，开展爱国主义教育，教师的行胜于言，教师自身的爱国主义道德品质会直接影响大学生的价值判断。具有亲和力的高校教师在爱国主义教育方面善于做到知行合一、率先垂范、言传身教，能够不断用"合教育性"审视自身的爱国主义教育行为，注重衡量与评价自己的言行示范是否能够唤醒和触动学生的爱国主义精神世界，在培育大学生爱国主义情怀过程中，通过言传身教感染学生、启发学生。

---

① 习近平：《在北京大学师生座谈会上的讲话》，人民出版社，2018，第 9 页。

　　这样的教师能够发挥教师传道者的作用，善于加强对大学生的道德教育，能够以大学生喜闻乐见的方式即通过口头化、通俗化的方式把爱国主义道理讲清楚，把爱国主义事实说明白，充分发掘爱国主义教育的内容，提高大学生对错误爱国主义观点的辨别能力，提高价值判断和行为选择的能力，夯实大学生的爱国主义信念。具有亲和力的教师除了言传，还注重身教，关注大学生爱国主义行为的养成，给予大学生相应的指导与帮助，坚持从自身做起，以身作则发挥好爱国主义教育亲和力作用，使爱国主义教育做到有的放矢，坚持课上与课下一致、线上与线下一致、语言与行动一致，实现以德立身、以德立学和以德施教，善于用高尚的爱国情操感召学生，以深厚的爱国主义知识涵养学生，用实际报国行为感染学生，把课堂和德育过程中的理论知识转化为良好的操守，自觉做爱国主义的践行者，在爱国主义方面切实成为学生可信和可敬的师长。

　　习近平总书记指出，要让有信仰的人讲信仰。具有亲和力的高校教师必然是爱国主义行为的坚定践行者，他们要不断提升自身的爱国主义道德修养，善于将爱国主义与自身的人格力量统一起来，做到力行实践，在工作和生活中都能够表现出崇高的爱国主义品质，在平时的言行中把爱国主义精神深入传递给学生。教师通过言传身教，引导大学生锤炼爱国主义品格，奉献祖国和社会，实现德智体美劳全面发展，切实将自己培养成为社会主义事业而奋斗终生的有用之才。

　　另一方面，具有亲和力的教师在爱国主义教育过程中注重育德育心。中国古代儿童启蒙读物《幼学琼林》中有这样的描述："弟子称师之善教，曰如坐春风之中；学业感师之造成，曰仰沾时雨之化。"也就是说，教师的教育如果能够给学生带来春风化雨的感觉，这样的教师一定会得到学生的喜欢，真正的教育是建立在"授受知识"基础之上的，但这种知识显然不是单纯的知识。具有亲和力的教师会不断引导学生获得知识、开启智慧、拓展心智事业，使学生在各个方面获得"成全"。爱国主义教育是品德与心智的教育，高校教师在开展爱国主义教育教学中应当让学生切实感受到爱国主义德育的价值与意义。

　　所谓育德实质是教育者对大学生道德品质与道德能力的培养，所谓育心实质是教师重视以真理的力量感召学生、说服学生并赢得学生的认可。解答大学生在爱国主义方面的思想困惑，要注重育德和育心，高校要始终将二者作为爱国主义教育的重点工作。因此，具有亲和力的教师注重育德与育心的统一，无论是高校党政干部和团干部、班主任和辅导员还是专任课教师，在关心知识传授的同时，都要充分关照学生的精神世界。爱国主义的德育过程不仅是师生关系以爱国主义知识维系的简单过程，更是师生共同走过的精神旅程。善于提升亲和力的教师会认识到，学生与教师在课堂、德育活动、实验实践场所、办公室等地方交流的物理空间，也是爱国主义道德精神空间，学生亲近的、信任的教师往往是在爱国主义教育过程中具有积极作为的教师。教师以育德育心的方式介入学生的爱国主义精神空间，在爱国主义德育过程中关注师生之间的精神契合，非但不会弱化学生的知识理性，反而会在情感理性的成长中促进知识理性，透彻地解答大学生关心的理论和实际问题，促进大学生在"知情意行"等多个方面学习与领悟爱国主义教育的内涵与主旨，使大学生树立正确的世界观、人生观和价值观，切实使马克思主义的爱国主义教育能够入耳、入脑、入心，这样的教师会拓展和增强爱国主义德育活动的宽度与活力。在学生眼中，关注育德育心的教师，始终能够保持着真诚、热情与活力。在爱国主义教育过程中，教师对育德育心的关注使其能够将自我理智、情感以及个人魅力投入师生交往与教育活动，无论是在思政课程中讲授还是在学生德育工作中实践，学生都能够感受到被重视，感受到教师对他们在道德与心灵上的引导与鼓励，而不是仅仅将他们作为"知识"灌输的对象。

因此，具有亲和力的教师善于最大限度地调动学生道德体验，在育德和育心方面构建师生的爱国主义共振点，师生关系能够在爱国主义教育过程中形成共鸣。学生在接受德育的过程中可以感受到教育的内在价值所在，对教师产生亲近感，而这种感受的形成也就意味着教师的亲和力在育德育心的爱国主义教育过程中开始形成。

（三）注重发挥学生朋辈共同体的作用

在爱国主义教育过程中，开展朋辈间的教育是指高校教师作为爱国主义教育的发动者、组织者和实施者，充分发挥大学生伙伴的作用，有计划、有目的地组织大学生开展爱国主义的学习经验与体会分享，及时进行思想、心理的交流和沟通，实现爱国主义教育个体间优势互补、互相促进、共同成长的教育方式。教师的亲和力就在于在这一过程中从学生特点出发，充分了解学生特点和爱国主义思想状况，站在学生角度，为组建学生"朋友圈"提供指引，发挥爱国主义教育朋辈场域对大学生的自我教育功能。教师通过潜移默化的方式把爱国主义教育落到实处，保障大学生爱国主义教育目标的顺利实现。在这个过程中，具有亲和力的教师绝不会放任构建起来的朋辈共同体自行发展，而是会注重全过程引导和管理。

首先，具有亲和力的教师注重唤醒学生自我教育意识。自我意识是一个人对自己的认识和评价，包括对自己心理倾向、个性心理特征和心理过程的认识与评价。朋辈共同体的建立是以唤起大学生群体的自我意识并发挥自我意识作用为目标的。教师重在引导学生正确地接纳自我，勇于承担社会和历史使命，为国家发展贡献力量。传统的爱国主义教育方式重视单向灌输，而并没有与教育对象开展深入的交流，这就使教育对象的自我意识不强。具有亲和力的教师的作用就在于发现并发挥朋辈群体自我爱国主义教育的价值与意义，认识到学生朋辈共同体是作为沟通教育主客体的重要纽带而存在的，教师只要稍加引导与点拨，该群体就能够开展自我教育，而这正是教师的价值所在。

其次，具有亲和力的教师善于在朋辈共同体中帮助学生强化正向价值认同。随着社会的发展，德育生态环境也发生了复杂变化，当教育主客体价值观存在偏差时，传统的自上而下说教式的教育，在很大程度上也容易使教育对象产生抗拒心理。大学生普遍认为同辈伙伴之间更易于相互理解和沟通，能够平等地进行交流，这在很大程度上也使逆反心理出现的可能微乎其微。因此，朋辈教育能在当今复杂的教育环境中找到与教育对象的共识点。然而，朋辈共同体的自发性使价值认同呈现正负两方面效应，单纯依靠朋辈共同体生成自我价值以实现爱国主义自我教育显然是不太合理的，此时教师的作用就显得非常重要。具有亲和力的教师能够贴近学生朋辈共同体，在认可朋辈共同体的前提下，从思想层面走进朋辈共同体，使学生感受到教师的"亲近感"，通过浸润式教育对朋辈共同体进行价值引导，有效促进学生正向爱国主义教育共同价值观念的形成。

最后，具有亲和力的教师善于催化学生朋辈共同体知行共进。爱国主义教育朋辈共同体的建立为大学生实现自我教育提供了可能，然而，共同体的共赢模式作用的发挥离不开教师的"催化"。自我教育一方面依赖于朋辈共同体正向价值认同的形成，另一方面需要发挥朋辈榜样树立起来的良好模范带头作用。在这个过程中，教师作为关键因素具有促进作用。具有亲和力的教师善于发现学生朋辈共同体中积极向上的因素，在实现共同体之间的相互习得和模仿问题上能够及时进行干预。他们能够注意学生朋辈群体的朋友关系、室友关系、同学关系等，善于找准共同体中的"核心人物"，引领向榜样同学学习的自我教育风气，使学生在相互交流的过程中相互影响。因为朋辈群体之间交往话题宽泛、互动形式多样，并且互动次数较多，所以朋辈群体的影响极大。朋辈教育是促进学生共同健康成长的重要方式。① 朋辈教育使学生在接受引导之后能自觉践行爱国主义价值观念，从而推动朋辈共同体知行合一，实现教育与实践的统一共进，进而提升爱国主义教育的亲和力。

三 爱国主义教育视域下高校教师亲和力培育路径

提升高校爱国主义教育亲和力，归根结底取决于高校教师的素质与能力。高校从事爱国主义教育的专职和兼职队伍必须顺应时代发展、坚持问题导向、提高自我素养，不断提升爱国主义教育魅力，夯实对爱国主义内容把握的功底。此外，高校也要改革完善教师爱国主义教育评价体系，从多个维度促进教师亲和力的提升。

（一）提升高校教师爱国主义教育魅力

1. 要增强高校教师情感魅力

马克思指出："如果你想感化别人，那你就必须是一个实际上能鼓舞和推动别人前进的人。"② 也就是说，高校教师要对学生开展爱国主义教育，自己必须先成为一个充满爱国主义情感、能够对学生起到情感引领的人。高校教师的热情会感染、激励学生，并因此获得学生的爱戴，继而使其产生共同探究真理的意愿。一个没有丰富情感的高校教师，是不能有效影响和感染学生的。教师的情感包括对人的情感、对物的情感和对事业的

---

① 熊秀兰：《高职院校朋辈互助育人理论与实践研究》，南京师范大学出版社，2017，第3~4页。
② 《马克思恩格斯文集》第1卷，人民出版社，2009，第247页。

情感。其中对物的情感主要包括对学校的情感、对所承担课业的情感等；对人的情感主要是对学生这一对象的情感。

高校教师要注重不断丰富和培养个人情感以发挥情感在爱国主义教育中的作用。一方面，要用科学方法管理好情绪。一是要通过认知转换的方式使消极情绪得以转化；二是要通过合理方式进行宣泄，达到内心平衡，保持健康状态。另一方面，要不断升华个人积极情感。要通过科学认知激发个人积极情感，并保持这种情感。教师要善于通过心理暗示、目标和成就激励等方式，使个人情感由小我扩展为大我、由个体扩展至群体、由短期目标扩展至长远目标；要通过意识等方面的调控作用不断提升情感的稳定性；及时向他人表达自身的积极情感，通过这种传递积极情感的方式获得他人的情感反馈，这也是教育工作者的魅力所在。

在爱国主义教育实践中，一个情感丰富的教师，或细腻委婉如涓涓细流润物无声，或豪迈直爽如战鼓轰鸣令人振奋，这样的教师一定会受到大学生的欢迎，这样的爱国主义教育课程一定会让大学生受用终身。

2. 要增强高校教师语言魅力

爱国主义教育传授魅力是高校教师对自己的教育教学方式方法精心设计后，艺术性地呈现而产生的吸引力。因此，高校教师要提高语言的魅力。语言的通俗化、亲和性及饱含的感染力决定着学生接受、内化并外化于其行为的可能性和实现程度。通俗的语言实际上指的就是一种具有亲和力的语言，与学生的接受以及内化存在极为显著的关联。在开展爱国主义教育的过程中，我们应高度重视通俗语言发挥的关键作用，将语言的魅力真正凸显。

要高度重视形成通俗易懂的语言风格。高校教师在对爱国主义诠释过程中要注重与学生的发展实际相结合，将语言的魅力真正激发出来，让学生能够耳目一新，让他们感知党和国家的光辉历史，了解新时代背负的使命，并且能够在今后的人生道路上勇于学习并运用这一伟大的目标来指导自己的实践活动。高校教师在开展教育教学工作时，需要将马克思主义同党和国家的实践运用结合起来，只有这样才可以接近师生之间的距离，让学生能够在课堂中充分领悟思想的魅力。

要注重真诚热情和语言情感的运用。高校教师在开展爱国主义教育时要饱含热情，要细心感知学生的情绪变动，要充分发挥自身的观察能力，观察学生的变化，及时做出情绪调整，将自身的爱国主义情感更加顺利地表达出来。除此之外，在与学生交流的过程中，教师也要对自身的语气进行调整，通过细腻的情感把握能够将学生的积极性和主动性充分激发出来，让他们能够积极地思考，共同融入教育教学工作中。

还要有"微言大义"的语言特色。通常情况下，高校教师只有在具备微言大义的语言特色之后，教学才能够达到事半功倍的效果。换句话说，高校教师在对爱国主义理论知识进行讲解时，既要做到说话干练、条理清晰，也要在将书面语言进行转化时，充分考虑口头语言的运用。只有这样才能充分凸显亲和力，从而保障教学效果的大幅度提升。随着新媒体技术不断发展，大量新兴词语出现，为爱国主义教育工作的进一步发展提供了更多可能。教师将新兴词语融入课堂，引导学生改变对教师的刻板印象，更加乐意与教师进行深入的沟通。

3. 要提升高校教师人格魅力

亲近感源自高校教师的人格魅力。人格魅力主要由人的思想以及品德等诸多内容共同组成，具有感召力和吸引力等特点，是一种非权力的影响力。在教育中应重视教师人格对学生的影响作用，缺乏人格魅力的教师，也就缺少了教育亲和力。

人格魅力中较为核心的要素是人际吸引。在开展爱国主义教育工作中，需要遵循人际吸引的规律。人际吸引规律就是指人际的仪表吸引、接近吸引、相似吸引、互补吸引、相悦吸引、个性品质吸引的规律。高校教师的人际吸引力作为一种无形的力量而存在，在很大程度上影响着爱国主义教育效果的好坏。良好的人际吸引力的形成关键在于教师在开展爱国主义教育过程中坚持以人为本的理念，尊重学生的主体地位和人格。提升教师的人格魅力实质上就是要增强人际吸引力，教师要注重个人的衣着打扮、言谈举止。教师要从履行规章制度和行为规范方面为学生树立好人格榜样，比如教师在开展全校、院、系活动过程中如升国旗、唱国歌等环节，做到规范庄重，闻国歌肃立、向国旗行注目礼等，以恰当得体的爱国主义仪表仪态感染学生。教师要增强个人的人际吸引力，除了注重外表外，更要通过自己广泛的爱好、丰富的知识提升涵养，让学生产生兴趣相投的共鸣；同时，借助合理的时机，展示个人的多方面才华，赢得学生的关注。教师增强人际吸引力，还要注重构建师生之间的平等关系，对学生的兴趣爱好也要表示尊重，要主动寻找时机与学生进行沟通，增进相互间的了解。

（二）优化高校教师的爱国主义教育内容

教育内容体现了一个教师对教育基本功底的把握，无论是从事学生工作的辅导员还是高校专任课教师，提升爱国主义教育亲和力需要在教育内容上下功夫，以贴近时代、注重人文、体现趣味性的教育内容不断促进自身亲和力的提升。

1. 要注重教育内容的时代性

时代性是高校爱国主义教育内容与时俱进的本质特性。做好高校爱国主义教育工作要做到因事而化、因时而进、因势而新。这里的"化"、"进"和"新"，就是各类创新的不同形式和要求，只有这样才能使高校爱国主义教育从源头上保持活水。近些年来，高校思想政治理论课教材的不断修订就是内容创新、与时俱进的生动体现。

第一，因事而化，教育内容要贴近学生新问题。在开展爱国主义教育过程中，因事而化指的是通过具体化、形象化的事例，让学生在了解爱国主义教育内容的同时，感受到真实案例带给学生的亲和性。而且，只有贴近学生生活、反映学生新问题的教育内容，才能得到学生的接受与认可。因此，教育内容必须坚持生活化、具体化与个性化的原则。一要体现生活化原则。爱国主义教育内容生活化原则包含两方面：一方面是指将学生的现实生活融入爱国主义教育内容，即将学生身边发生的真实案例纳入教育内容体系，增强教育内容的真实感，通过证实教育内容的有效性获得学生的信任感，提升学生的接受度；另一方面是指将爱国主义教育内容置于学生生活中，将教育理念与学生生活结合起来，以学生的生活为重点，展开与之相匹配的教育活动，潜移默化地提升学生品德修养。二要把握具体化原则。具体问题具体分析是教育内容具体化原则的核心，爱国主义教育内容要在抓住事物本质的基础上，对学生进行正确的引导。在正确反映学生新问题时，要注重分析新问题的性质，原则性问题必须妥善解决，非原则性问题就要根据学生的个性差异进行选择。教师用教育内容具体化原则解决学生新问题，因事说理、解决疑惑，才能增强教育内容自身的吸引力与感召力，赢得学生的喜爱。三要彰显个性化原则。教育内容个性化原则彰显了人本主义情怀，以理解和尊重学生的个性发展为基础，激发学生学习的积极主动性。教育内容贴近学生新问题，就是通过对学生的关心与爱护，时刻关注学生的心理需求与感受，教师在面对学生提出的问题时，能够提供恰当的解决方法，进一步提升教育内容亲和力。

第二，因时而进，爱国主义教育内容要反映时代新声音。这就需要教师能够立足于时代新发展，并为教育内容注入新鲜血液，让教育内容在充满生命力的同时更具亲和力。因此，教育内容要因时而进，反映时代新声音。一是要关注时代变化。互联网时代的快速发展，推动各种新媒体平台诞生，使各种声音充斥于整个社交网络，而高校学生恰好是接收这些新声音的主要群体。因此，只有时刻关注时代变化，才能真正掌握学生接收的最新信息，并在此基础上，给学生传授辨别是非的基本原则和方法，坚持用马克思主义中国化的最新理论成果来引导学生明辨是非，提升学生的道德素质与精神境界。当学生真正地感受到教育内容有效性时，他们会潜移默化地提升自身对教育内容的喜爱度与信任感。这也是教育内容充满时代性的关键所在。二是要及时更新教育内容。大学生作为社会的活跃群体，一直在用时代的要求审视教育内容，只有充满时代气息的教育内容，才能引起学生的好奇与关注。在满足学生期待的基础上，增强教育内容的感召力与吸引力。反之，陈旧乏味的爱国主义教育内容脱离时代的进程，则会引起学生的消极心态与反感心理，对内容失去兴趣。这在很大程度上也会使爱国主义教育的亲和力受到重大负面影响。三是在具体的教育过程中应该密切联系时代的发展。在此过程中，明确培育社会主义建设者才是高校教师当前最为重要的使命与任务。教育内容的选择要以此为基准，在爱国主义教育内容中融入新的时代要求，选取既符合时代发展特征，又契合学生身心发展特点的新的教学材料。让教育内容在彰显先进文化的同时，满足学生的主体期待，用爱国主义教育内容的时代性吸引学生兴趣，不断增强爱国主义教育内容的亲和力与吸引力。

第三，因势而新，教育内容要紧扣发展新趋势。思想政治教育要把握好社会发展新趋势，进行因势利导、因势而新，占据意识形态高地，提升学生对教育活动的悦纳感，并自觉将教育内容内化于心、外化于行。因此，教师在构建教育内容时要坚持真理性原则与创新性原则。一方面，真理性原则是教育内容的必备基础。无论社会发展的现状与未来趋势如何，真理性一直是教育内容坚持的根本性原则。马克思指出："理论只要彻底，就能说服人。"① 所谓"彻底"，就是抓住事物的根本。坚持马克思主义真理，才能使教育内容更有说服力，要知道，空洞肤浅的教育内容可能会因为华丽的辞藻而一时吸引学生的注意力，却不能维持学生对学习的兴趣，只有依靠真理的魅力与知识的支撑才能帮助学生有效地接受教育内容。另一方面，创新性原则是教育内容保持生命力的关键所在。马克思主义如果变成了教条和说教，那么必然是脱离人民群众的，此时必然会导致生命力的丧失。因此，教育内容要根据群众实践活动进行不断的改革创新，将一些符合时代发展趋势的新思想添加至教育内容中，进行吐故纳新、破旧立新，才能让其在时代潮流中脱颖而出，增强学生对教育内容的新鲜感，不断推动学生从"被动接受式"转化为"自主学习式"。值得注意的是，在教学过程中，要根据国际国内新形势，将教育内容和与学生密切联系的社会热点、难点问题联系起来，才能更好地了解学生最新动态，将教育内容进行理论创新，在丰富教育内容时代内涵的同时，提升爱国主义教育内容的生命力与亲和力。

2. 要厚植教育内容的人文性

人文素质教育是高校爱国主义教育的重要内容，教师如果在爱国主义教育过程中融入人文素质内涵，使教育内容实现生动化和具体化，无疑会拉近学生与教师之间的距离。

在党和国家高度重视高校思想政治教育的大背景下，我国爱国主义教育体系正在逐步建设与优化。高校爱国主义教育内容一般包含科学性内容与人文性内容。对于科学性内容而言，我国高校一直非常重视，但是在人文性内容方面还有较大进步空间。之所以会产生这种现象，一是因为改革开放前我国对集体主义的强调较多，而对于个体价值重视不足，这种道德取向也反映在高校教育教学方针的制定上，过分注重高校教育的集体价值和社会价值，从而使人文素质教育逐渐弱化。二是忽视"文化"性。一些高校教师在开展教育教学工作中，涉及的内容并不具备显著的文化力量，较多的理论教育和思想说教使爱国主义教育的文化感染力不足。

高校教师要厚植教育内容的人文性以提升亲和力，这就需要高校教师

---

① 《马克思恩格斯选集》第 1 卷，人民出版社，2012，第 10 页。

善于以问题为出发点，将教育内容的人文性特征强化。一是要增强自身的人文素养意识，突出教育内容的人文关怀。作为一种柔性力量，人文关怀以隐性的方式凸显亲和感，在坚持原有的教育内容的同时，进一步拓宽教育内容，通过融入学生喜闻乐见的教育内容来对学生进行正向的指导，让他们在成长过程中能够更好地处理人际关系，帮助他们适应社会生活，并且能够在发展过程中紧跟时代发展步伐，为国家和民族的发展注入活力。二是要通过发挥中华优秀传统文化的力量来激励学生，厚植爱国主义教育的传统文化因素。"传统文化注重个体价值关怀并关注微观领域，具有丰富的喜闻乐见的生活化教育内容与教育形式的特点正符合转型中现代思想政治教育内容的特点，是立足于本民族传统来拓展道德性内容和思想性内容的重要渠道。"① 三是要注重将教育内容中的人文教育与心理疏导结合起来。习近平指出："加强人文关怀和心理疏导，把高校建设成为安定团结的模范之地。"② 人文关怀和心理疏导是新形势下高校爱国主义教育的新特质。很多大学生在学习和生活中都存在困扰，并出现一些心理问题，这在一定程度上会影响他们的健康成长。教师开展爱国主义教育工作，不仅需要注重大学生理论知识的学习，也需要在心理健康方面对大学生进行指导，根据实际情况如就业、恋爱等方面的问题对大学生表示尊重和关爱，给予他们一定的人文关怀。不仅如此，教师也需要融入心理疏导的具体内容，让大学生在成长过程中始终具有较强的自信心，从而构建强大的心理素质。

3. 要增强教育内容的趣味性

爱国主义教育内容包含了对党史、新中国史、改革开放史等一系列党和国家奋斗历程的精神凝结，具有系统性和理论的深邃性、学术性。对非文科专业的大学生而言，他们对爱国主义理论的兴趣不大，很少有学生愿意花费大量时间、精力研究爱国主义理论。与此形成鲜明对比的是，他们对日常生活极为关注，更加注重自身的个性发展。因此，作为从事爱国主义教育的党政干部和团干部、专任课教师、班主任、辅导员等，要在深刻理解和掌握马克思主义爱国主义教育内容的基础上，加强对爱国主义教育

---

① 陈欢欢、栗迎春：《思想政治教育内容建构的基本路径》，《学校党建与思想教育》2018年第 22 期。

② 《习近平谈治国理政》第 2 卷，外文出版社，2017，第 377 页。

内容的"改造"，要使理论性较强的爱国主义内容从学理性话语向通俗话语转变，将理论变为更加平常的语言，使理论中的抽象逻辑向形象逻辑转化，促进爱国主义教育深入人心。

由于爱国主义教育内容广泛，要提升爱国主义教育亲和力，必须是在保持爱国主义教育本质属性基础上发力，这对教师的能力提出了较高要求。高校思想政治教育必须以人为本，这既是教师亲和力建构的指导思想，也是教师亲和力建构的核心。广大高校教师要充分意识到这一特征，在开展教育教学工作时要注重教学内容的趣味性，并且从实际生活入手，对有趣的教学素材进行筛选。选取的教学素材要真实存在，而且要契合大学生的发展特色，让教师与学生拥有共同的话语权，保障大学生能够更好地融入课堂中。随着教育内容趣味性的进一步强化，教育理论的乏味特征会得到有效缓解，从而让教育对象能够更好地融入教学活动中。尽管爱国主义教育存在抽象性和理论化的特征，但高校教师能够立足于自身的能力，发挥主导性的作用，改进教育内容和教育方法，强化教育过程的趣味性，让大学生在成长过程中对爱国主义教育活动更加认可。

因此，高校教师要在爱国主义教育的生动性和趣味性上下功夫，提升自身对教育内容整合优化的能力，确保学生的注意力能够被牢牢吸引。只有这样，才能让学生更好地理解高深的理论知识。总体而言，高校爱国主义教育内容呈现的形式越通俗，越容易得到学生认可，其亲和力就会越强。

（三）完善高校教师爱国主义教育评价体系

本书第四章从宏观层面对爱国主义教育制度环境亲和力做了一定的探讨，而教育评价是制度体系中的重要一环。高校教师爱国主义教育评价是爱国主义教育软环境，其科学性与合理性决定了教师在开展爱国主义教育过程中的理念、内容和方式，影响着教师亲和力的发挥。要不断完善高校教师爱国主义教育评价，以评价促进教师亲和力提升。

1. 把准高校教师爱国主义教育评价的若干向度

以高校教师爱国主义教育评价结果反向激励和促进教师提升亲和力，前提是评价必须具有科学性和合理性。一般来说，教师的爱国主义教育亲和力体现在教育内容、教育感受、教育时机、教育手段等多个维度，这些维度从不同方面体现出爱国主义教育与大学生的感受性关系并由此构成爱国主义教育的和谐度。要想实现高校教师爱国主义教育评价的科学合理性，需要确立好评价向度，这些向度构成观测教师爱国主义教育亲和力的基本指标维度。

第一，重视爱国主义教育内容的共享度。爱国主义教育内容应当从大学生的实际出发，结合大学生的特点进行设计。教师设计的爱国主义教育内容是否能够有效地为大学生所共享，这是教师在爱国主义教育亲和力方面的重要表征。在评价过程中，要把爱国主义教育内容的共享度作为一个维度进行测评，因为共享度体现了教育者和受教育者之间的共同兴趣点的契合情况。如果爱国主义教育内容基于共有的社会语境和思想文化背景，那么该教师设计的爱国主义教育内容便是具有亲和力的，反之，则不具有亲和力。第二，强调爱国主义教育感受的共情度。亲和力从本质上来说，是教育者和受教育者之间的情感共鸣，当主客体之间形成情感一体化、共情式的生命关联体，则能有效提升亲和力。要把教师共情度情况纳入爱国主义教育评价体系之中，考察爱国主义教育工作者在教育内容传递过程中实现主客体对接、交流、交往的情况，考察相互感知、共同感受度情况。当然共情度的评价可能更多地需要评价者以主观的形式来感受，表达学生对教师实施爱国主义教育在情感层面的接纳情况。第三，关注爱国主义教育时机的精准度。教师的爱国主义教育亲和力与其切入爱国主义教育的时机密切关联，良好的亲和力必然具有良好的切入时机。评价教师的亲和力需要关注该教师对于爱国主义教育时机的精准度把握，把该维度作为评价的主要方面之一。该评价维度在实施时可能具有一定的条件，判断一个教师开展爱国主义教育的时机，需要评价者熟悉思想政治教育工作并且能够观察该教师的爱国主义教育过程。尽管有一定困难，但是该方式能够较为科学地反映教师的亲和力情况，也为评价教师亲和力提供了一个维度。第四，考察爱国主义教育手段的适恰度。教师开展爱国主义教育必定以一定的方式和手段展开，方式和手段的选择不同，教师所展现出的亲和力情况也必然有所不同。把教育手段作为教育评价的内容，从中可以看出教师在爱国主义教育上所花的心思与精力。那些不断试图创新教育手段并取得良好教育效果的教师，在亲和力方面往往更胜一筹。当然，这种评价方式并不是指教学方法新颖就一定好，关键是看教育方式和手段与该教师的匹配度。例如，有的教师具有较好的语言天赋，适合以演讲或者讲课形式开展爱国主义教育，这种方法与这样的教师具有较高契合度，爱国主义教育也容易产生亲和力。如果有的教师不善于使用新媒体开展爱国主义教育，那么片面追求教育手段现代化，也不一定能达到预期效果，相应地，亲和力可能会有所减弱。因此，把爱国主义教育手段纳入评价指标，关键还要看教师与教育方法的契合情况。

2. 把爱国主义教育效果作为衡量教师亲和力的重要标准

教育评价，是指根据教育理念或者教育目标，通过运用可行的方法手段，在系统收集、分析教育信息的基础上，对教育现象做出相应的价值判断，依据判断结果促进教育决策或者优化教育过程的行为过程。2021 年 3 月 6 日，习近平总书记在看望参加全国政协十三届四中全会的医药卫生界、教育界委员时指出，"要围绕建设高质量教育体系，以教育评价改革为牵引，统筹推进育人方式、办学模式、管理体制、保障机制改革"①。爱国主义教育是高质量教育体系中的反馈系统，要更加注重教师在爱国主义教育中的贡献，激发教师教育潜能，提升教育亲和力，也需要以科学的教育评价为导向，把爱国主义教育效果作为衡量教师亲和力的重要标准。

当前对从事高校德育工作的教师的评价存在一些不良偏向，即对教师的考核评价存在过度量化的情况。如考核爱国主义教育开展情况，衡量的指标如开展爱国主义教育的次数、在何种级别宣传媒体进行过报道、开展爱国主义教育的人数规模、在思政课中接受爱国主义德育的学生数等。这种以"量"为主要考核评价指标的评价体系是必要的，因为如果没有"量"，爱国主义教育的影响力也很难深入人心。然而，如果在教师爱国主义德育工作的考核评价中过分重视"量"，不排除有的教师为了片面追求量化得分而忽视爱国主义教育效果，在这种情况下，教师的亲和力必然大打折扣。

因此，在高校教师有关爱国主义教育的考核中，一方面要重视定量评价，另一方面要重视定性评价。对于后者，主要以教师爱国主义教育效果为评价标准，要对爱国主义教育工作实效、爱国主义教育作用于大学生的

---

① 《把保障人民健康放在优先发展的战略位置　着力构建优质均衡的基本公共教育服务体系》，《人民日报》2021 年 3 月 7 日。

实际情况、爱国主义教育在德育系统内部产生的影响等诸多方面进行评价，比如考察开展爱国主义教育的教师是否把握住了教育的连续性和阶段性的统一；所开展的教育活动、讲授的思政课程中的爱国主义有关内容是否把握住了大学生的思想特点、行为特点以及行为效果；从行为效果维度看，学生的爱国行为是否具有自觉性，在整体上是否促进了大学生整体爱国主义水平与道德素养的提升……只有这些维度的教育评价，才能倒逼教师在开展爱国主义教育工作时，避免应付任务式的教育模式，而是切实从大学生主体需要出发，消除与大学生之间沟通交流的障碍，使学生亲近教师，从而使爱国主义教育有良好效果。因此，以教育效果为导向的评价体系与提升教师亲和力具有良性互动关系。

3. 重视大学生对教师的爱国主义教育评价

高校爱国主义教育对象是大学生，他们对爱国主义教育活动和教师亲和力有最直观的体验，对此有较大发言权与较强判断力。要提升高校教师在爱国主义教育方面的亲和力，需要重视学生的教育评价，通过学生评价反向激励教师致力于提升爱国主义教育亲和力。

重视学生对教师的正式评价。目前很多高校对学生评价教师建立了相应的规章制度和配套测评硬软件，这为学生对教师进行评价提供了良好的外部环境。但是关于爱国主义教育内容的评价一般没有针对性体系，因此，完善学生对教师的评价，可以尝试在现有的评价体系下增加对主要从事爱国主义教育的教师的学生评价体系或模块，这样的尝试是可行且有必要的。在全国高校高度重视思想政治教育的大背景下，重视和优化学生对教师思想政治教育工作评价对提升思想政治教育工作质量与水平是非常重要的。在建立完善指向德育教师的评价体系的基础上，一方面要发挥这种评价优势，另一方面尽量避免学生正式评价的不足之处。这种正式评价方式的优点在于评价参与度较高、样本量大，在学生真实意思表达的基础上，评价数据能够较为科学全面地反映教师受学生欢迎程度以及爱国主义教育的效果。缺点在于，如果学生未能进行真实的意思表达，那么评价结果的参考意义不大。为了尽量避免该情况发生，在评价前，教务或学生工作部门等要做好学生评价教师的引导工作，向学生说明评价工作对学校教育事业以及对学生培养的重要性，使学生能够在真实、客观的基础上对教师进行评价，被测评教师可以查看评价结果。正式评价一般可以利用学校学生评教系统来进行，技术方案相对成熟。此外，相关主管部门包括教育者自身也要重视学生非正式评价。注重运用观察法了解学生对教师的间接评价。通过了解学生的课堂到课率、听课率、发言率，以及教师组织爱国主义活动的学生参与率等间接获取学生对这位教师的评价信息，如果学生参与度高，一般表明教师的爱国主义教育课堂、活动或德育工作具有较高的亲和力，反之则亲和力不高。

无论是正式评价还是非正式评价，评价的指向都要相对细化，在编制网上问卷或访谈提纲时，要能够充分而详细地对涉及教师亲和力的因素和方面进行设计，确保学生的评价结果不只是一个总分的量化，而且应该对子项目如教师的语言魅力、教育魅力、理论功底、教育方式、内容针对性等指标进行评价。只有展开细化评价，教师才能够通过评价结果进行对照并改进以进一步提升教师亲和力。

总而言之，亲和力本身就是评价的范畴，发挥教育评价的作用，不断完善高校爱国主义教育评价机制，有助于教师进一步了解其爱国主义教育活动的效度，分析那些促进或弱化亲和力的因素，及时完善优化爱国主义教育内容、方法、话语等，为提升教师亲和力提供精准对策。

第六章 课程亲和力：优化思政课程与课程思政爱国主义教育功能

课堂是高校开展爱国主义教育的主阵地，课程在高校爱国主义教育中占据主导地位，这里的课程既包括高校思想政治理论课；也包括各类专业课程中承载的爱国主义元素教育，即课程思政。优化高校思政课程和课程思政，提升课程的亲和力，是提升高校爱国主义教育亲和力的重要方面。

一 高校爱国主义教育课程育人价值及亲和力提升原则

在各种教育活动中，课程是最基本、最重要、最稳定的教育要素，是学校爱国主义教育的主要载体，应发挥其在高校爱国主义教育中的作用。本节着重探讨高校爱国主义教育亲和力的课程载体，所探讨的课程载体是从宏观意义上来谈的，包含了教材、教学、教师、教学组织等动静结合的大课程体系概念。

（一）高校爱国主义教育亲和力的课程载体分析

载体最初是作为化学概念来使用的，指的是能够存储或载有其他物质成分的事物。到 20 世纪末，这个概念开始逐步被运用到思想政治教育领域。与化学领域对其使用的含义相似，它作为开展思想政治教育工作活动过程中的介质，常用手段、方法、途径等词语来进行描述，后来就逐渐演变为一个特有的概念——思想政治教育载体。

依据高校爱国主义教育活动的过程，可以将高校爱国主义教育亲和力的载体分为五大类，分别是物质载体、课程载体、精神（文化）载体、管理（制度）载体和传媒载体。其中课程载体是爱国主义教育最基本的载体，爱国主义教育的主要对象是广大青少年。学校是广大青少年聚集的场所，学校理应成为爱国主义教育的主阵地，教师是爱国主义教育的主力军，课程是爱国主义教育的主要载体。

一般来说，课程载体既包括思想政治理论课，也包括其他专业课程、人文素养课程等，即课程思政载体。课程载体有许多突出的特点，比如有相对稳定的载体形式、有明确的教育目标、内容和评价体系。当前，思想政治理论课在高校开展的课程主要有"马克思主义基本原理"、"毛泽东思想和中国特色社会主义理论体系概论"、"中国近现代史纲要"、"思想道德与法治"、"形势与政策"，还包括当前在全国重点马克思主义学院率先开设的"习近平新时代中国特色社会主义思想概论"等课程。[1] 这些都是高校大学生的必修课，是高校教学计划中要求每一位学生都必须掌握的，既是向学生灌输马克思主义基本理论的主要课程，也是帮助他们树立科学的人生观、世界观、政治观、价值观、道德观和法制观等的主要渠道。除了思想政治理论课外，课程载体还有相当一部分属于课程思政内容，教育的基本理念是"教书育人"，但在灌输其他人文素养课程和专业课程知识的同时，也要有意识地将人文素养和科学精神渗透其中，要坚持将爱国主义教育作为主线融入课程。

爱国主义教育课程载体还包括课堂教学内容。课堂教学既是开展高校爱国主义教育最直接的方式，也是高校爱国主义教育亲和力最显著的载体。高校坚持以课程为爱国主义教育载体，就是要发挥好课堂教学的主渠道作用，不同年级的大学生课堂教学内容的针对性是不一样的，因为爱国主义教育有着阶段性、递进性、针对性、层次性和实践性的规律，这也恰是具有亲和力的课堂教学的特点。例如，本科低年级学生和高年级学生、硕士研究生、博士研究生在各类课程中的爱国主义教育内容应有所不同。以课程为育人载体需把握各阶段爱国主义教育特征，结合改革开放新形势

---

[1]　参见刘同舫《高校思想政治理论课的功能及其实现》，《思想理论教育导刊》2021 年第 12 期。

以及学生思想的变化，使课程教学做到以知引人、以情感人，提升学生认知水平，增强学生爱国主义情感。高校通过课程讲授爱国主义教育内容，使爱国主义情感成为广大大学生思想道德建设的基石。因此，抓好课堂教学这个爱国主义教育的主渠道，有助于使爱国主义教育落到实处。课程教学载体除了一般意义上的课堂教学，还包括其他各种各样的辅助教学手段，例如结合爱国主义教育主题，开发不同形式的微课、微视频等教育资源，发挥音乐、美术、书法、舞蹈以及戏剧作品在爱国主义课堂教学中的辅助作用，增强课程教育的亲和力。

依附课程开展爱国主义教育，要注意克服两种倾向：一是把教学过程看作单纯的传授知识的过程，忽视教学的思想性和教育性；二是脱离教学内容，牵强附会。这些都会影响高校爱国主义教育的效果。专业课教学中的爱国主义教育是一种融入性教育，要自然得体、恰到好处。[1] 这就需要教师既有较高的思想理论水平，也有较高的教学技能和教学艺术，以便进一步提升高校爱国主义教育亲和力。

（二）高校爱国主义教育相关课程的育人价值

目前，我国已经进入向着第二个百年奋斗目标奋进的阶段，国家建设不仅着眼于社会进步，还高度重视人的发展。党的十九大报告提出了要培养担当民族复兴大任的时代新人。爱国主义教育相关课程承担了重要的育人价值。

1. 爱国主义教育相关课程明确提出时代新人的爱国主义特质

时代新人需要具备何种素质？时代新人除了要具备一定的知识之外，还要有较高的思想水平、政治觉悟和道德品质。一方面，热爱祖国是时代新人应有的精神风貌。时代新人承担着民族复兴的历史大任，作为新时代的建设者，热爱祖国是时代新人鲜明的精神标识，要使热爱祖国成为当代大学生最亮丽的底色。另一方面，善于爱国是一种能力，是时代新人良好素养的体现。良好素养是立身根本，善于爱国是发展动力。充盈的爱国情怀在大学生的发展中发挥着不可替代的作用。因为爱国是时代新人良好素养的重要组成部分，所以高校要着力培育大学生善于爱国的能力，实现以

---

[1] 参见陈世放等主编《学校爱国主义教育全书》，中国少年儿童出版社，1997，第82页。

知促行和知行互促。

作为培养我国高层次、高素质专门人才的重要阵地，高校承担的使命重大。新时代对我国高校培养人才提出了新要求。我国高校培养的时代新人不仅要适应时代发展的需要，还需要满足先进科学技术与生产力发展的需要。爱国主义是精神动力，高校必须深刻认识到爱国主义教育的基本内涵和重要价值，全面推进爱国主义教育。作为爱国主义教育的主阵地，高校爱国主义教育课程在培养时代新人方面有着重要的作用。爱国主义教育课程是帮助大学生树立世界观、人生观和价值观的重要媒介，它体现了国家意志，传递了社会主义核心价值体系的基本要义。2019 年习近平总书记在学校思想政治理论课教师座谈会上指出，"在大中小学循序渐进、螺旋上升地开设思想政治理论课非常必要，是培养一代又一代社会主义建设者和接班人的重要保障"①。这说明，思想政治理论课在新时代爱国主义教育中能够发挥主阵地的作用，可以大力增强青年大学生新时代爱国主义教育的效果，也凸显了高校爱国主义教育课程的育人价值。

2. 高校爱国主义教育课程为实现中华民族伟大复兴提供精神动力

党的十八大以来，我们进入了奋力实现民族复兴的伟大时代，社会主义的时代新人为实现伟大梦想提供重要的人才支持，高校爱国主义教育课程能够助力培养时代新人实现中华民族伟大复兴。

新时代要继续发挥爱国主义教育课程的育人作用，因为青年的爱国主义情怀强弱直接关系国家事业兴衰。爱国主义教育课程肩负着时代重任，能够帮助大学生树立正确的爱国主义观，助力他们成为时代所需要的爱国主义者，为建设社会主义现代化强国而努力奋斗。具体来说，爱国主义课程通过各形式对大学生开展爱国主义教育，鼓励大学生积极参加社会实践，引导大学生认识到只有将自己的命运与祖国的命运紧密联系在一起，自觉担当国家与民族赋予的历史重任，投身社会主义现代化建设，才能实现自我价值。

3. 高校爱国主义教育课程是落实立德树人根本任务的关键环节

当前，我国正处于全面深化改革的攻坚期，社会矛盾多发，社会问题集中呈现，加之思想文化领域的交流、交融、交锋日渐频繁，意识形态领

---

① 《习近平谈治国理政》第 3 卷，外文出版社，2020，第 329 页。

域的斗争日趋尖锐，西方各种社会思潮加紧对我国进行渗透，高校必须落实好立德树人这一根本任务才能应对多元化社会思潮的冲击。

立德树人以马克思主义的基本立场为出发点，旨在培养德智体美劳全面发展的人。国家建设需要的人才不仅要有渊博的知识，更要有积极健康的爱国主义思想。当前，高校做好立德树人工作的关键就是要在大学生中进一步弘扬社会主义核心价值观，而爱国主义教育相关课程就是阐释社会主义核心价值观的重要载体。

首先，爱国主义教育相关课程能够从国家、社会和公民三个不同层面阐释社会主义核心价值观的深刻内涵，引导大学生在成长成才过程中树立正确的爱国主义观和社会主义核心价值观。爱国主义教育相关课程所承担的育人功能关系到大学生个人的发展、社会的稳定以及国家的富强。其次，爱国主义教育相关课程所承载的爱国主义教育因素引导学生把社会主义核心价值观作为凝心聚力的精神纽带。爱国是社会主义核心价值观的基本内容，也是实现中国梦的动力源泉，大学生爱国精神的塑造养成离不开高校爱国主义教育。再次，爱国主义教育相关课程有助于大学生从中国的历史中汲取爱国主义的养分，培育和践行社会主义核心价值观，培养大学生热爱祖国的情感。无论是思政课程中的"纲要"、"概论"还是其他人文类课程，都应注重向学生展现光辉灿烂的中华文明。近代中国虽历经磨难却绵延坚韧，离不开一代又一代人的奋起抗争。新中国从站起来到富起来再到强起来的伟大进步，同样需要青年一代传承好热爱祖国的传统美德。大学生可以从各类课程中感受到爱国主义以及社会主义核心价值观的历史逻辑。最后，爱国主义教育相关课程的实践价值取向，能够将立德树人工作做细做实。爱国主义教育课程的最终落脚点，就是要通过实践促进大学生"知情意行"相互转化，将思想政治教育的说教转化为大学生自身行动，使大学生在行动中强化对社会主义核心价值观的认知与认同。

4. 高校爱国主义教育课程有助于促进大学生全面发展

大学生要健康成长成才，这是素质教育的基本目标，也是高校各门课程的基本育人方向，与高校的社会主义办学方向是一致的，爱国主义教育课程的目标具有社会主义性质，是培养社会主义现代化国家建设者。

当前，虽然我国取得了举世瞩目的成就，但是发展仍不充分不平衡，不能完全满足人们对美好生活的需要。社会的和谐稳定、国家的持续发展需要一大批高素质、高技能人才的支持，高校肩负着培养人才的重任。高校课程育人功能任重而道远，课程建设绝不能偏离高校爱国主义教育的社会主义方向，也不能褪去高校爱国主义教育底色，要使培育"又红又专"时代新人的工作始终成为高校课程的使命与担当。

发挥高校课程在爱国主义教育方面的亲和力有助于大学生充分认识到国家民族发展是靠爱国者的奋斗实现的，个人的幸福美好生活是靠自己的努力实现的，进而增强家国情怀，实现全面发展。而新时代高校爱国主义教育能够助力大学生全面发展，不仅注重他们知识水平、实践能力的提升，也注重其道德品质的提升。新时代高校爱国主义教育相关课程能够激发大学生的爱国热情，助力他们在为美好生活奋斗时充分释放自身力量、展现创新能力、实现各自梦想，在成就自己和奉献社会中成长为一个更完整的人。高校爱国主义教育相关课程不仅能够让大学生的爱国体验在实践上得以延展，而且能够使他们将爱国主义情怀形成精神积淀，通过教材引导、课堂教学、课后实践，让大学生实现爱国主义知识的内化、爱国情感的升华以及爱国能力的增强，使他们在走出校园、走进社会后依然能够具有崇高的爱国观，实现爱国主义在时间上的延续效应。

（三）提升高校爱国主义教育课程亲和力的基本原则

提升高校爱国主义教育课程亲和力要把握好以下三个原则。

1. 坚持原则性与开放性相统一的原则

原则性与开放性相统一是提升高校爱国主义教育课程亲和力首先要把握的原则。中国共产党向来是原则性与开放性的统一论者，党领导下的爱国主义教育也应坚持这一原则。

"所谓的原则性，是指对于必须坚持的原则，持以明确而坚定的态度。"[1] 在提升高校爱国主义教育课程亲和力过程中坚持原则性，就是说，不能一味地追求课堂的趣味性，不能一味地迎合学生而丢掉了课程思政或思政课程最根本的内核。这个原则性就是要坚持四项基本原则，课程的内容要符合党和国家的大政方针，要有很高的政治站位，始终在政治上与党中央保持高度一致，课程建设要始终做到有利于社会主义社会建设、有利

---

① 邓艳葵：《民族院校大学生爱国主义教育研究》，广西人民出版社，2013，第102页。

于凝聚奋进中国梦的强大力量。当然，除了体现政治性原则外，还要符合学校的办学宗旨，体现学校特色，这是确保中国高校多元性的一个方面。提升高校爱国主义教育课程亲和力只有把握好原则性，才不会偏离正确的方向。

原则性和开放性是相对的，它们是对立统一的，但二者是紧密联系的。谈到原则性则必须谈到开放性。从爱国主义教育课程亲和力来看，如果离开开放性来谈爱国主义教育原则性，那么爱国主义教育相关课程将是非常枯燥和没有实际内容的，课程思政中的爱国主义元素或思政课程的爱国主义内容将变得非常空洞，将无"亲和力"可言。因此，在把握好原则性的同时，也要把握好开放性。爱国主义教育课程亲和力的开放性，是指爱国主义教育相关课程在贯彻执行党的基本路线、方针和政策时，针对具体的问题、具体的情况，进行具体的分析、判断，采取针对性强、实效性强的爱国主义教育课程内容、授课方式或实践方式等。提升高校爱国主义教育课程亲和力要把握开放性，主要是要针对爱国主义教育对象特殊、教育环境特殊、教育过程特殊的情况，选择符合大学生身心发展规律的爱国主义教育内容。在提升课程亲和力的过程中，要注意把握好原则性与开放性相统一的原则，爱国主义教育才不会偏离社会主义的方向，也不会显得古板与生硬。

2. 坚持继承性与创新性相统一的原则

继承性与创新性相统一的原则是提升高校爱国主义教育课程亲和力应把握的方法性原则。继承性与创新性是指在提升高校爱国主义教育课程亲和力时，一方面要传承传统的、优秀的爱国主义教育内容，使爱国主义教育有说服力，使学生更好地接受。另一方面，作为课程，在呈现过程中，它又融入新时代要求的、崭新的爱国主义教育内容，体现课程能做到与时俱进，契合了当代大学生的特征，有助于以大学生喜闻乐见的形式来展现爱国主义。

具体来说，爱国主义作为一种意识形态，其内容是一定的社会经济和政治的反映。我们在提升高校爱国主义教育课程亲和力时，必须注重将中国各个时期凝练而成的爱国主义内容整合进去。近代中国，中华民族所表现出来的爱国主义表现为救亡图存与拯救中华民族的责任感。新中国成立之后，爱国主义又表现为在中国共产党领导下，中国人民为建设社会主义而努力奋斗。进入新时代，爱国主义又增加了崭新的内容，即为实现中华民族伟大复兴的中国梦而奋斗的志向与实践。除此之外，还应在课程中融入全球化时代维护国家主权的教育内容，使学生充分地认识到国家主权的神圣性、绝对性、不可侵犯性和不可动摇性，要始终以国家利益、民族利益为最高利益，引导广大青年大学生牢固树立国家主权意识。注重课程中爱国主义元素和内容的继承性与创新性，能够让学生厘清爱国主义的历史脉络，增强对课程中爱国主义元素的认同。

坚持课程的继承性与创新性，还有另外一层含义。经过多年探索与实践，尤其是党的十八大以来，高校爱国主义教育相关课程已经逐步形成了统一而又不乏特色的教育内容和教材，我们在提升高校爱国主义教育课程亲和力时，要继承在课程建设中形成的好的经验和做法。当然，在继承的同时，要不断创新，这种创新包括对旧的高校爱国主义教育体例的创新，也包括对教育内容的创新。只有这样，才能整合出既符合时代要求又符合大学生发展需要的一套崭新的爱国主义教育内容体系，促使高校爱国主义教育取得更大的成效。总之，提升高校爱国主义教育课程亲和力要坚持继承性与创新性相统一，既不固守"本本"，也不完全脱离"本本"。

3. 坚持连续性与分类性相统一的原则

高校爱国主义教育工作是全社会爱国主义教育工作中的重要环节，从横向上看，它和部队的爱国主义教育工作、农村的爱国主义教育工作、街道社区的爱国主义教育工作以及机关事业单位的爱国主义教育工作共同构成了我国爱国主义教育工作的系统工程；从纵向上看，它又和中小学爱国主义教育工作形成持续发展的序列。

因此，高校爱国主义教育课程要提升亲和力，需要关注我国高校爱国主义教育在全社会爱国主义教育体系中的方位和作用，需要在横向和纵向上注意与各类爱国主义教育的关联。一方面，高校爱国主义教育课程要注重连续性，课程教学内容的设置要能够与横向、纵向的内容相互衔接。高校爱国主义教育课程要衔接大学以前学段的爱国主义教育，让学生能够感受到爱国主义教育的循序渐进性，这样，大学生对于爱国主义教育会具有较高的接受度；同时，高校爱国主义教育课程还应和其他领域的爱国主义教育相衔接，例如高校人文社会科学类课程需要涉及关于农村、街道社区、机关事业单位思想政治教育工作类的知识，以便大学生能够融入整个社会的爱国主义教育大环境之中。另一方面，高校爱国主义教育课程还要坚持分类性原则。高校爱国主义教育课程的分类性原则要体现高校特色，针对高校学生、教育环境、教育主题而设置爱国主义教育课程。分类性还体现在课程设置要体现不同年级、不同专业、不同特点的教育对象的差异性，坚持把提升爱国主义教育效果作为目标。只有将连续性与分类性相统一，课程才更有助于提升爱国主义教育亲和力。

二 提升高校思想政治理论课爱国主义教育亲和力的路径探析

高校的思想政治教育工作关系到我国高校培养什么样的人、如何培养人以及为谁培养人这个根本问题。为了进一步做好高校立德树人工作，我国高校目前所开设的思想政治理论课程较多，具体包括"马克思主义基本原理"、"毛泽东思想和中国特色社会主义理论体系概论"、"中国近现代史纲要"、"思想道德与法治"、"形势与政策"等（前四门课程以下分别简称"原理""概论""纲要""德法"），这些课程蕴含着极为丰富的爱国主义教育的内容，是可以充分挖掘和利用的教学资源。提升高校思想政治理论课爱国主义教育亲和力是增强高校爱国主义教育实效性的重要依托和有力抓手。要提升高校爱国主义教育课程亲和力，首先就要提升思想政治理论课的爱国主义教育亲和力。

（一）提升高校思想政治理论课爱国主义教育内容的亲和力

高校思想政治理论课程众多，要提升思想政治理论课爱国主义教育内容亲和力，各高校思政课教学单位应加强对思想政治理论课教学内容的统筹安排。各门课程可以有侧重点地安排有关教学内容，结合课程特点，有针对性地开展适合本课程的爱国主义教育内容。如果所有课程没有经过统筹安排，不仅内容可能会有所重复，从而降低学生的学习积极性，而且有的理论可能会讲不透，最终降低爱国主义教育内容的亲和力。要想提升各主要思政课程在爱国主义教育内容上的亲和力，就要充分发挥思政课教学主管单位的统筹协调功能，积极开展集体备课，就爱国主义教育融入各门思政课展开研讨，从而确立各门思政课爱国主义教育的侧重点。下面着重结合高校的主要思政课程来探讨如何提升爱国主义教育的针对性和亲和力。

第一，从学理层面入手，提升"原理"课程爱国主义教育内容的亲和力。这门课程主要由三个部分内容构成：马克思主义哲学、马克思主义政治经济学以及科学社会主义。主要讲授世界的物质性及发展规律、实践与认识及其发展规律、人类社会及其发展规律、资本主义的本质及其规律、资本主义的发展及其趋势、社会主义的发展及其规律、共产主义崇高理想及其最终实现等内容。要提升"原理"课程中关于爱国主义教育内容的针对性，重点就是要把握共产主义是人类最崇高的社会理想这一内容。社会主义经过长期的发展，在高度发达的基础上，将最终走向共产主义社会。要引导大学生在这门课程的学习过程中端正思想观念，使他们掌握历史客观发展规律，树立中国特色社会主义共同理想以及共产主义远大理想，从自我做起，从现在做起，在追求崇高理想的过程中实现大学生的自我价值和社会价值。"原理"课程要使学生认识到爱国要做到爱社会主义，教师在讲解过程中，要从马克思主义基本理论出发，实现"理论亲和"，做到"以理服人"。教师要充分运用"原理"有关知识，深入探讨"两个决不会"之间存在的内在关系，让学生认识到"两个必然"和"两个决不会"实际上就是全面阐述资本主义必然灭亡以及共产主义必然胜利的过程。其中前者强调，不管是资本主义灭亡还是共产主义最终赢得胜利，这都具有客观必然性，是根本的方面；而后者讲的是这种必然性实现的时间和条件，它强调出现"两个必然"需要有相应的客观条件提供支撑作用，只有具备这些条件，"两个必然"才会转化为现实。通过学习有关内容，大学生会明白共产主义与爱国主义之间并不矛盾，爱国主义会为实现共产主义创造相应的条件。

第二，从理论自信角度出发，提升"概论"课程爱国主义教育内容的亲和力。这门课程能够帮助大学生坚定理想信念和爱国主义情怀，树立正确的爱国观。"概论"课程全方位阐述毛泽东思想和中国特色社会主义理论体系的内涵、所处的历史地位以及具有的指导意义，内容全面且丰富。习近平新时代中国特色社会主义思想是 2021 年版"概论"课程的重要内容，而这部分内容是新时代高校爱国主义教育的基本遵循。《新时代爱国主义教育实施纲要》在爱国主义教育基本内容中明确规定，要"坚持用习近平新时代中国特色社会主义思想武装全党、教育人民"，切实"把学习教育成果转化为爱国报国的实际行动"①。这门课程有助于学生坚定马克思主义立场，掌握运用马克思主义理论解决问题的方法，从而积极投身中华民族伟大复兴的实践。

提升"概论"课程爱国主义教育内容亲和力，从宏观层面讲，就是要使学生理解在中国共产党的领导下，中国是如何实现从站起来到富起来再到强起来的伟大飞跃的，就是要让学生认识到爱国主义要做到爱国和爱党、爱社会主义的有机统一。从微观层面讲，一是要把民主革命的胜利与爱国主义结合在一起，让学生认识到，爱国主义就是要推翻帝国主义、封建主义和官僚资本主义；二是要使学生认识到，新中国成立后，爱国主义表现为完成从新民主主义向社会主义的转变，确立社会主义制度；三是要让学生认识到，邓小平理论、"三个代表"重要思想以及科学发展观在中国社会主义现代化建设中发挥了重要的理论指导作用；四是要让学生认识到，习近平新时代中国特色社会主义思想体现了爱国主义与中华民族伟大复兴的高度关联，爱国主义在新时代就是为了建设一个社会主义的现代化强国。"概论"课程与爱国主义具有很高契合度，要提升亲和力必须将爱国主义教育贯穿课程讲授的全过程。

第三，从历史逻辑展开，提升"纲要"课程爱国主义教育内容的亲和力。爱国主义精神并不是在历史的某一阶段突然形成的，而是在中华民族历史发展中逐步积累并慢慢发展形成的，这是一个漫长的历史过程。教师通过开展中国历史尤其是近现代史教育，引导大学生深入了解中华民族自强不息的发展历程，了解中华民族在推动人类文明发展进步方面做出的重大贡献，感受中华民族面对外来侵略和压迫而勇于反抗的精神，尤其要理解党领导中国人民冲破重重困难取得伟大成就的艰辛和不易。

提升"纲要"课程爱国主义教育内容的亲和力要重点通过历史的逻辑廓清爱国主线脉络，让学生认识到，在中国共产党成立之后，中国革命面貌焕然一新，我们党提出一系列正确的路线、方针、政策，领导中国革命取得了胜利，谱写了中华民族发展史的新篇章。

---

① 《新时代爱国主义教育实施纲要》，人民出版社，2019，第4、5页。

第四，从爱国情怀入手，提升"德法"课程爱国主义教育内容的亲和力。中华民族通过不断积累和沉淀，形成极具生命力的优秀传统文化。中华优秀传统文化在内容方面博大精深，包含诸多学科成就及丰富的民族精神等，孕育了诸多杰出的军事家、政治家及思想家等，留下了丰富的文物史迹及文化典籍。在开展爱国主义教育时，要充分运用这笔丰厚的文化遗产资源，使它们的价值和作用得以体现。"德法"课程立足于社会发展实际，有助于培养并提升大学生思想道德素质，帮助大学生掌握法律基础知识，使他们具有高尚的道德品质及完善的人格，并成为社会主义合格的建设者和接班人，教材中专门有一章内容谈到了"继承优良传统　弘扬中国精神"。

提升"德法"课程爱国主义教育内容的亲和力重点要以情怀教育为主线，通过情感感化，增强学生的爱国主义情感。要引导学生把握做新时代的忠诚爱国者这一内容，教育大学生做到爱国和爱党、爱社会主义相统一，并将之体现在实现中华民族伟大复兴的过程之中，让学生理解在不同历史条件下所形成的爱国主义具有不同的内涵和特点。爱国主义的丰富性和生命力，正是通过它的历史性和现实性来表现的。其中，在新民主主义革命时期，爱国主义体现为在党的领导下推翻"三座大山"，建立了欣欣向荣的新中国，为实现中华民族站起来而奋斗；在社会主义革命、建设、改革时期，爱国主义内涵出现相应调整，即体现为在党正确领导下建立和巩固社会主义基本制度，坚持社会主义初级阶段基本路线，赋予社会主义制度以强大的生命力和活力，为实现中华民族富起来而奋斗。在中国特色社会主义新时代，爱国主义主要表现为在党的领导下全面建成小康社会，团结各族人民共同踏上全面建设社会主义现代化国家新征程，为实现中华民族强起来而奋斗。总之，提升"德法"课程爱国主义教育内容亲和力，就是要以爱国情怀为主线，以情感感化大学生，做到以情服人。

第五，以生动现实为依托，提升"形势与政策"课程爱国主义教育内容的亲和力。"形势与政策"课程在爱国主义教育方面具有非常鲜明的时代性，因此，提升"形势与政策"教育内容的亲和力要重点把握时效性。要做到根据社会发展及时更新爱国主义教育相关素材，充分发挥课程时效性特点，梳理国内外发展趋势，并注重经常与学生进行沟通与交流，促进爱国主义精神的有效传承。"形势与政策"课程教学内容更新速度快，且涉及内容广泛，涉及各方面、各领域相关知识，该课程有极为丰富的爱国主义教育素材，因此寻找新素材不仅重要而且极有必要。因此，要在这一基础上实现爱国主义教育创新，推动爱国主义教育实现健康发展。教育部每年都会更新"形势与政策"课程的教学要点，各高校在进行该课程集体备课活动时，要注重以此为主要参考。通过学习"形势与政策"课程，大学生可以了解当前国国外发展形势，增强民族自信，激发民族自豪感。

（二）提升高校思想政治理论课教学方法的亲和力

2020 年 12 月，中宣部和教育部联合颁布的《新时代学校思想政治理论课改革创新实施方案》明确提出了新时代思政课改革要求，指出要"创新教学方法，推动思政课在改进中加强、在创新中提高"①。教学方法是提升思想政治理论课亲和力的重要载体，高校思想政治理论课爱国主义教育亲和力的诸多特征和功能决定了教师在选取和运用教学方法时要具有针对性。换言之，要注重结合爱国主义教育规律来选择相应的教学方法，只有这样，才能真正提升教学方法的亲和力。具有亲和力的教学方法能够激发学生兴趣，让师生同向同行。

首先，要接轨信息化时代，尝试混合式教学法。信息化时代的到来对教学方法提出了新的挑战。当前越来越多的"00 后"大学生成为信息化时代的"低头族"，如何让大学生在课堂上"抬起头"，或者让大学生有效"低头"，新时代爱国主义教育如果过不了网络关就过不了时代关。混合式教学法为高校思政课提升爱国主义教育亲和力提供了一条有效的实践路径。

混合式教学法是在信息化背景下对教学方法的新尝试，该方法是利用网络信息技术，把线上教学和线下教学联系起来。混合式教学法并不是完全摒弃传统的教学方法，而是实现两种形式的互补与相互促进。采用这种教学方法来开展思政课教学，有助于挖掘"00 后"大学生的爱国主义教育痛点，提高思政课在爱国主义教育方面的实效性，提升爱国主义教育的亲和力。高校思政课在开展爱国主义教育时，可以充分利用线上教学优势，

---

① 《中共中央宣传部 教育部关于印发〈新时代学校思想政治理论课改革创新实施方案〉的通知》，中国政府网，2021 年 1 月 1 日，http://www.gov.cn/zhengce/zhengceku/2021-01/01/content_5576046.htm。

赋予学生灵活的学习时间，及时巩固学习成果，让学生充分利用网络资源，在电脑或者手机终端按照思政课预先设定的教育目标和教学任务，自主学习或查找有关的爱国主义教育内容，在自主线上学习中增强学生爱国主义自我教育的能力。在充分的线上学习后，再回到课堂开展线下教学。线上教学不是对传统课堂的复制，而是针对线上学习的遗漏、存在的疑惑等回到课堂进行集中讲解。例如，对于爱国主义的内涵，教师可以结合线上学习内容进行补充；对于学生关于爱国主义存在的一些疑惑，可以通过师生交流研讨的方式，引导学生开展思辨活动。混合式教学法中的线下教学与普通课堂教学的区别之一就在于能否带着问题开展线下教学。这种问题导向的、连接线上的爱国主义教育方法能够充分调动学生的爱国主义学习热情。这种重视学生爱国主义学习主动性的教学方式能够使学生对爱国主义教育讨论话题保持较长时间的学习兴趣。爱国主义教育采取混合式教学法的关键是要发挥思政课的主导作用，确保线上教学有导向、线下教学有针对性。总之，融入信息化元素的教学方式能够实现思政课的针对性和提升爱国主义教育亲和力的同向同行。

其次，寻找教学的切入点，开展渗透式教学。在思政课中，教师使用渗透式教学方法进行爱国主义教育，就是以思政课的知识为中心，围绕专业知识挖掘爱国主义教育元素。思政课教师通过言传身教的方式开展爱国主义教育，具有潜移默化的教育效果，是一种具有高度亲和力的教育方式。开展渗透式教学，对教师的教学基本功要求较高，需要教师熟悉爱国主义教育的基本理论、经典案例，能够在思政课的相关知识点讲解中非常顺畅地切入爱国主义教育有关内容。要着重把握以下两点：一是能够在思政课中全程渗透爱国主义教育宗旨。目前高校的思政课教学内容中都有直接或间接的爱国主义教育内容，思政课教师要在讲课的全过程中渗透爱国主义教育的理念，使爱国主义常讲常新，让学生感受到思政课中融入的爱国主义情怀。二是要善于营造真情实感的教学氛围。教师可采用多种形式的课堂模式如实景教学等，有条件的可以开展 VR 教学，以身边的经典案例启发学生，以学生喜闻乐见的方式和语言感化学生，以身临其境的实境体验锻造学生。因此，渗透式教学可以在理论课程中走进学生的生活、解答学生的疑惑，使学生在高深的思想政治理论课中找到典型案例，辨识爱国主义教育环境，厚植爱国主义观念，深切感受到爱国主义教育的亲和力。

最后，注重学生切身感受，用好叙事教学法。叙事教学法不同于为讲故事而讲故事，一般是将客观发生的事情、真实体验、主观阐释等方面融于一体，以叙事的方式对知识进行讲解。思政课教师采用叙事教学法进行爱国主义教育，指的是把爱国主义教育素材以语言或者其他形式展现出来，渲染一个逼真的情境让学生能够融入情境，感同身受，以激发内心的真实情感，从而让爱国主义教育不局限于空洞的理论说教，体现爱国主义教育的亲和力。用好叙事教学法，在思政课中进行爱国主义教育，需要教师平时就做好教学素材的积累。这些素材一般是真实发生的事件。教师在叙述爱国主义教育案例时，要坚持以爱国主义情感为主要线索，应掌握描述案例的技巧，把握讲述的艺术，使叙事内容达到跌宕起伏、扣人心弦的效果，使学生在听课时产生身临其境之感，让学生顺利进入角色，唤醒学生内心的情感体验，激发学生的爱国主义情感。因此，在思政课中教师采用叙事教学法的主要目的不是教师的自我沉浸，而是让学生融入爱国主义教育情景中；不是让学生仅仅停留在理论层面，而是更加具体地认同并在实践层面践行爱国主义。

提升爱国主义教育亲和力，运用好教学方法很关键。爱国主义教育内容是多种多样的，思政课教师要把爱国主义教育内容通过恰当的教学方法体现出来，传授给学生，让学生欣然接受，使思政课具有感染力，从而提升爱国主义教育亲和力。

（三）提升高校思想政治理论课教师的亲和力

"亲其师，信其道，践其行"，讲的是具有亲和力的教师对学生的影响。教师是最重要的教学主体，思政课的育人作用离不开思政课教师。课程的亲和力有赖于思政课教师的亲和力，因此，提升思想政治理论课教师的亲和力是实现课程亲和力、最终实现爱国主义教育亲和力的重要一环。思政课教师的主要任务不仅是向学生传授爱国主义的基本知识，而且肩负着更为重要的"立德树人"的重要使命，传播好爱国主义是立德树人的主要内容之一。提升思政课教师亲和力的主要目的在于激发学生学习爱国主义知识的动力，增强学生的爱国主义热情，更重要的是引起学生的情感认同，进而形成科学的世界观、人生观、价值观。如何提升思政课教师亲和力，让学生亲近教师、信任教师、认同教师，切实增强爱国主义教育的实效？这是摆在思政课教师面前的一个全新课题和全面挑战。

1. 要提升思政课教师的职业修养

思政课教师是马克思主义的坚定信仰者，是理想信念的播种者，是立德树人工作的坚实践行者。思政课教师崇高的职业修养能够自然流露出职业的亲和力。从思政课的爱国主义教育作用方面来看，要提升思政课教师的职业修养首先要加强马克思主义素养。认真学习马克思主义经典著作，尤其是要学习好习近平新时代中国特色社会主义思想，真正掌握马克思主义理论的精髓，从马克思主义理论中汲取爱国主义养分，用经典涵养正气，淬炼爱国主义思想，在爱国主义教育中做到深入浅出、游刃有余。其次，思政课教师要切实履行爱国主义教育主体责任，要有担当精神。思政课教师要把自身的亲和力体现在爱国主义教育过程中，体现在对教学目标的理解、对教学内容的优化、对教学方法的完善等方面，努力成为符合新时代要求的思想政治理论课教师。最后，思政课教师要有爱国主义教育的创新素养。世界发展日新月异，大学生对新时代思政课的诉求也层出不穷，面对大学生群体的各种思想观念多元化发展现状，如果高校思政课教学仍沿用陈旧的知识、僵化的模式、刻板的表达，教师亲和力就无从谈起。思政课教学要求教师做到"因事而化、因时而进、因势而新"，提升爱国主义教育亲和力才能增强说服力。

2. 坚持"以生为本"的教育理念

"以生为本"的教育理念是在传统的人本主义教学理念基础上发展而来的，具体包括"以学生的学为本"和"以学生的发展为本"两个方面。在爱国主义教育方面，学生的"学"主要是从爱国主义的知识体系层面来谈的；学生的"发展"则主要是从爱国主义的情感层面来谈的。思政课教师在发挥爱国主义教育育人功能时，要想切实从学生的这两个方面的内在要求出发提升爱国主义教育亲和力，就需要在教学过程中严格保障学生的权益，促进学生的发展，关注学生在知识储备方面及德育方面的成长成才，为学生提供一个平等、自由、创新的思政课学习环境，促进学生个性的自由发展与学生素质的全面发展。思政课教师需要紧跟时代发展的步伐，摒弃落后的教学思想和教学理念，更新教学思维，把"以生为本"理念作为开展爱国主义教育的重要理念，将"以生为本"理念运用到思想政治理论课的教学过程中，这是提高思政课教师亲和力的必然要求。

3. 不断完善自身的教学艺术水平

衡量一个教师教学方法是否具有亲和力，主要标准要看教师教学方法是否与学生认识水平及思想实际相适应，是否能够围绕"教学目标""教学内容""学生"开展教学。当代大学生喜欢能让课堂气氛活跃、教学方法充满趣味性的思政课教师。思政课教师要提升教学艺术，就要善用教学技巧，注重爱国主义理论讲授与实践相结合，运用启发式、讨论式、辩论式教学方式，引导学生站在马克思主义的立场上审视社会主义语境下如何坚持爱国主义的问题。另外，还要善于因材施教。思政课一般是面向所有大学生开设的公共课，要讲究分层教学艺术。如文科学生的马克思主义理论知识相对较强，教师在讲授爱国主义时可以侧重从学理层面讲解与分析。而理工科学生的马克思主义理论知识相对薄弱，教师就要强化实践育人的作用，发挥理工科学生在实践能力方面的优势，让他们在实践中不断增强爱国主义情感。此外，还可以通过案例、音视频的运用来激发理工科学生对爱国主义教育内容的学习兴趣。

三 提升高校课程思政爱国主义教育亲和力的路径探析

新时代以来，我国高校为进一步加强大学生思想政治教育工作，提出要加强和改进高校思想政治理论课，与此同时，其他各类课程也要起到思政育人的作用，在此背景下，我国高校强调其他各类课程与思想政治理论课程相向而行。爱国主义教育工作是高校思想政治教育的重要内容，注重发挥两种类别课程的育人作用是推进高校爱国主义教育工作的重要内容。提升高校课程思政爱国主义教育亲和力要从提升高校课程思政教学内容、教学方法、教学人员、教学环境四个方面的亲和力入手，进而形成合力，提升育人实效。

（一）发挥好课程思政教学内容特有的亲和力优势

大学阶段的各门课程对于大学生形成良好的专业素养及价值取向非常重要，在专业课程的教育教学中，价值塑造、知识传授和能力培养三者紧密联系。其中价值塑造包含多方面内容，爱国主义教育是其中的重要内容之一。这些课程内容在解释社会现象或者社会问题时体现了课程内容的社会属性，蕴含着丰富的爱国主义元素。

如何提升课程思政中爱国主义教育内容的亲和力？要充分运用课程的专业性质，找准爱国主义教育的切入点。习近平总书记对如何利用好课程思政有过论述，他指出："要完善课程体系，解决好各类课程和思政课相互配合的问题，鼓励教学名师到思政课堂上讲课。"① 这就对开展课程思政的教师提出了较高要求。要提升课程亲和力，教师必须准确把握和深刻理解教材，充分挖掘各类课程中的爱国主义元素，通过钻研教材，找到爱国主义教育的切入点是基本前提。在此基础上，教师准确领会爱国之情，才能以情带情、以情传情，激发学生的爱国情感。

首先，教师要在思想上重视课程内容的亲和力。高校开设的公共基础课程在拓展学生知识面、培养学生兴趣爱好等方面深受学生的欢迎。这些课程注重培养学生的文化素养，引导学生形成正确的价值观念，它们通过实现人文与科学、语言和艺术的均衡教育，促进学生全面适应社会需要，成为一个全面发展的人。课程内容方面主要包括人文社会科学知识和自然科学知识。高校专业课教师要认识到，这类课程内容一方面表现在知识的传授上；另一方面体现在价值目标上，即"育人"。从某种程度上来讲，它和思政课程的功能具有相似之处，只不过它主要通过普及人文社会科学知识和自然科学知识的方式进行，这样的内容更容易让学生在接受知识时潜移默化地受到课程育人功能的熏陶。

其次，在课程内容中找准爱国主义教育的切入点。要发挥课程思政教学内容的自身优势，例如，在内容方面要进一步开发体现爱国主义的音乐、美术、书法、舞蹈及戏剧作品，加强中华优秀传统文化和当代优秀文化对学生的浸润，在文化的熏陶中加深学生对我国悠久历史及深厚文化的理解，让他们从历史和传统上认同自己的祖国，自觉认同中华民族的文化基因，富有中国心、饱含中国情，厚植爱国主义情怀。理工科类课程也要善于把握爱国主义教育切入点。要以学科要求和专业能力为前提，对这些内容进行组织与筛选，发挥理工科类课程内容的育人功能，把爱国主义的

---

① 《习近平谈治国理政》第 3 卷，外文出版社，2020，第 332 页。

理念与价值融入课程的教学内容之中。例如，在介绍中国科学家取得的成就时，要适时将科学家刻苦奋斗、不屈不挠的精神融入其中；再如，在生物学课程中，可以穿插国情教育，让学生充分认识我国地大物博、动植物种类繁多的资源现状，这些资源为我国人民的生活提供了丰富的物产资源，通过这样的国情教育增强学生的国家自豪感；又如，在实验室安全教育培训中，应当在培训中加入社会主义核心价值观和崇高道德素质教育等方面的内容，这是课程思政对大学生进行爱国主义教育的好题材。

最后，运用课程内容引导学生树立科学精神，增强学生民族自信心，激发学生为国奋斗的内驱力。自然科学类课程内容要从两方面来把握：一方面是这些课程内容本身具有科学性与知识性，与专业要求联系密切；另一方面是这些课程是在社会主义办学方向下开设的，因此要注意在专业知识内容中嵌入爱国主义因素。具体来讲，课程知识以科学精神为内核，要使课程内容具有亲和力就是要通过特色内容引导学生树立科学精神，立足中国实际，放眼世界，让学生了解到中国在改革开放以来所取得的一系列成就，增强文化自信和制度自信。充分发挥课程内容在培育学生爱国主义情感方面的作用，使学生在学习专业知识的过程中树立科技强国、科学报国的观念，努力掌握科学文化知识，为实现中华民族伟大复兴作出自己的贡献。

（二）提升高校课程思政教学方法的亲和力

教学方法涉及的内涵很多，"它规定了我们的教科书、我们的课程计划、我们的教学方式以及我们培训教师如何教学的方式"①。虽然教学有法，但是教无定法。除了具体的教学方法，还有包括教学模式、教育技术载体等要素的创新与组合，它们有助于提高教学效率，并激发学生的学习热情。发挥高校课程思政培育大学生爱国主义情怀的作用，需要在教学方法上下功夫，重点就是要注重课程思政在爱国主义育人功能上的创新，切实使课程所激发的爱国主义情怀深深扎根学生心中。

1. 运用新媒体技术激发学生的课堂参与热情

当前新媒体技术在社会生活的方方面面得到广泛运用，高校课堂运用

---

① 〔美〕小威廉姆·多尔：《超越方法：教学即审美与精神的探求》，杨明全译，《华东师范大学学报》（教育科学版）2003 年第 1 期。

新媒体技术已经成为势不可当的潮流。在"互联网＋"的教学背景下，大学生对新媒体技术比较热衷，他们在信息和知识的接受方面具有图像化、即时化等认知特征。专业课程教师要立足时代，全面了解学情、理解学生，运用具有高度亲和力的教学方法，方能实现爱国主义教育的提质增效。

一方面，教师在课件制作中要善于运用新媒体技术。运用新媒体技术，不仅能够展现优化的课程知识，也能够激发学生接受爱国主义教育的热情。可以将 VR、AR、MR 等技术体现在教学中，让学生有身临其境的感受。另一方面，教师在教学过程中要善于运用新媒体技术。例如，新冠肺炎疫情发生后，清华大学开发的"雨课堂"教学软件在很多高校得到运用。作为一款新型智慧教学软件，它有助于提升高校教学方法亲和力，类似软件在市场上还有很多。教师要善于将这些软件应用到教学中，这样能够有效地实现师生互动，从而及时了解大学生的爱国思想状况。教师在课程讲授中融入爱国主义教育相关话题，通过弹幕、游戏等形式，有助于活跃课堂气氛，增强德育的趣味性。

把新媒体技术娴熟运用于课程的爱国主义教育过程中，要切实把解决学生的思想问题和兴趣爱好结合在一起，实现适应爱国主义教育工作需求与学生接受偏好新诉求的统一，新媒体技术在课程思政中的精准运用有助于推动爱国主义教育形成良好的亲和力。

2. 善于在专业实践中开展爱国主义教育

高校不少专业课程有实践学时，目的是让学生运用所学知识培养动手实践能力和创新精神。提升专业课程的爱国主义教育亲和力，要重视课程的实践教学法，对于有实践学时的课程，要把握好爱国主义的实践契机。实践教学的德育效果往往要比课堂讲授型德育效果要好一些，这种形式是学生普遍乐于接受的。从爱国主义教育的目的来看，爱国主义教育并不是空洞的说教，而是要让学生落实到一言一行中去，使学生在实践中对爱国主义有所知、有所悟、有所得，引导学生把爱国之情、强国之志转化为报国之行。

提升课程实践的亲和力，就是要统筹好课内课外、校内校外的实践资源，教师要尽可能选择有爱国主义教育意义并且与专业课程相关的实践项目，把"读万卷书"与"行万里路"相结合，使学生在专业实验、课程实习、课程创业项目等实践形式中学会运用课内专业知识，体会专业知识应用于社会实践之中对社会某一领域产生的影响。教师通过专业课程的实践环节，结合生动实践适时进行爱国主义教育，使学生获得更强的直观感受。具体来说，他们能够感受到专业课程知识的实用性。作为相关专业的学生，他们在实践中体会到，未来走出校门、走进社会必将能够用自己所学改变世界，这种专业上的成就感会使他们的爱国主义情感更加真切。这样的实践更能使学生感受到，只有将"小我"融入国家的"大我"发展中，才会体现自身价值。

当然，为了发挥课程实践的爱国主义教育亲和力，课程教师在实践前要充分准备好专业课程中渗透爱国主义教育环节内容；在实践中要及时引导学生，激发学生的爱国主义情感；在实践后要善于将知识与爱国主义教育进行适当总结，使爱国主义教育始终浸润在专业实践课程之中，使学生感受到专业知识与爱国主义教育是一个统一整体。

3. 掌握爱国主义教育内容融入专业课堂的具体技巧

上面谈到的两点主要是在宏观操作层面掌握好课程爱国主义教育的基本方法，其实在微观操作层面，如何有技巧地将爱国主义教育内容及时融入专业课程之中，对教学方法提出了更高要求。掌握好课程爱国主义教育的微观操作方法，对提升课程的亲和力是极其重要的。在具体课程中开展爱国主义教育要注意运用以下课堂教学技巧。

第一，以隐性渗透的方式将爱国主义教育内容融入课程。在课程中开展爱国主义教育不能生硬，切不可脱离专业主题而直接融入爱国主义教育，这样做一方面不符合专业课程的主要教学目标；另一方面也会让学生感觉到爱国主义教育的刻意性，从而很难被融入的内容吸引。以隐性渗透的方式将爱国主义教育内容融入课程，就是在课程知识中自然衔接爱国主义教育内容，这就需要教师找准学科知识与爱国主义教育的融合点，在讲授到相关专业知识时，自然而然地将爱国主义教育内容"植入"课堂之中，使学生在不经意间受到教育或熏陶。第二，善用启发式教学方法，启发学生的爱国热情。专业课程中在涉及与爱国主义教育题材有关的内容时，教师可以采用启发式教学方法，引导学生思考中国共产党为什么能、中国特色社会主义为什么好，从而得出马克思主义行的基本结论，让学生理解当代爱国主义的内涵。这种启发式教学方法以学生自主推演的方式得出结论，能够让学生进一步增强爱国主义情感。第三，采用类比关联式教学方法引导学生自然关注爱国主义主题。各专业课程的知识是在人类社会发展演进的基础上形成的，每一种知识背后都有非常经典的为真理而奋斗的故事。在讲解理论、公式的时候，往往会涉及有关该理论形成和发展的重要人物、事件等。专业课教师在讲授这些内容的时候，可以通过类比关联的方式联系中国的著名人物、重要事件等，让学生增强对中国文化、中国科学技术的自信，激发爱国主义热情。

（三）提升高校课程思政教师的亲和力

虽然高校教师各自讲授不同课程，但他们在育人的使命与职责方面是相同的。自古以来，一个优秀的教师不仅是"经师"，也是"人师"。新时代的专任课教师不仅应是"授业""解惑"的老师，也要肩负"传道"的使命。今天的"传道"包括对大学生开展思想政治教育，把爱国主义内容传递给学生。因此，教师是提升课程思政爱国主义育人功能的关键，教师的亲和力决定了爱国主义教育的亲和力。列宁指出："在任何学校里，最重要的是课程的思想政治方向。这个方向由什么来决定呢？完全而且只能由教学人员来决定。"① 中国古代也有"亲其师，信其道"的说法。可见，教师的道德素质、人格魅力、教学技巧等对于爱国主义教育亲和力至关重要。

第一，教师自身具有崇高的家国情怀是提升亲和力的基本前提。高校教师的爱国主义教育亲和力首先源自教师身上所表现出的政治魅力。专业课教师需要通过增强自身政治涵养、塑造家国情怀，方能提高学生爱国主义的自觉性与能力。高校教师除了要提高业务水平，也要增强自己的政治意识。在新时代的背景下，尤其是在当前我国高校高度重视开展课程思政的环境下，高校教师只具有专业基本功素养是远远不够的，必须扮演好思想政治教育者的角色，承担思想政治教育者的职责。在爱国主义教育问题上，任何一位教师都应重视在课程中融入爱国主义教育的重要意义，要增强自身的爱国主义知识储备，涵养家国情怀，树立爱国主义教育意识，坚持做好学生的表率，因为任何成功的教育都离不开教师的言传身教。高校

① 《列宁全集》第45卷，人民出版社，2017，第242页。

专任课教师既要以知识形式储备好爱国主义教育内容，也要以信仰的方式做践行爱国主义的榜样。

在课堂上要坚定政治立场，不散播对党和国家不利的言论，这是最起码的底线，站在党和国家利益的高度为党育人、为国育才。具有政治魅力的高校专任课教师应当从自身涵养的家国情怀中不失时机地利用课程内容，引导学生认同中国共产党，使他们在接受课堂教育的过程中自主接受爱国主义教育的浸润，感受教师的爱国主义情怀，与高校专任课教师形成情感共鸣。在课后，教师在与学生的交往中要做到学为人师、行为世范，要以自身的爱国行动带动学生真正践行爱国主义，从而激发学生树立报效祖国的理想和信念，以教师自身的亲和力实现专业课程知识的传授与爱国主义价值浸润的有机统一。

第二，教师要提升将爱国主义教育融入课程的能力。专业课教师如何有效提升专业课程的爱国主义教育亲和力，取决于教师将爱国主义教育融入课程的基本能力。将爱国主义教育融入课程不能生搬硬套，如果这样，就达不到爱国主义教育效果，有时甚至会适得其反。为此，高校专业课教师提升将爱国主义教育融入课程的能力应注重平时的积累和探索。首先，要明确爱国主义教育的要点，抓住提升亲和力的关键方面，把抽象的爱国主义转化为具体的要求。教师要加强对爱国主义教育要点的把握，避免在课堂开展爱国主义教育时因为随意发挥而偏离主题，出现爱国主义价值引导偏差，从而失去爱国主义教育的基调。其次，要善于把爱国主义教育内容纳入教学体系整体规划。一门课程从导论课到课程结课，一般有几十个课时，在几十个课时中不时穿插爱国主义教育，让学生在接受学科知识的同时，始终有爱国主义"相伴"。为了让学生感受到课程中包含的爱国主义教育亲和力，教师要把爱国主义教育作为一条暗含在专业课程中的线索进行系统规划、深度备课，注重爱国主义教育融入课程系统的连续性，既要防止爱国主义教育主题重复出现，还要注意爱国主义内容的自始至终性，实现爱国主义教育的持久与保温。最后，教师在将爱国主义教育融入课程时要善于掌握技巧，要根据授课专业学生的特点，结合课程性质及其内容选择生动化、生活化、故事化、专业化的爱国主义教育案例，使课程思政的爱国主义元素既有"温度"又不失"深度"。这就需要教师关注本专业、本行业、本领域中的爱国主义榜样和感人事迹，为课程思政积累大量素材，增强课程思政中爱国主义教育的趣味性、感染力，增强专业课程的爱国主义教育话语表达的新颖性。总之，高校要通过提升专业课教师将爱国主义融入课程的能力，使爱国主义教育更加接地气、聚人气。

第三，积极探索"双师课堂"，以新颖性和专业性吸引学生。这里所说的"双师课堂"是指以专业课教师为主导，与思政课教师相互配合进行备课或上课，既确保爱国主义教育内容依附于专业知识，又确保爱国主义教育内容准确性的课程爱国主义教育模式。打造"双师课堂"，增强课程亲和力应注意以下两个方面。一是要坚持专业课教师的主导性。这里所探讨的是专业课程的爱国主义教育亲和力，因此，应该以专业课教师为主导、以专业课程知识的讲授为重点来探索新型课堂模式。如果以思政课教师为主导，或者专业课教师和思政课教师在基于专业课程的"双师课堂"上"平分秋色"，那么会弱化专业课程的基础性地位。同样，专业课教师的主导地位弱化，也会削减自身亲和力。所以，探索"双师课堂"的前提是专业课教师要坚持主导性，这种主导性体现在为整个课程的架构设计的主导性、体现在课程思政的爱国主义育人职责的主导性，以及"双师"配合中的责任主导性。二是要实现"双师课堂"中的教师亲和力，需要专业课教师和思政课教师相互配合，"需要教师重新解构整门课程的理论知识点，找到'思政'与'专业'的契合点，形成逻辑问题链，运用不同的教学策略，让理论知识点精准敲击到学生的共鸣点"[①]。专业课教师要准确把握课程的知识性，切实把知识传授作为专业课程的基础，专业课教师要能够找准可以浸润爱国主义教育的环节，与思政课教师共同探讨爱国主义教育内容的契合度、准确性、生动性，多听取思政课教师的建议。在爱国主义教育的案例选择、内容讲解等方面多向思政课教师请教，使课程思政中的爱国主义教育具有思政课的专业性，使爱国主义教育内容的讲授既有理论深度、又有思想高度，实现两门学科的同频共振、双效合一。这种新型课堂中的专业课教师无论是在形式方面还是在内容方面，都必将受到大学生的欢迎。

[①]　杨秀萍：《课程思政与思政课程协同育人：前提、途径与机制》，《黑龙江高教研究》2021年第12期。

（四）提升高校课程思政教学环境的亲和力

课程思政中的爱国主义教育亲和力的提升也需要教学环境的配合，"注意创设教育情境，优化教育环境，重视学校中有形的物质环境和无形的精神文化环境对学生的陶冶作用，是对学生进行爱国主义教育的一个重要方面"[1]。良好的课程教学环境能够帮助大学生习得专业知识，也能够陶冶大学生的爱国主义情操，增强其爱国主义的信念。要善于提升课程教学环境的亲和力，以校园爱国主义文化主旋律引领课程教学环境的设计，营造积极向上、健康愉悦的文化氛围，对学生的爱国主义思想观念、价值取向产生潜移默化的影响。

提升课程思政教学环境亲和力需要坚持一定的创设原则。首先，要坚持方向性原则，课程思政教学环境中关于爱国主义元素的布置要能够与社会主义的内在要求相一致，要能够体现我国优秀传统文化中的爱国主义元素，不能以狭隘的民族主义来创设课程教学环境。其次，要以整体性推动课程环境的创设，基于课程创设的教学环境不仅要考虑爱国主义教育内容，更要从学生角度出发，创设符合各专业学生身心发展规律的教学环境，做到专业教学与爱国主义教育相协调、环境的美观度与校园整体文化相协调。最后，环境的创设要富有一定的技术性。鉴于学生对视听媒体的偏好，在课程环境创设时要体现媒体的时代性，比如教室内、走廊内的布置可以采用网络化的视频、音频播放技术，及时滚动播放爱国主义教育内容，既契合学生信息接收的特点，也能够增大信息量。当然，具有亲和力的课程教学环境还应当是具有艺术性的，各类课程教学环境中的爱国主义元素可以进行艺术化的处理，以新颖性、独特性来激发学生的好奇心，对教学环境中的内容进行深入剖析，深刻解读爱国主义元素。

具体来说，要重视具有亲和力的教室环境的布置，这是课程教学环境中最为常见的一种环境。良好的教室硬环境的布置对于课程实施具有外在的促进作用。高校的教室如果从使用的专业性方面来看，主要可以分成两大类：一类是通用型开放教室。这类教室面向不同专业，不需要具备特别强的针对性，只要满足一般教学所要求的设备即可。另一类是专业型教

---

[1] 郭海燕主编《爱国主义教育新论》，海潮出版社，1997，第145页。

室，例如用于理工科开展实验的实验室，用于艺术类学生的琴房、舞蹈房等。针对不同功能的教室，爱国主义教育的形式和内容应当有所区别，应有针对性地进行环境布置。在通用型开放教室的墙壁、室外走廊等区域适量布置大家耳熟能详的爱国主义标语，或者张贴有名的爱国英雄的挂画等，以普及化的方式加强教学环境的渲染。当然，在布置的时候也要适度，宣传篇幅不宜太过饱满，要结合教室的其他功能，注意协调性，要有一些留白空间，防止学生在过多的爱国主义教育宣传中感到"压抑"。对专业型教室，在爱国主义教育主题布置上应更加注重亲和力和针对性，因为这些教学场所只对相应专业学生开放，所以，在布置爱国主义有关宣传内容时要体现专业性。例如，要选择与专业有关的爱国主义宣传标语，如果张贴爱国主义人物一般也要以本专业著名的爱国主义人物为首选，这些设计有助于提升爱国主义教育对本专业学生的亲和力。此外，与课程相关的虚拟实验室、虚拟仿真教室等也要注意在场景设计中融入爱国主义元素，可以加入一些人机互动、人人互动的环节。教师通过在虚拟教室中开展情景教学，让学生在接受专业教育的同时沉浸在课程教学环境的场域之中。经过长时间的课程熏陶，学生的爱国主义情怀会厚植心中。

第七章　新媒体亲和力：提升高校新媒体爱国主义教育的亲和力

随着科学技术的快速发展，网络新媒体也进入了新的发展阶段，成为高校大学生结交朋友、交互信息、研讨问题、发表言论、彰显个性的重要平台，这里也是他们抒发爱国之情的重要场域。新媒体的发展与创新也在一定程度上激发、影响青少年的爱国主义情感。高校可以充分利用新媒体简单、便捷、互动的特点，营造出浓厚的新时代爱国主义教育亲和力氛围，为高校爱国主义教育的有序开展奠定良好的基石。

一　爱国主义教育视域下高校新媒体概述

随着新时代的到来，新媒体以其独特的优势快速进入人们的生活，成为人们日常生活中不可或缺的一部分，不仅影响人们的生活方式和思维方式，也成为高校大学生爱国情感凝聚、抒发的重要场域。由此，高校教育者应意识到爱国主义教育阵地已由线下向线上延展。在研究高校新媒体如何提升爱国主义教育亲和力之前，必须对高校新媒体的内涵、特征、分类以及亲和力教育所遇到的机遇与挑战等相关理论进行明确的阐述。

（一）高校新媒体的基本概述

1. 新媒体的基本内涵

新媒体是在现代经济和科学技术不断发展进步中产生的，是时代的产物，要增强高校新媒体在爱国主义教育方面的亲和力，首先需要积极主动地认识、了解何为新媒体信息工具。

　　顾名思义，新媒体是一种新型传播媒介，一方面，它能够起到桥梁作用，连接传播主体和传播客体；另一方面，新媒体具有社会历史性特征，既衍生于传统媒体，又异于传统媒体；既依赖于数字技术，又具有时代特色。"新媒体"一词首次出现于 P. 高尔德马克（P. Goldmark）于 1967 年所写的一份关于开发电子录像（Electronic Video Recording，EVR）商品的报告之中。关于新媒体的形态，P. 高尔德马克也做了诸多表述。目前，虽然国内外专家学者都没有给出权威的"新媒体"定义，但都在理论的研究和实践的探索中从不同层面对其进行了阐述。

　　从国外学术界研究的角度来看，有研究认为新媒体是一种"以数字技术为基础，以网络为载体进行信息传播的媒介"[1]。美国 *On Line* 杂志则认为新媒体是一种以网络、手机等智能设备为基础用于"所有人面向所有人进行的传播"[2] 的媒介。有的学者认为关于新媒体的定义，必须仔细斟酌、慎重选择、综合论述。例如，美国新媒体研究专家凡·克劳思贝（Vin Crosbie）认为新媒体具有普遍性，每一个使用者都能突破时空界限，平等地进行各种信息的交流，进而最大限度地实现信息的共享与利用。

　　从国内学术界研究的角度来看，虽然新媒体的综合研究在我国的起步较晚于西方一些国家，但在国内众多学者的共同努力下，这方面的研究也取得了比较丰硕的成果。宫承波从技术层面对新媒体进行了阐述，认为新媒体相对于旧媒体而言，是一种依托数字技术、互联网技术、移动通信技术等新技术向受众提供信息服务的新兴媒体，具体而言，"是指相对于书信、电话、报刊、广播、电影、电视等传统媒体而言的新媒体"[3]。匡文波从四个层面对新媒体的概念进行了阐述：首先，他认为新媒体是基于数字化的互动而开展运行的；其次，他指出了新媒体的变动性，认为新媒体具有时代特色，与时俱进，在实践中不断丰富与发展；再次，他认为，如果以国家标准为依据，国外已有的媒体范式就不能称为新媒体；最后，他认

①　陶丹、张浩达：《新媒介与网络广告》，科学出版社，2001，第 3 页。
②　方兴东、胡泳：《媒体变革的经济学与社会学——论博客与新媒体的逻辑》，《现代传播》2003 年第 6 期。
③　宫承波主编《新媒体概论》，中国广播电视出版社，2007，第 2 页。

为新媒体以数字化为依托，以网络、卫星等为渠道，以电脑、手机等为终端，服务于传播者和接受者，实现信息的有效互通与交流。[①]

虽然国内外学界对新媒体的概念均进行了深入探讨，但仍未对其作出明确界定。从一般意义上来看，人们通常将能够用来承载、传播和获取信息的载体称为媒体。而新媒体是基于技术创新之上的一种新媒介形态，既是对传统媒体的继承与延展，也是基于数字科技发展的创新与再创造。因此，笔者认为，新媒体是一种基于数字科技的发展创新、为使用者提供信息交流服务、能够作用与反作用于时空环境的动态媒介。高校新媒体则是新媒体在高校的运用，可以是高校自主运行、创设的各类平台，也可以是一些新媒体平台在校园中的广泛运用。总之，高校运用新媒体也包括高校对新媒体的运用、监管等。

2. 高校新媒体的主要特征

随着数字技术的快速发展，以手机、电脑、互联网等为代表的新媒体极快地进入人们的视野，并在潜移默化中改变着人们的生活方式、行为方式以及思维方式等，更是成为大学生群体关注社会、发表言论、彰显个性的重要工具。进一步研究和了解新媒体的特征，有助于深入了解新媒体的优势，对加强高校爱国主义教育媒体亲和力建设具有重要意义。

（1）主体：平等性、自由性

传统媒体所传播的内容一般经由专业人士的信息收集、编写、严格审核等程序之后才能在广播、报刊等媒体上发布，信息发布者具有主动性，内容往往也是根据主体偏好而进行的筛选，接收者只是被动接收信息。而与传统媒体不同的是，新媒体充分发挥了用户的主观能动性，使每一位用户都可以成为信息的传播者和接收者。新媒体也为每位用户提供了相对自由的环境，可以让他们自由发挥所长，发布积极向上的信息，发表自己的观点和意见，用户也可以根据自己的意愿进行自主学习。由此可见，新媒体在高校爱国主义教育中也必然会发挥重要作用，新媒体主体的平等性和自由性在一定程度上激发了大学生爱国主义教育的主体性、自主性和主动性。

（2）内容：海量性、共享性

与传统媒体相比，新媒体具有强大的凝聚能力，能够集中各种优势资

---

① 匡文波：《"新媒体"概念辨析》，《国际新闻界》2008 年第 6 期。

源，是一个具有高内存的信息资源库，可以随时随地为大学生提供其所需要的各种各样的信息。高校大学生可以根据自己的需要，通过新媒体平台自主搜索并获取相关的信息资源；也可以通过贴吧、论坛、微信公众号及微博等平台与志同道合的朋友、学者、师长等进行在线沟通交流，实现信息资源的共享；还可以利用新媒体平台与社会各界人士建立联系，及时有效地共享信息和资源，例如学习强国 App、微信公众号等。可以说，新媒体实现信息共享的基础与前提便是其内容的海量性，因为当前互联网的发展十分迅速，它的储存功能日渐强大，可以满足大学生对各种信息资源的需求。随着信息全球化的发展，新媒体打破了旧有的时空限制，不论是社会热点，还是国家大政方针等，都可以通过各种新媒体平台进行实时共享，进而满足人们对信息资源的需要。

（3）传播：快捷性、隐秘性

与传统媒体相比，新媒体的传播速度非常快，无论是信息的发布者还是信息的接收者，都可以随时随地通过手机、电脑等智能终端发布信息或者搜索到自己所需要的信息资源，打破了信息传播的时空限制，真正实现了跨时间、跨地域传播。新媒体创造出来的是一个源于现实却又异于现实的、能够满足用户频繁沟通交流的巨大虚拟空间。一方面，用户可以选择实名在网络空间中传播信息和交流沟通。例如，高校大学生可以通过腾讯会议、微信、QQ 等媒体平台进行课程的学习、交流与研讨，高校教育者也可以及时对大学生媒体使用情况进行正确引导。另一方面，由于新媒体空间的虚拟性，用户可以隐去自己的真实身份，采用匿名的方式在网络空间与他人进行交流。

（4）语言：诙谐性、生动性

随着新媒体在高校的广泛应用，高校大学生有了新的平台来抒发他们的爱国情怀，与此同时，他们也创造出了一套新的语言方式，掀起了新媒体视域下爱国主义话语的新浪潮。当前，高校大学生自我意识觉醒，国家主人翁意识增强，他们关注国内外时事政治、社会热点等，并通过新网络语言来表达自己的爱国主义情感。无论是爱国语言的"萌化"，还是使用具有冲击力的表情包、图片等表达形式，抑或是使用"草根"辞藻等，都是对爱国主义情感表达方式的创新，语言更加诙谐有趣、生动有力，使新媒体语言更具感染力和亲和力。

3. 高校新媒体的类型划分

新媒体的分类复杂多样，根据不同的理解、不同的逻辑可以分为多种类型。从外部角度来看，新媒体可以分为网络媒体、数字媒体、个人媒体、社交媒体、移动媒体等。[①] 从内部呈现方式来看，划分的类型更多。例如，有文字、视频、音像、图片类的媒介；有按照新闻分类的媒介；还有社交型媒介如脸谱网、聚友网等；也有一般系统和专用系统型媒介，主要包括博客、视频播放媒体和社交媒体等。此外，按照功能来分，可以分为政治媒介、娱乐媒介、经济媒介等。[②] 高校师生使用频率较高的新媒体主要有以下三种类型。一是网络新媒体，主要以互联网为载体进行传播的媒体，包括微信、微博、博客等；二是手机新媒体，主要通过手机终端实现信息之间的交互作用，如手机信息、视频、手机资讯等；三是电视新媒体，这里的电视与传统电视有所区别，主要指 IPTV、移动电视、网络电视等。

首先是网络新媒体。这种以互联网为信息传播载体的新媒体在高校师生中最为普遍，这是基于我国互联网迅猛发展而来的新媒体。2022 年 2 月 25 日中国互联网络信息中心发布的第 49 次《中国互联网络发展状况统计报告》显示，截至 2021 年 12 月我国网民规模达 10.32 亿，即时通信用户使用率为 97.5%，网络视频用户使用率为 94.5%，短视频用户使用率为 90.5%。[③] 在这样的大背景下，高校作为网络使用最活跃的场所，网络新媒体当然就成了高校中最为常见的新媒体形式。在网络新媒体中，微信在当前高校中使用频率较高，主要应用于手机、电脑等智能终端，能够为广大师生提供免费便捷的通信业务，具有聊天、实时对讲、添加好友、朋友圈、公众号等功能，方便使用者之间进行实时互动，传播信息也具有即时性，已成为高校爱国主义教育过程中不可或缺的新媒体形式。微博虽然在高校学生中的使用频率相对微信来说低一些，但是它仍然受到广大学生的青睐，微博通过互相关注的方式来获取对方实时更新的信息，是一种短信的广播式分享。作为分享与交流的大众平台，大学生可以根据自己的兴趣

---

① 参见谭天《新媒体新论》，暨南大学出版社，2013，第 24～44 页。
② 参见〔美〕保罗·莱文森《新新媒介》，何道宽译，复旦大学出版社，2011，第 4～5 页。
③ 《我国网民规模达 10.32 亿》，https：//baijiahao. baidu. com/s? id = 1725900202002088621& wfr = spider&for = pc。

爱好在微博浏览视频、图片、新闻等。高校在开展爱国主义教育时，微博不失为一个良好的媒介平台，可以发布有关爱国主义宣传教育的文字、图片、视频等，供大学生浏览学习。作为爱国主义教育的新平台，微博具有信息发布快捷、信息传播速度快的特点，能够把个体对爱国主义相关内容的见识、听闻、感想等传播出来。高校爱国主义教育工作者可以通过此功能不断调整和完善基于微博的爱国主义教育方案。此外，博客也是高校网络新媒体的常用形式。

其次是手机新媒体。第 49 次《中国互联网络发展状况统计报告》显示，截至 2021 年 12 月，我国网民使用手机上网比例已高达 99.7%。① 高校师生使用手机上网已经成为一种非常普遍的现象，高校不能忽视利用手机平台来开展爱国主义教育。手机新媒体主要以手机视听和网络互动为主要模式进行信息传递，它能够把最新资讯传递给用户，并能够根据用户的需求分流显示信息。手机新媒体被认为是纸质媒体、广播电台、电视及互联网之外的第五媒体。作为新媒体的一种类型，手机新媒体具有数字化的典型特征，与网络新媒体紧密配合使用，延续了网络新媒体的诸多优势。同时，手机新媒体一般不受使用地点的限制，可以与新闻几乎做到同步，获取信息具有动态性的特点，在接收和发布信息的同时，也有良好的互动功能，人际传播与大众传播能够很好地结合。手机新媒体除了手机自身的信息等功能外，还有手机报、手机电视、手机阅读等功能，尤其随着 5G 时代的到来，手机的使用已经完全成为大学生生活的一部分。

最后是电视新媒体。电视是一种传统媒体，在信息网络技术发展起来之前，电视是中国家庭中的主要电器，但是因为传统电视具有不可移动性，所以未成为高校大学生学习娱乐的主要载体。但是随着信息网络技术的发展，电视新媒体开始突破传统电视的弊端，越来越成为高校大学生日常休闲娱乐的重要形式。电视新媒体主要涵盖 IPTV、移动电视和数字电视等，其中 IPTV 是交互式网络电视，主要通过信息网络技术、通信技术和多媒体技术使用户享受多样化的交互功能。当前，这种载体与

---

① 《我国网民规模达 10.32 亿！人均每周上网时长 28.5 个小时，使用手机上网比例达 99.7%》，https：//baijiahao.baidu.com/s? id = 1725724099120674414&wfr = spider&for = pc。

网络结合紧密，它的特点是交互性，融合了电视观看、网络信息查询、收发邮件等功能，是集娱乐、办公、学习于一体的新媒体。而移动电视从高校角度来讲，主要安装在校车、移动手机等可移动的载体上，安装在手机端的移动电视是目前高校大学生使用频率较高的形式，不少大学生通过手机使用电视新媒体观看电视剧、电影以及各种娱乐类节目。将移动电视运用在爱国主义教育领域，开辟和建设面向学生的校园电视新媒体，通过打破时间、地点的界限使学生能随时随地观看电视节目，接受爱国主义教育熏陶。

（二）提升高校新媒体爱国主义教育亲和力的机遇和挑战

随着互联网的发展，现代信息技术得到快速发展。信息全球化已经成为当今世界发展的重要趋势，并成为推动经济全球化的重要力量，深刻影响了人类社会精神生活的各个方面。新媒体作为信息化时代的产物，给高校新媒体爱国主义教育亲和力带来了机遇与挑战。

1. 高校新媒体为爱国主义教育亲和力创造了时代机遇

新媒体的诞生与发展在很大程度上打破了时空界限，为人们提供了便捷、自由、平等的网络交流空间，高校管理者和教育者在开展教育工作的实践中充分挖掘了新媒体与爱国主义教育的耦合优势，为爱国主义教育亲和力创造了时代机遇，也使爱国主义教育更具亲和力和影响力。

首先，高校媒体的海量信息为爱国主义教育提供了丰富资源。不同于传统媒体，高校新媒体能够有效地将多方面信息有机融合起来，形成内存巨大、传播速度极快的数据传输系统，使爱国主义教育内容更加丰富，也使教育内容"具有更多的客观性和可选择性"[1]。高校各类媒体不仅打破了时间和空间的限制，信息内容也快速更新，使高校教育者能够随时随地在短时间内获取所需要的爱国主义教育信息资源，并能够在第一时间将相关信息资源发送到微信群，或上传至博客网页、高校教育网站等，以供大学生浏览学习和沟通交流，在一定程度上提高了爱国主义教育内容的亲和力，也在一定程度上提高了大学生的爱国主义教育实效。

---

[1] 王虹、刘智：《新媒体时代高校思想政治教育创新研究》，中国社会科学出版社，2012，第45页。

其次，高校媒体的多样性更新了爱国主义教育者的教育手段。随着互联网数字技术的发展，新媒体走进了人们的视野，也走进了高校，不仅能满足信息化时代的要求，也不断更新着高校爱国主义教育者的教育手段，使教育者的教育手段和教育方式更加符合大学生的特点，易于被学生接受。例如 QQ、微信、博客等成为爱国主义教育内容的"传递者和搭载者"，高校教育者可以通过这些媒介随时随地发布相关的教育资源、更新教育动态，这不仅能够吸引大学生的目光，引起他们的兴趣，获得他们的广泛支持，还能丰富高校爱国主义教育的手段和渠道。在此基础上，大学生也可以随时随地获取教育信息，进而使爱国主义教育走向生活化，能够亲近学生，从而使爱国主义教育达到事半功倍的效果。由此可见，充分利用新媒体，不仅有利于高校爱国主义平台的建设，对丰富和发展高校爱国主义教育者的教育手段也具有重要意义。

最后，高校新媒体的自主性发挥了受教育者的主观能动性。纷繁复杂的新媒体信息让大学生有了更多的选择，大学生的主观能动性得到充分发挥，大学生的主体地位提升。其一，大学生可以利用以手机为主要终端的新媒体平台主动筛选所需要的信息，这在很大程度上让大学生意识到自主学习的重要性，也使大学生的主体意识不断增强。其二，大学生在获取信息资源、学习研读后，自觉参与师生的互动交流，参与信息的反馈，形成良好的师生互动，进而提高学习的主动性。其三，高校爱国主义教育的主客体在新媒体平台中的关系是更加平等的，不仅注重大学生在教育中的主动地位，也重视大学生的主体地位；不仅提高了大学生的主体地位，也在一定程度上使大学生转变了接收信息、学习知识的态度，由被动转为主动。这充分发挥了大学生学习爱国主义的主观能动性，增强了大学生接受爱国主义教育的主动性。

2. 高校新媒体视域下爱国主义教育亲和力面临的挑战

高校新媒体的广泛应用是一把"双刃剑"，在创造机遇的同时也给提升爱国主义教育亲和力带来了挑战。新媒体上纷繁复杂的信息、各种排他性思潮等接踵而至，再加上网络监管上可能存在漏洞，这会给爱国主义教育亲和力带来很多障碍。

（1）爱国主义教育的内容受到挑战

作为思想政治教育一部分的爱国主义教育贯穿高校大学生的思政课

堂、日常生活、学习之中，其教育内容是根据中央的大政方针来确定的，传统的爱国主义教育内容多以灌输式的教育方式传授给学生，尤其在思政课中其教育效果往往以课程考核成绩为基本依据。大学生对爱国主义教育内容的掌握往往以识记形式在考试中体现出来，虽然有诸多的弊端，但爱国主义教育效果相对有保障。

网络技术的发展改变了高校爱国主义教育的形式，使爱国主义教育内容更加丰富，这是优于传统课堂的地方，大学生可能会直接或间接地接触更多的信息等。也正是因为新媒体的发展，一些别有用心之人编造虚假信息、散播谣言或发表非法言论，对大学生爱国主义意识造成冲击，不利于大学生爱国情怀的增强。[①]

（2）爱国主义教育者的主导地位被削弱

在新媒体没有普及的时代，传统的爱国主义教育以教师为中心，教师丰富的爱国主义知识和涵养往往能够令学生信服。然而随着新媒体的快速发展与应用，高校大学生获取知识的渠道更加宽广，接触的信息更加多样，所掌握的网络技能也更加熟练。这也意味着大学生有了更多信息的选择，从而减弱了对教育者的信息依赖，削弱了教育者的权威性。现如今，高校教育者仍然是爱国主义教育的引导者，担负着引导大学生增强爱国意识、理性爱国的重任。但新媒体技术的发展对新时代的高校教育者提出了更高的要求。一方面，如果高校教育者不能及时掌握相关的新媒体使用技能，爱国主义教育的效果会大打折扣；另一方面，新媒体监管力度的不足或者技术上的漏洞等有可能削弱高校教育者的主导地位，不利于提升高校大学生爱国主义教育亲和力。

（3）爱国主义教育的形式受到冲击

传统的爱国主义教育模式已经使爱国主义教育陷入亲和力困境。传统模式下，高校爱国主义教育工作者一般采用单向教育模式，就是要求"教育者以自身的行为来教授受教育者，学生处于一种被动接受的地位"[②]，这种模式不利于教育主客体之间的交流沟通，甚至让学生抵触这种教育形

---

① 刘左元、李林英：《对新媒体环境下大学生意识形态安全的认知与思考》，《学校党建与思想教育》2012 年第 3 期。

② 吴少华：《新时代高校思想政治教育面临的问题及解决路径探析》，经济管理出版社，2019，第 82 页。

式，进而产生厌学心理。随着新媒体时代的到来，网络信息以及新媒体对学生的吸引力开始消解传统爱国主义教育的形式，具有海量性、快捷性、互动性等特点的新媒体不仅打破了时空的限制，使信息资源等可以大范围甚至全球化传播，这种独特的信息传播方式极大地冲击了传统的爱国主义教育模式。随着新媒体时代的到来，教师如何在原先已经遭遇德育困境的基础上迎接新媒体时代的挑战，增强爱国主义教育亲和力，是新时代带给高校爱国主义教育的一个新难题。

二　爱国主义教育视域下具有亲和力的新媒体基本特征

从思想政治教育理论角度看，接受活动作为人类社会活动所特有的方式贯穿于人类社会的始终。"接受"表明作为主体的受众对客体的认同和接纳。从逻辑上看，爱国主义教育的新媒体接受是一个复杂、开放和动态的活动结构，涉及爱国主义教育者、受教育者，爱国主义教育的接受内容、接受媒介以及接受环境等要素的相互作用。而具有亲和力的新媒体能够以可视化、多形态和多维度的方式展现传播内容，通过构建有温度的爱国主义宣传，使大学生对新媒体内容产生共情力，进而产生较强的政治信任并逐渐形成坚定的信仰。具有亲和力的新媒体能够对高校爱国主义教育产生积极的效果，它一般具有以下特征。

（一）注重爱国主义教育话语表达的创新性

爱国主义教育过程必然以话语为载体，载体既可以是图文形式，也可以是音视频形式。随着时代的发展，话语的外延会越来越宽泛。高校爱国主义教育"亲和力必定要以话语为载体，在新媒体语境下，话语亲和力不足，语境自然无法成型，隐喻的力量也就无法有效发挥"[1]。因此，具有亲和力的新媒体往往在话语上具有明显的特色与优势。

具有亲和力的新媒体重视权利型话语的表达。在传统媒体开展爱国主

[1] 张亮：《新媒体语境下高校思想政治教育亲和力的现实审视及实现路径》，《中南大学学报》（社会科学版）2018年第2期。

义教育时，最常见的是教育者占据话语中心地位，即高校教师向大学生阐释爱国主义观念，灌输爱国主义内容，以教师为中心的话语体系实质上是教师的"权力型话语"，这种话语具有排他性特征。2017 年，中共中央、国务院印发的《关于加强和改进新形势下高校思想政治工作的意见》明确了要坚持党对高校的领导以及坚持社会主义的办学方向。这些基本原则固然要遵循，但是如果在新媒体的传播过程中依旧抱守权力型单向传输话语，爱国主义教育势必会失去亲和力。应当使新媒体从权力型话语向兼顾权利型话语转变，要重视权利型话语氛围的营造。具有亲和力的新媒体以培育良性互动机制与互信为基本理念，通过一种和谐的模式呈现出来。它具有平等对话的特点，通过风趣幽默的语言、持久的爱国主义热情向广大大学生表达、传输爱国主义价值、理念与实践做法。权利型话语还注重在话语体系中融入爱国主义情感，使爱国主义教育做到言之有物、言之有理、言之有情，以情感融入的方式使教育者与青年大学生形成情感共鸣，从而实现新媒体爱国主义德育工作的亲近性。

具有亲和力的新媒体注重形象化话语表达。在爱国主义教育的新媒体平台上，提升亲和力应顺应趋势，运用形象化话语，在微信、微博、高校门户网站以象征、隐喻、叙事的形式把各类图文中所蕴含的爱国主义元素、情感、内容传递给大学生，正如习近平所说，"用栩栩如生的作品形象告诉人们什么是应该肯定和赞扬的，什么是必须反对和否定的，做到春风化雨、润物无声"①。通过运用新媒体的形象化话语，爱国主义精神在大学生中得到广泛传播。当然，注重形象化话语表达并不是把文本话语排斥在外，具有高度亲和力的新媒体会注意将文本话语和形象化话语相结合，把二者的运用控制在一定范围内。

（二）教育者与受教育者之间具有平等的互动关系

一些高校在运用传统媒体开展爱国主义教育时，常常将教育者和大学生之间的关系理解为"施教—受教"的单向关系，仅仅将媒体作为宣传教育的平台与媒介，却很少关注大学生接收端的情况。这种模式下的爱国主义教育往往是单向的说教，教师的中心地位容易导致教育者与受教育者之

---

① 习近平：《在文艺工作座谈会上的讲话》，人民出版社，2015，第 23 页。

间缺少平等互动对话。在被动式的爱国主义教育下，大学生更多的是机械地接受爱国主义教育内容而没有与教育者形成双向的心与心的交流，大学生的主观能动性难以发挥，这样的教育缺乏温度和亲和力，易导致爱国主义教育流于形式。

具有亲和力的新媒体在爱国主义教育过程中，淡化了爱国主义教育者与大学生之间的身份，使传统模式下容易形成的"施教—受教"的单向关系转变为平等互动关系。在新媒体背后作为教育者的教师不再是完全占据教育主导性的"权威"，而是注重二者之间的互动。

具有亲和力的新媒体爱国主义教育坚持主导性和主体性相统一，既体现教师的主导性作用，也能发挥学生的主体性作用。他们之间相互作用、相互促进，在爱国主义教育中相辅相成。教师能够从新媒体的互动中感受到教育内容的及时反馈，而学生也能够从中感受到对其主体地位的尊重。这种互动关系使教育双方形成了爱国主义教育中统一不可分割的整体。一方面，就教师主导性地位而言，尽管提升新媒体的亲和力意味着教师中心地位的重塑，但不影响教师在爱国主义教育过程中的主动性的发挥，教师在该主导的方面会继续发挥其作用。在筛选新媒体发布内容、设计新媒体爱国主义宣传教育活动形式、管理有关网络爱国主义舆情等方面，教师仍然是不可或缺的教育主体。与此同时，管理高校新媒体的教师主要发挥新媒体网络的把关人的作用，引导大学生增强对网络海量信息的认知、筛选和判断能力，减轻新媒体负面内容对大学生爱国主义教育的不良影响，尽可能为大学生提供更多的消化吸收和自我爱国主义教育的空间。另一方面，在具有亲和力的高校新媒体环境中，广大大学生不只是被动地接受爱国主义教育的熏陶，在双向互动的过程中他们也能够发挥自己的主观能动性，从多个角度对爱国主义教育内容进行深入思考，挖掘教育内容的内在联系。在具有亲和性的高校新媒体中，师生之间建立了高效的交流沟通方式，可以在高校新媒体平台上共享爱国主义教育资源信息，就爱国主义相关话题展开思想观念的碰撞。学生和教师都是新媒体中的平等主体，学生愿意在和谐的虚拟环境中表达自己的看法，在新媒体的交互过程中主动习得爱国主义精神要义，在平等的思辨过程中深化对爱国主义的认知。

因此，具有亲和力的高校新媒体注重教育者与受教育者之间平等的互动关系，有利于构建良好的新媒体软环境，能够使高校爱国主义教育从传统"耳提面命"的状态走向"润物无声"的境界。通过在新媒体平台上构建师生间的平等互动关系，爱国主义教育工作者可以更加精准地把握大学生的身心发展规律以及他们的爱国主义思想和行为动态，及时调整运用新媒体开展爱国主义教育的方式方法，使爱国主义教育做到以理服人、以情感人，切实在平等和谐的环境气氛中实现良好的爱国主义教育效果。

（三）把握爱国主义教育内容的精准性

瑞士心理学家让·皮亚杰认为，教育者不能忽视被教育对象已具有的知识和经验而简单地从外部对受教育者实施"浇灌"。高校在运用新媒体开展爱国主义教育时，应当注重大学生已具有的爱国主义知识素养和践行能力。高校新媒体作为爱国主义教育载体不只是爱国主义知识的传递平台，也要发挥新媒体的反馈接受功能，根据大学生不同身心发展阶段的特点有针对性地开展新媒体爱国主义思政工作。

把握爱国主义教育内容的精准性，就是要善于采用"精准滴灌"而不是"大水漫灌"的形式通过新媒体开展爱国主义教育。"精准滴灌"是习近平总书记2015年在贵州召开部分省区市党委主要负责同志座谈会上谈到扶贫工作时提出的，他指出，扶贫工作要"坚持因人因地施策，因贫困原因施策，因贫困类型施策，区别不同情况，做到对症下药、精准滴灌、靶向治疗，不搞大水漫灌、走马观花、大而化之"①。虽然它是针对扶贫工作提出的，但具有丰富的哲学意蕴。在运用新媒体开展爱国主义教育上，习近平总书记关于"精准滴灌"的方法同样适用。新媒体是一个极其广阔的舞台，爱国主义教育的内容、形式等可以在新媒体上得到很好的体现和传播。大学生在运用高校的新媒体时，接触到大量爱国主义教育内容，但这些内容不一定适用，因为每所高校的具体情况不同，每个专业的特点也有所不同。新媒体爱国主义教育内容如果只注重"量"而忽略了教育内容的精准性，那么教育将收效甚微，长此以往，大学生对新媒体关于爱国主义教育栏目所传递的信息就会失去兴趣，甚至产生逆反情绪。

注重新媒体在爱国主义教育内容上的精准性，就是要求高校不断与时

---

① 《谋划好"十三五"时期扶贫开发工作 确保农村贫困人口到2020年如期脱贫》，《人民日报》2015年6月20日。

俱进，做到因时而谋，增强爱国主义教育的针对性、实效性。采用"精准滴灌"的方式开展新媒体爱国主义教育工作的关键是先做调查研究，然后构建新媒体教育工作框架。只有掌握高校的特点，了解学生的专业特征、群体偏好等，才能真正做到"对症下药"。因此，具有亲和力的高校新媒体要善于使用大数据技术对爱国主义教育相关数据进行分析、管理和处理，通过统计学的抽样调查等方法，及时观察和追踪大学生后台用户数据。这些数据经过处理分析后，能够较为清晰地反映出大学生爱国主义教育的基本偏好。在技术的协助支持下，具有高度亲和力的新媒体甚至可以通过大量数据分析记录下每位学生用户的爱国主义网络性格特征，然后根据用户偏好将爱国主义教育资源信息有选择性地推送到客户端，甚至实现"一生一策"的爱国主义教育方案。针对不同学生、不同群体、不同专业的爱国主义教育"辅导"，能够减少爱国主义教育资源的浪费和无效教育的产生，使学生获得最需要的爱国主义教育模块。

"精准性"是富有亲和力的新媒体的显著特征之一。高校爱国主义教育工作要做到与时俱进，使最新信息技术与新媒体相结合，切实找准爱国主义教育的基本定位。高校运用新媒体开展爱国主义教育要有针对性，注重实效性，走出一条爱国主义教育因材施教的育人之路。

（四）具有坚强有力的新媒体教师队伍保障

随着新媒体在高校爱国主义教育工作中的广泛应用，运行和维护新媒体的教师队伍就显得至关重要。具有亲和力的高校新媒体要求有一支政治强、情怀深、思维新、视野广、自律严、人格正的教师队伍，他们能"真懂、善用"新媒体，能够在爱国主义教育工作中变"被动"为"主动"，切实营造生态良好的爱国主义教育新媒体家园。

一方面，高校新媒体教师队伍注重理论武装。从事新媒体工作的高校教师队伍坚持把思想政治理论学习放在首要位置，用马克思主义基本理论来武装自己的头脑，坚持正确的爱国主义教育观，在涉及爱国主义教育方向性问题上时刻保持头脑清醒，能理性地、辩证地看待问题。高校注重通过讲座、论坛、会议交流等形式对新媒体教师工作队伍进行马克思主义基本理论教育以及马克思主义中国化理论教育，使他们更加坚定自己的政治立场，坚定拥护党的领导，努力践行社会主义核心价值观，积极履行公民义务，在学习理论知识的同时也不断提高自己的政治素养。高校新媒体教师队伍不断增强自主学习意识，紧跟时代步伐，不断丰富自己的知识储备，为开展大学生爱国主义教育积淀理论基础。通过锤炼新媒体教师的政治思想素质，能够坚定新媒体教师队伍对中国特色社会主义的道路自信、理论自信、制度自信、文化自信；通过增强教师自身的文化归属感、认同感、尊严感，切实把新媒体打造成爱国主义教育的坚强堡垒，注重以中华优秀传统文化、中国共产党的革命文化以及社会主义先进文化涵养爱国主义教育阵地，以正确的价值观提升爱国主义教育亲和力。

另一方面，高校新媒体教师队伍重视业务知识的学习。运用新媒体开展爱国主义教育，除了要具有正确的政治导向之外，还离不开专业知识的支持，这是实现新媒体爱国主义教育工作亲和力的业务基础。对于高校新媒体教师队伍而言，新媒体相关专业知识的学习是必不可少的，这将关系到新媒体工作开展的成效。第一，坚强有力的高校新媒体教师队伍要善于熟练掌握各种新媒体平台的相关理论知识，在日常工作中能够自如应对遇到的各种专业性问题或专业性术语。第二，坚强有力的高校新媒体教师队伍要具有新媒体的创新意识。在新媒体的日常运行中，他们要根据大学生对新媒体的使用情况与偏好，总结改进教育方式方法，推进运用新媒体开展爱国主义教育的过程，提高爱国主义教育实效性。第三，坚强有力的高校新媒体教师队伍要熟练掌握新媒体的使用方法，运用新媒体的便捷性、海量性、互动性等特点，关注大学生爱国主义的思想动态，及时做好引导工作。用通俗易懂、生动有趣的语言来优化爱国主义教育内容，让大学生在运用各种新媒体的过程中受到潜移默化的爱国主义教育。总之，新媒体教师队伍在业务上是"网络能手"，能够把爱国主义教育新媒体打造成"智慧、智能、智力"的智媒体，不断实现爱国主义教育与新媒体的深度融合，形成和合共生的高校思想政治教育新形态，使爱国主义教育产生良好的"聚合反应"。

三　高校新媒体提升爱国主义教育亲和力的基本策略

新媒体已成为高校教育工作者管理校园、开展爱国主义教育、进行师生交流的主要媒体平台。新时代高校爱国主义教育需要接轨信息化时代，"无论是在教育的过程还是在治理的过程中，都应自觉地运用新媒体"①，挖掘新媒体对高校爱国主义教育的外在影响力和内在驱动力，通过新媒体的发展与完善来提升高校爱国主义教育亲和力，增强高校受教育者的爱国意识，提高受教育者的爱国能力。

（一）增强内容感召力

爱国主义教育亲和力包含了以人为本的教育理念，满足了教育者对于爱国主义教育的需求与期待。从新媒体关于爱国主义教育内容的角度看，爱国主义教育亲和力是教育者秉承以人为本的教育理念，通过新媒体平台，灵活运用新媒体教育手段向受教育者传递爱国主义相关理论知识，让受教育者对爱国主义教育产生浓厚的情感。要增强新媒体爱国主义教育内容感召力，需要做到以下几点。

1. 体现时代性，使爱国主义教育的内容与时俱进

在新媒体环境下，爱国主义教育内容的与时俱进是高校大学生爱国主义教育的生命力所在。马克思指出："每一个时代的理论思维，包括我们这个时代的理论思维，都是一种历史的产物，它在不同的时代具有完全不同的形式，同时具有完全不同的内容。"② 因此，不同时期，我们的思维方式、行为方式、处世观念等都会随着时间的推移、个人自身的发展、周边环境的变化而发生变化。同理，爱国主义教育内容也必然具有其独特的时代性。随着信息的快速更新，爱国主义教育只有与时代相契合，不断更新爱国主义教育内容，才能展现其强大的生命活力。高校教育者运用新媒体开展爱国主义教育有了更高的要求，教育者也应跟上时代的步伐，"因事而化、因时而进、因势而新"③ 地做好爱国主义教育工作。其一，高校新媒体的爱国主义教育内容要及时增加马克思主义中国化的最新理论成果，紧跟时代的步伐，为高校爱国主义教育实践提供理论支撑。其二，高校新媒体的爱国主义教育内容应贴近生活，理论来源于生活却又高于生活。高

---

① 冯刚、高山等：《新时代高校思想政治教育治理论》，中国社会科学出版社，2021，第159页。

② 《马克思恩格斯全集》第26卷，人民出版社，2014，第499页。

③ 《习近平谈治国理政》第2卷，外文出版社，2017，第378页。

校教育者通过分析学生所关注的社会热点问题，让学生了解国家发展的状态，知晓当今美好生活的来之不易，促进学生树立正确的世界观、人生观和价值观。也只有具有时代特色、反映时代精神的爱国主义教育内容才能使其更具感染力和亲和力，并有利于增强爱国主义教育的主动性。

2. 增强趣味性，使爱国主义教育内容灵活鲜动

传统的阅读方式一般是纸质阅读，更新速度较为缓慢，在时空方面具有限制性。随着新媒体的发展，人们的思维方式、行为方式及阅读方式等都发生了变化，人们可以突破时空界限进行信息的选择性阅读。由于媒体信息内容的海量性特点，内容的生动有趣就成为当代高校大学生选择阅读的主要标准之一。枯燥乏味的内容可能会降低大学生的学习积极性，相反，具有趣味性的内容反而能激发大学生的学习兴趣。因此，高校教育者可以灵活利用各种新媒体平台，整合爱国主义教育的相关信息，使教学内容更加生动有趣，调动学生的学习兴趣，营造鲜动灵活的学习氛围，加强学生的爱国主义教育。高校爱国主义教育者要把握大学生的特点，借助新媒体平台或者通过学生发布的信息、浏览的信息等来了解学生的兴趣；要以大学生为主体，创新教育方式方法，激发学生的学习动力和学习兴趣。要注重新媒体语言表达，用生动有趣的语言让"基本原理变成生动道理，既'大水漫灌'又'精准滴灌'，既你讲我听，又你问我证，让'大主题'变成'小话题'"[①]，使爱国主义教育语言更加鲜动灵活、接地气，让学生乐意接受和学习。此外，高校教育者要善于寻找学生的兴趣点，将新媒体中充满趣味性的爱国主义教育内容与学生的日常生活联系起来，运用新型技术手段开展教学，进而充分调动学生自主学习的积极性。

3. 强化针对性，使爱国主义教育内容有的放矢

新媒体平台不仅成为高校教育者宣讲和传授爱国主义知识的主要平台，也成为师生交流互鉴的主要渠道。但爱国主义受教育对象并不是"一刀切"的，他们的性别、年龄、年级、思想觉悟以及所需要的内容等都存在差别，这就意味着教育者应该根据不同学生或是不同年级的学生分别传授知识，让学生愿听、想听，确保教育内容的可接受性。一方面，教育者可事先对学生进行问卷调查，了解学生的内在需求，然后以此为切入点，

---

① 周廷勇：《讲理论要接地气》，《党建》2017 年第 5 期。

将爱国主义教育内容贯穿其中，不断提高学生的学习热情。另一方面，不同年级和专业的学生所需要接受的爱国主义教育内容也是不一样的，教育者需要提升教育内容的针对性，根据不同年级、不同专业学生的需要进行爱国主义教育。这就需要利用新媒体的云数据技术找准相关内容的目标群体定位，在新媒体上通过个性化的内容推送形式使爱国主义教育内容能够相对精准把握目标学生群体，进而提高爱国主义教育的实效性。

（二）优化微平台建设

新媒体将传统的爱国主义教育模式从单向转变为双向或多向的教育模式，高校爱国主义教育者要提升新媒体的教育功能，需要在实践中把握新媒体发展脉搏，占领高校爱国主义教育阵地，优化各类新媒体的微平台建设。

1. 构建校园微网站，形成矩形传播

网站（Website）是指在互联网上根据一定的规则，使用 HTML（标准通用标记语言）等工具制作的用于展示特定内容的相关网页的集合。简单来说，网站是一种可以用来公布信息、提供网络服务的沟通工具。校园微网站是以学生为主体、以教育者为主导、以爱国主义教育为出发点和落脚点的网站，其目的是增强学生的爱国意识，提高学生的爱国能力。而要实现网站的长久发展，就需要高校教育者积极投入校园微网站的构建，赋予微网站新的活力。其一，构建专业网站，针对不同专业，构建不同专业的子网站，这些网站主要用来探讨与研究专业知识，让学生能够随时随地通过网站查阅到相关的信息资源。其二，构建红色网站，针对高校受教育者的思想状态、年龄结构、热点专注程度的不同等，创设不同的红色专栏。一方面，将红色故事和事迹等发布到专栏中，以供学生查阅、学习与研究；另一方面，学生可以根据自己的学习和研究情况进行反馈，以便教育者掌握学生的学习进度等，进而促进师生间的沟通交流。其三，构建咨询网站，针对学生的不同需要，在咨询网站上设立不同的咨询专栏。一方面，学生可以就自己存在的现有疑惑、难题等在相应的咨询专栏中进行留言；另一方面，每个人都可以成为答疑者，可以通过留言答疑解惑，营造相互学习、共同进步的良好氛围。

2. 创设校园微信公众号，加速信息交互

在智能手机被普遍应用的情况下，手机已经成为人们沟通交流的首要通信工具，微信也成为学生交互信息、日常探讨的主要阵地，微信朋友圈更是成为人们抒发情感、发现和了解他人思想状态的主要渠道。高校教育者应重视学生对微信的依赖程度和使用情况。高校教育者可以通过创建校园微信公众号正向引导学生，高校自主运行的公众号等平台能够让学生自发有一种亲近感，高校教育者要建设和运营好自主设立的平台。其一，高校教育者在创设微信公众号的同时担任监督职责，监督微信公众号的运行，与此同时，也要选择有能力的教师或学生对微信公众号进行维护，以确保微信公众号内容的与时俱进。其二，高校爱国主义教育者可以在微信公众号上发布一些学术性成果、校园爱国主义教育实例等。一方面，让学生了解高校爱国主义教育，增强校园自信和文化自信；另一方面，有助于学生根据自己的需要，随时随地查阅相关资料，充实自己的知识库、扩大自己的知识范围等。这既能增强学生自主学习的意识，也能提高学习的主观能动性，让学生意识到自己要学习而非被要求学习的重要性。其三，高校教育者可以根据学生在微信上发布的朋友圈信息以及在微信公众号上的评论等来掌握学生的思想动态，做好正向引导和教育工作。其四，高校教育者还可以利用微信的一些功能如摇一摇、看一看、小程序等，了解学生的喜好、拓展爱国主义教育空间，让更多人接受爱国主义教育，让学生意识到自己参与爱国主义教育的重要性，提高他们的参与感和成就感，进而增强爱国主义教育的感染力和说服力，提高爱国主义教育的整体效率。

3. 打造微博论坛，开辟虚拟学习场

微博是人们通过关注与被关注而进行信息传播的一种媒体平台，它关注的信息主要有时政要闻、社会热点等。随着科学技术的快速发展，微博逐渐走进校园，走进学生的生活，成为大学生了解世界、交流信息的重要平台，从而形成了具有校园特色的校园微博。而打造具有亲和力与吸引力的微博论坛，需要高校教育者把好微博的传播关。其一，高校教育者可以在微博上发布经过精挑细选的爱国主义话题，鼓励学生们积极参与讨论，发表自己的想法与观点。加强对舆论的管理，提倡讲品位、讲格调的评论，坚决抵制低俗、庸俗和媚俗的评论，对那些亵渎祖先、亵渎经典、亵渎英雄的历史虚无主义言论及时管控并报送有关管理部门，确保新媒体空

间风清气正的爱国主义氛围。其二，高校教育者可以利用微博的便捷性、实效性等特点，组织课堂的教学或开展德育工作。可以通过运用图文并茂的表达话语设定一些有关爱国主义教育的主题，开辟网上研讨的虚拟学习场，吸引学生进行充分探讨，激发学生接受爱国主义教育的热情。爱国主义教育主题的设定应具有问题导向意识，通过设置具有可行性的问题来帮助学生自主思考，让学生在交流、讨论与反思中认识爱国主义的基本价值。此外，高校教育者也可以与兄弟学校打造跨校园微博平台，鼓励学校间的教育者、学生互相学习、相互促进、共同进步。通过校际的虚拟学习场的开发，发挥多校爱国主义教育的联动作用，在微博论坛上提高爱国主义教育的亲和力。

（三）增强师生互动性

与传统师生互动模式的单向性、低频率、范围局限不同的是，新媒体的内容海量性、便捷性和平等性等特征提高了师生互动的频率、打破了师生互动的时空局限性、拓展了师生交流互动的范围等，既增强了学生自主学习和交流互鉴的意识，又提高了教育工作者运用新媒体的能力，形成了共学、共思、共享的良好学习氛围。因此，高校爱国主义教育工作者要重视师生间的互动，采用合理的媒体平台和网络渠道来增强师生间的交流互动，提高学生爱国主义教育的亲和力。

1. 以贴近生活的爱国主义教育内容构建师生互动

虽然数字技术的快速发展为高校师生创设了良好的互动平台，增进了师生的交流互动，但因为网络的虚拟性、平等性、自由性等特征，一些学生过度依赖网络上的表达，从而出现了线上"社牛"、线下"社恐"的现象，这也给师生线下交流互动带来了困扰。但这也从另一方面启示高校教育工作者，应充分利用新媒体平台来关注学生的真实需要，帮助学生突破自我，战胜"社恐"之症。首先，高校教育工作者可以加强校园新媒体的建设，开展新媒体专项讲座，让高校师生了解新媒体平台在教师授课和学生学习中发挥的重要作用，提高师生运用新媒体的能力，以此增强师生互动的意识，营造良好的师生互动学习的校园氛围。其次，要充分发挥学生干部在引领爱国主义教育方面的作用，做好校园网络的舆论导向。教育者可以通过密切关注大学生间互动模式、议题讨论的动态等了解大学生在爱国主义思想、情感、心理等方面的变化，有针对性地与学生交流沟通，对学生加以正向的引导。最后，高校教育者还可以走进学生的生活，选取学生最为关心的问题如择业问题、交友问题等来开展爱国主义教育，把爱国主义教育融入新媒体普遍关心和感兴趣的话题中，使学生能够从中对爱国主义有所感悟和启发，让学生能够得到更好的发展。

2. 以增强大学生爱国主义教育情感促进线上线下互动

虽然新媒体便捷了师生互动，丰富了师生互动的日常，但是也要看到有些高校学生在线上线下的反差极大。有些学生在平台上能够与老师谈笑风生，分享自己的见闻，表达自己的真实想法，然而到了面对面交流的时候，这些学生就显得非常拘谨。爱国主义教育最终需要落实到实际言行之中，新媒体平台的爱国主义教育功能开发是良好的途径，但爱国主义教育不能全部在线上开展。高校教育的目的就是立德树人，促进人的全面发展，那么针对这些学生，高校教育者需要把爱国主义教育做到线上与线下互动，切实促进学生爱国主义能力的培养。一方面，高校爱国主义教育者可以转变自己的教学身份，由知识的传授者"转变为教育过程的互动参与者，对学生进行答疑解惑，与学生积极开展网上思想交流"①，激发学生学习爱国主义知识的热情和积极性，做好线上爱国主义亲和力教育的正向引导。另一方面，高校爱国主义教育者可以开展丰富多彩的校园活动，使爱国主义教育从线上走向线下，通过辩论赛、茶话会、学术交流等活动，引导大学生将线上学习的感想、心得等在线下轻松和谐的氛围中表达出来，进一步深化对爱国主义教育的认识。爱国主义不仅需要内化为精神情感，也需要通过一定的话语、行动对外展现出来。线下活动能够锻炼学生爱国情感的话语表达能力，提升爱国主义的辩证思维能力。

3. 以强化爱国主义教育实践创新为目标优化互动方式

高校中的最基本人际关系便是师生关系，教学活动是师生最基本的互动方式。随着互联网的发展，新媒体改变着人们的思维方式、行为方式等，成为人们沟通交流的重要平台，也成为师生互动的重要渠道。尽管高校各种媒体的运用为爱国主义教育者提供了便捷、灵活的教学方式，助力

---

① 王虹、刘智：《新媒体时代高校思想政治教育创新研究》，中国社会科学出版社，2012，第153页。

了师生间的互动，但师生的线上互动与线下互动可能是成反比的。这种现象导致了新媒体的实际运用仍然存在不足，需要高校教育工作者借助科技的发展，在日常的教育工作、教学工作和师生互动实践中不断丰富师生互动的方式。其一，创新线上线下相结合的方式，增进师生间的互动交流。高校爱国主义教育者可以通过网上问卷调查并分析问卷调查结果，发现学生的真实需要，然后通过线下开展相关讲座，在为学生答疑解惑的同时也能丰富学生相关理论知识。其二，高校爱国主义的教育者可以通过课堂以及平时的交流，加强师生间的爱国主义情感互动。这就需要高校爱国主义教育者结合社会上的热点，设计有目的、有层次、有意思的问题，在学生阐述自己的想法和观点后，教师给予恰当的点拨，这样既能让学生厚植爱国主义情怀，也能调动学生的积极性，提高学生互动交流的自主性。其三，高校爱国主义教育者可以在互动实践中创新互动模式以及互动平台，促进师生间的互动交流，推动提升新媒体下高校爱国主义教育的亲和力。

第八章　实践亲和力：丰富大学生爱国主义教育的实践形态

　　我国高校向来高度重视大学生的爱国主义教育，始终将爱国主义教育作为思想政治工作的一项重要内容来抓。在体制机制方面，在高校党委统一领导下建立健全爱国主义教育体制机制；在课程方面，注重运用课程思政和思政课程相结合的爱国主义育人体系；在人才队伍方面，无论是直接从事思想政治教育工作的辅导员、班主任还是思政课教师，国家都有相应的配比和职业道德要求。高校爱国主义教育不仅是一项思想性很强的工作，同时也是实践性很强的工作，因此，爱国主义教育实践活动毋庸置疑是新时代高校爱国主义教育的重要内容。本章以项目式实践活动、沉浸式实践活动和参与式实践活动为重点，探索丰富爱国主义教育实践活动的样态，从理论层面展开探讨，同时以大学生爱国主义宣讲活动、爱国主义读书月活动、"模拟政协"等实践活动为案例对爱国主义教育展开分析，全面探讨提升爱国主义实践教育亲和力的路径，使爱国主义教育实践活动对新时代大学生展现出独特吸引力和强大感召力。

一　开展具有亲和力的爱国主义实践教育的基本原则

　　我国高校爱国主义实践教育坚持以马克思列宁主义、毛泽东思想、邓小平理论、"三个代表"重要思想、科学发展观、习近平新时代中国特色社会主义思想等为理论指导，正确的政治方向确保了我国高校爱国主义实践教育的马克思主义基本属性。近年来，全国高校在坚持正确的政治方向的前提下，进一步着眼于爱国主义教育实效，注重实践活动形式的针对性和实效性。高校在教育方法的改革、形式的创新上有了较大的进步，努力使爱国主义教育从"内化于心"向"外化于行"转变，提升了爱国主义教育的效果。但是，爱国主义实践教育如何实现从"行走"向"走心"的转变，这方面的探索还有待进一步提升。这使得高校爱国主义教育亲和力的诉求呼之欲出，就是要从过去单纯强调爱国主义教育的实践"形式"转向越来越凸显爱国主义教育的实践"质量"。这种"质量"以亲和力为主要衡量标准，这也将是未来高校爱国主义实践教育改革的一大趋向。实现爱国主义教育实践亲和力需要坚持一定的基本原则，确保实践教育深入推进、扎实有效。

（一）实践活动设计的针对性原则

注重爱国主义教育实践活动设计的针对性，就是要使爱国主义实践活动从学生成长和实践能力形成的规律出发，设计贴近学生实际的实践形式和内容，增强教育内容的吸引力、亲和力。有针对性的实践活动意味着亲近教育对象、意味着实践活动有吸引力和亲和力，可以从两方面入手，增强教育内容的针对性。

一方面，实践活动的设计要坚持"三贴近"原则，提高实践内容的针对性。长期以来，高校爱国主义教育以理论的形式存在，具有抽象性，但是爱国主义实践教育可以实践为抓手，在实践项目和内容上下功夫。实践内容必须坚持"三贴近"原则，使学生在贴近实际、贴近生活、贴近群众的实践中体会到爱国主义教育所特有的价值与意义。这就要求高校爱国主义实践教育融入学生的生涯规划、家庭教育和社会教育等诸多方面，注意使高校爱国主义教育活动从学校中走出来，走进企业、农村、社区、机关和军营等场所，延伸到新经济组织和新社会组织。多运用大学生所喜闻乐见的形式，多开辟大学生便于接受爱国主义教育的渠道，多搭建大学生乐于参与的爱国主义教育平台，"让爱国主义教育的内容和形式更好地体现时代性、规律性和创造性，提高宣传教育的质量和效果"①，在实践中审时

---

① 《〈新时代爱国主义教育实施纲要〉学习读本》，人民出版社，2020，第286页。

度势锐意创新，推动实现爱国主义教育的思想性、生动性和知识性的有机统一，不断提高爱国主义教育实践的影响力和感染力，使学生在具体的实践活动中更加容易理解和接受教育内容。只有教育内容贴近学生，拉近与学生的距离，使学生在爱国主义教育中有获得感，才能提升爱国主义实践教育的亲和力，才能使新时代高校爱国主义教育焕发蓬勃生机与活力。

另一方面，实践活动设计要能够在实践样态上具有创新性，强调实践活动的任务导向、情感升华与主体融入，让学生感受到每一个实践教育活动背后具有较高的意义与价值。探索开展项目式、沉浸式、参与式等形式的实践活动，不断提升爱国主义实践教育的亲和力。项目式实践活动坚持以贴近学生的问题为项目的驱动问题，教育者与受教育者围绕项目开展交往活动，在沟通和交流的过程中教师与学生不再是灌输与被灌输的关系，而是平等的、充满真诚的、心灵上的双向交流关系。教师充分尊重学生的主体地位，积极引导学生参与到教育互动的全过程，营造生动活泼有趣的教育氛围。师生间的信任和默契的增进，使学生愿意与教师进行真情实感的交流。这样的实践设计有助于促进学生爱国主义情感发展，从而提升学生的爱国主义实践能力。可以探索沉浸式活动来增强爱国主义教育的针对性，沉浸式活动强调学生对爱国主义场景、内容、环境的融入，这种爱国主义教育实践活动注重主题的针对性，当学生沉浸在某一个主题内容的爱国主义教育情境下，能够自然而然受到爱国主义的熏陶，有较好的教育效果。设计参与式爱国主义教育实践活动，则重视爱国主义教育的体验针对性，通过让学生亲身经历，使他们增强实践活动的归属感，有助于进一步激发他们的爱国主义热情。

（二）实践教育效果的实效性原则

实效性要落到实处，即要求高校爱国主义实践活动必须在学生的思想情感和实际行为中有实际成效并产生积极影响。在思想情感方面，主要表现为学生对爱国主义实践活动的认同程度、参与度以及亲和力的体验情况；在实际行为上，则主要表现为效果评估上的量化性和爱国主义实践能力提升的量化。对爱国主义实践活动实效性的关注，有助于高校在爱国主义教育实践活动的组织和管理上进行亲和力的渗透，有助于发挥亲和力在源头上影响计划体系的功能，在实践活动中通过信息反馈和动态调整等机制的建立和完善，保证高校爱国主义教育活动达到预期效果。

要提升爱国主义实践教育的实效性，需要注重从及时反馈和激发教师主导性两个方面入手。反馈"是教育者收集和掌握教育对象受教育后做出反应的过程，是增强教育针对性、实效性的重要环节"[①]。及时、准确的反馈能够帮助教育者修订具体计划，调整局部计划，甚至对整体计划的完善提供宝贵的经验。及时反馈能够有助于及时调整实践教育方案，这是实践教育实效性的保障。教育者通过对大学生教育内容的学习、判断、吸收、主体内化等过程的反馈，能持续性地追踪学生在爱国主义教育实践习得的基本情况，根据反馈结果适时地予以针对性的指导，使学生对爱国主义实践活动的认同程度、参与度能向着期望的目标发展。要提升爱国主义实践教育的实效性还需要注重充分调动教师主体积极性。爱国主义实践虽然表现为学生在活动中的参与行为，但是这背后离不开教师的主导。要坚持实践教育的实效性原则，需要充分激发教师主体能动性。教师要善于提升个人魅力和专业素养，充分利用新技术和媒介，使它们助推爱国主义实践教育，通过多个渠道、多种举措在不同的实践样态中调动学生的参与热情。总之，提升实践教育实效性就是能够让各种教育要素的效果在相互配合中竞相迸发，实现爱国主义实践亲和力的持续生成。此外，在爱国主义实践活动中落实实效性原则还需注重采用合理的评价机制对各个实践环节进行科学评价，以避免爱国主义实践活动流于形式、趋于形式主义。当然，量化研究运用于爱国主义实践活动也不意味着实用主义和功利主义。

坚持实效性原则是落实好高校意识形态工作的基本诉求，是践行立德树人这一教育根本任务的迫切需求，爱国主义教育亲和力的提升必须坚持以实效性原则为前提。如果爱国主义实践教育没有实效性，即使形式、内容能够受到学生青睐，这种"亲和力"也不能实现立德树人的根本要求，因此，这样的"亲和力"并不是爱国主义实践教育所真正需要的亲和力。

（三）教育活动的实践性原则

实践性原则是爱国主义实践活动的精髓所在，要深刻理解实践性原则的真正要义，笔者认为要从以下两方面进行把握。一方面，这种实践性原

---

① 周杰民：《重视思想政治教育的信息反馈》，《南京政治学院学报》2009年第2期。

则要求教育对象能够在真实的社会生活中进行实践，增强爱国主义教育的现实感；另一方面，这种实践性原则要求做到理论与实践相结合，使爱国主义实践教育能够在正确的理论指导下进行，保证实践方向不偏航。

要提升爱国主义实践教育亲和力，实践要尽可能使学生与真实社会生活发生互动，这样才能够增强爱国主义教育的说服力。遵循教育活动的实践性原则需要创造条件让学生深入社会、适应社会，引导学生通过社会调查、热点追踪、提案撰写、项目实施等形式直接参与社会生活，使他们通过亲身经历感受我国发生的巨大变化，通过社会调查发现社会发展过程中存在的问题，并在探讨如何解决问题的过程中使学生增强社会责任感，在热点追踪以及提出对策的过程中使学生为建设更加美好的社会贡献自己的一分力量。基于真实的社会生活实践，学生能够认识到爱国主义是生动的、实在的，那些蕴含在他们内心深处对祖国的关心和热爱最终要在奉献社会的实践中展现出来，这是我们培养爱国主义的现实意义所在。

要提升爱国主义实践教育亲和力，需要使学生在正确的爱国主义教育理论指导下进行实践，要实现理论指导与实践锻炼的有机统一，达到学以致用的育人效果。遵循教育活动的实践性原则以提升亲和力，并不能仅仅强调实践活动的实践性，因为这种实践必须是在正确的爱国主义理论指导下的实践。在前面章节中已经对爱国主义的理论基础进行了研究，高校爱国主义实践教育一方面要遵循马克思主义爱国主义观，另一方面要结合中华优秀传统文化的精髓，这二者经过实践活动融合之后，大学生才能更加深切地体会到爱国主义的内涵。爱国主义理论与实践的统一，还体现为爱国主义实践教育对大学生习得爱国主义理论的促进作用。实践是认识的来源，任何一种理论归根到底都是在实践的基础上产生的，这就决定了只有通过实践理论才能被认可和接受。因此，通过开展爱国主义实践教育，学生获得认可和接受体现中华优秀传统文化的马克思主义爱国主义观。因此，爱国主义理论认识的深化需要爱国主义实践活动的开展，爱国主义实践能力的提升需要爱国主义理论学习的支撑，对理论学习的强调不是对实践性原则的弱化，对实践教育的重视更不是对理论的忽视，二者是相互促进、相互作用的，这是遵循教育活动的实践性原则的要义所在。教师在爱国主义实践活动中引导学生自主学习爱国主义理论知识，在实践中不断加深学生对爱国主义思想的认同，学生才能更为全面地亲近爱国主义思想教育，这个过程自然也就提升了爱国主义教育亲和力。

（四）　实践教育要素的系统性原则

恩格斯指出，"世界表现为一个统一的体系，即一个有联系的整体，这是显而易见的"①，世界万物都处于相互影响、相互依赖、相互制约的动态系统之中。爱国主义实践教育活动本身也是一个开放的大系统，在不断与社会大系统进行知识、信息与能量的交换过程中，作为受教育者的大学生进行自我调整与优化，最终形成科学的爱国主义观。这个过程不是简单的单线发展，而是非线性的。爱国主义教育亲和力有赖于实践的系统性，实践教育内容的系统性能够使爱国主义亲和力的各种要素进行有机结合，促进各要素之间的同频共振，进而达到靠单个教育因素作用实现不了的教育效果，真正实现爱国主义教育"亲""和""力"三者的统一，从而提升爱国主义教育整体的亲和力。

首先，在教育主体方面，爱国主义教育的系统性原则要求形成多元协同参与的格局。高校爱国主义教育的复杂性客观上决定了要最大限度地调动各方主动性，做到多元教育主体的优势互补、协同推进，从而形成具有亲和力的育人合力。这就需要优化高校爱国主义教育各主体之间的结构与功能，避免令出多门、各自为战的非系统化主体格局，要形成实践教育的协同育人机制，既包括校内协同与校外协同，也包括纵向协同与横向协同，要协调好校内各个部门、各种制度之间的合作沟通问题，也要解决好高校、社会及相关爱国主义教育单位的有效衔接问题。

其次，在教育内容方面，爱国主义教育的系统性原则要求优化实践内容。开展实践教育要充分考虑全球化给我国政治、经济、社会和文化等诸多领域所带来的深刻影响，这是注重爱国主义实践教育内容外部环境的系统性。高校教育者要从知识、观念、信仰等方面不断优化实践内容，紧紧围绕立德树人的根本任务，从培育社会主义建设者和接班人的战略高度履行好实践教育的使命。在横向上，要体现爱国主义实践教育的多维度性，比如对中华优秀传统文化的实践教育、祖国自然地理环境的体验教育、红色文化的传承实践教育等，从多个方面让学生感受实践教育的亲和力。在

---

① 《马克思恩格斯全集》第 26 卷，人民出版社，2014，第 351 页。

纵向上，要注意不同学段爱国主义实践教育的针对性，做到有的放矢，因材施教，顺应潮流，符合规律，构建新时代大学生所认同的中国特色爱国主义教育体系，在横向和纵向的内容体系中体现爱国主义实践教育的亲和性。

最后，在教育载体方面，爱国主义教育的系统性原则要求构建立体全面的实践载体。在传统观念中，实践教育似乎只需要在一定的场所、基于特定的主题就可以实施，但是建立在亲和力基础上的实践教育，往往需要借助载体才能更好地实现教育目标，构建立体全面的实践载体是系统性原则的必然要求。当前随着 5G、人工智能、大数据等技术的不断发展，爱国主义实践教育可依赖的载体不断升级，VR 式实践体验教学、依赖于网络的爱国主义调研实践等方式注重融入实践载体，这有效地提升了爱国主义实践教育的亲和力。要丰富和完善高校爱国主义实践教育的新载体，强化线上线下一体化教育，使爱国主义实践教育既重视"面对面"，也强调"键对键"，在全面立体的实践载体下形成爱国主义实践教育的矩阵，以实践载体的系统化助推爱国主义教育亲和力的提升。

（五）实践教育主体的互动性原则

在高校爱国主义实践活动中，高校党政团干部、思政课教师以及其他专业课程教师、班主任、辅导员等群体是高校爱国主义实践教育活动的指导者，他们对学生形成正确的人生观、价值观、世界观具有指引作用。教师在学生爱国主义观的习得过程中无疑居于主导性地位，需要在具体的实践活动中促进学生的实践互动。爱国主义教育亲和力不是一个静态呈现，而是在互动中产生的亲近感、和谐感和认同感。因此高校爱国主义实践教育要注重教师的主动性与学生的互动性相统一。

一方面，互动性原则要求教师在爱国主义实践教育过程中主动与学生进行互动。这是由高校爱国主义实践教育活动的鲜明政治导向性和思想引领性所决定的，实践教育并不是完全放手让学生"自发"开展落实，教师应当关注爱国主义实践教育的全过程，要在爱国主义实践活动中帮助学生树立正确的政治观念，形成高度的政治认同和积极的道德情怀。因此，教师需要在爱国主义实践活动过程中发挥其主动作用，融入学生实践过程，用教师自己较高的素养去影响与感染学生，善于在实践的交流中发现并努力去解决爱国主义实践教育中存在的问题，教师以交互的方式主动参与爱国主义实践能够对学生产生亲近的力量，这种力量能够感染、凝聚、吸引、感召受教育者，并且会产生"亲其师，信其道"的教育效果。教师在实践活动中与学生互动，在进行传道、授业、解惑的同时，通过构建实践亲和力助力爱国主义精神内涵的传承。

另一方面，互动性原则要求引导学生在爱国主义实践教育的过程中进行朋辈之间的互动。本书在前面章节谈到，朋辈共同体的建立有助于实现爱国主义教育效果，教师应当积极引导学生建立朋辈共同体。在爱国主义实践教育过程中，学生的实践参与只有在互动中才能增强爱国主义的情感体验、才能更好地提高爱国主义行为能力，学生之间的充分互动交流是爱国主义教育亲和力的重要特点，教师要引导他们构建互动氛围。例如，在实践教育活动的设计方面，可以设计一些互动性比较强的实践活动，使学生通过直接参与爱国主义项目、沉浸于爱国主义的环境中去体验和感悟，在朋辈共同体中不断增强实践活动的自主判断力，在观点的交流、实践的分享与合作中完成爱国主义知识的传递以及情怀的生成。在这个互动过程中，能够形成学生与学生、学生与教师之间的爱国主义情感默契，有助于实现学生爱国主义的情感升华以及实践能力的提升。

因此，高校思政课教师在进行爱国主义实践活动时，需要通过实践活动设计，增强学生在爱国主义实践教育中的互动，从而使实践教育具有亲近、吸引、融合的倾向或特征，增强学生对爱国主义教育的接受度，提升教育效果，实现育人目标。

通过具体分析实现爱国主义实践活动亲和力所应把握的具体原则，不难发现，爱国主义实践教育所应秉持的原则也直接决定了爱国主义实践活动的整体亲和力。在爱国主义实践教育中切实坚守好这些原则，有助于把教育者和受教育者从传统课堂教育阵地带入社会实践，真正实现从课内"小课堂"向社会"大课堂"的转变。在这种转变中，大学生能够拥有较高的"在场感"和"获得感"，实践教育的亲和力也就自然形成了。实践教育具有了亲和力，学生就能够更好地体验爱国主义教育的价值性、正义性、正当性。那时，爱国主义教育将会从外在的道德诉求内化为新时代大学生的必备素养，学生在接受爱国主义教育过程中产生的正面的主观感受和积极的情绪体验是传统爱国主义教育所难以企及的。因此，在高校爱国主义实践教育中，要坚持实践活动设计的针对性原则、注重实践教育效果的实效性原则、遵循教育活动的实践性原则、体现实践教育要素的系统性原则、掌握好实践教育主体的互动性原则，只有这样，才能掌握爱国主义教育规律，有效整合爱国主义实践教育各要素的亲和力因子，实现高校爱国主义实践教育亲和力的提升。

二　丰富高校爱国主义实践教育的样态

《新时代爱国主义教育实施纲要》对爱国主义教育的效果提出了明确要求，纲要指出要"着眼培养担当民族复兴大任的时代新人，始终高扬爱国主义旗帜，着力培养爱国之情、砥砺强国之志、实践报国之行，使爱国主义成为全体中国人民的坚定信念、精神力量和自觉行动"[1]。这段关于爱国主义教育目标要求的表述明确了爱国主义的实践性要求，清晰阐释了爱国主义教育策略必须是从理论到实践的实施样态。如何提升高校爱国主义实践教育效果，笔者认为，必须从实践亲和力上下功夫，积极探索项目式实践活动、沉浸式实践活动和参与式实践活动对于提升亲和力的方法。

（一）以项目式活动提升大学生爱国主义实践成就体验

项目学习是一种基于真实社会背景、由学生围绕现实问题展开相关探讨并完成有关预定任务的学习方式，这种学习方式是注重以学生为中心的探索式学习。将项目式活动引入高校爱国主义实践教育，能够使学生不断产生新的内源性动力。在项目式实践活动中，教师鼓励学生主动发现有真实意义的爱国主义教育项目，然后形成具体的项目执行规划，在项目开展中通过运用爱国主义知识原理分析问题、解决问题，从而深化对爱国主义的深刻理解，形成对爱国主义亲和力的情感体验，最终影响自身的爱国主义行为。项目式活动满足了爱国主义教育实践性原则要求，能够帮助学生在爱国主义教育实践活动中，深化对爱国主义教育亲和力的体验和理解。在实践中提升爱国主义教育亲和力，又通过爱国主义教育亲和力的提升拓

---

① 《新时代爱国主义教育实施纲要》，人民出版社，2019，第 2 页。

展对爱国主义教育实效性和系统性的认识，在"项目设计—亲和力提升—系统高效实践"的螺旋式上升中，实现爱国主义教育从认知到行动的飞跃。

1. 以项目式活动提升亲和力的意义探讨

开展项目式活动有助于大学生感受爱国主义实践教育亲和力，理解爱国主义教育的丰富内涵。爱国主义项目式活动的意义在于它被赋予了价值属性。在教师的引导下，当前高校开展的高质量爱国主义实践项目坚持以习近平新时代中国特色社会主义思想为指引，深入挖掘中华优秀传统文化中的优秀成分，注重传统优秀文化的现代性转化。通过开展项目式活动，大学生能够在接受世情、国情和形势与政策教育中，充分关注当今中国在国际社会中的地位和作用，认识构建人类命运共同体的世界意义，形成正确的爱国主义观，不仅包括对我国国家历史和文化的学习和体悟，还强调对国家制度和人民的拥护和热爱，对国家发展和社会发展规律的认识。因此，精心设计规划的项目式爱国主义实践，能够通过提升爱国主义实践活动的亲和力，从更深层次激发大学生爱国情感，落实爱国主义实际行动，使爱国主义教育不再是传统的爱国主义知识的增长，更是价值观的形成、素养的培育和亲和力的提升。

开展项目式活动有助于提升爱国主义实践教育亲和力，使大学生对爱国主义实现从认知到行动的飞跃。当前我国高校爱国主义教育的实施方式仍然以理论学习为主。有学者指出，爱国主义教育不是抽象的理论和概念的教育，这样是难以被学生真正理解的，容易走向形式化，学生缺乏直观的体验和感受，既不能实现对大学生之前各学段爱国主义教育的衔接和升华，也不能真正指导学生的实际行动。而相比较高中生而言，大学生是即将走向社会的一批群体，他们对社会生活的关切显得更加紧迫。而项目式爱国主义实践就是把现实生活作为重要关切，重视"情感—行动"的爱国主义实践教育设计模式，致力于提升爱国主义实践的亲和力，以情感为动力、以实践为途径，引导当代大学生的爱国行动。项目式活动既适应了新时代高校爱国主义教育实践性诉求，又满足了学生适应未来社会生活需要，为学生更好地融入真实的生活情境，在未来实际生活中真正践行爱国主义打下坚实基础。

通过项目式活动，丰富爱国主义实践教育亲和力，从而实现被教育者向教育者的角色成长。新时代爱国主义教育作为德育的重要内容，不是孤立的教育教学活动，更关注学以致用的价值观，强调从知识转为实践。学校通过项目的系列实践活动，有利于爱国主义教育实现德育目标。通过关注优秀传统文化的项目，如传统节日、重大纪念日、物质文化遗产保护、各地乡土爱国主义教育实践资源开发等，学生在亲历实践中，用自身的行动丰富爱国主义实践教育的亲和力。通过自己主动地发现项目、设计项目方案、实施项目、展示项目成果等系列实践活动，学生在实现对自我的理想信念教育、领会国家发展使命的同时，也在自己的实践中自觉成为爱国主义教育的施教者、引领者。

2. 以项目式活动提升亲和力的基本要领

项目式爱国主义实践教育主旨是让学生在不断地探究和实践过程中，做到将爱国主义教育内容和具体生活实践相结合，基于真实的生活和社会环境，以社会实践实现对知识和行为的意义构建和意义迁移。学生通过项目或活动将社会发展、社会问题与自己的真实生活构建起紧密连接。项目式教育活动所强调的这一点正贴合了《新时代爱国主义教育实施纲要》所提出的要求。

首先，从项目形成视角注重学生主动性，注重在项目活动设计的开端处就提升爱国主义教育亲和力。要从宏观和微观的设计上挖掘项目式活动设计，注重从细微处入手，调动学生对项目的兴趣。因为"项目式学习是以目标为导向的实践教学。在实现目标的过程中，学生必须学会分解任务、分析问题、找知识、甄别证据、收集资料、选择方法混合工具"[1]，所以项目式实践注重转变被动接受爱国主义教育为主动接受爱国主义教育。高校开展项目式爱国主义实践教育应不同于课堂知识的传授，要注重学生在项目形成过程中发挥主体性作用，学生要从项目设计的开端就注重主体性融入。项目设计环节要重视项目形成的质量，一个完整的爱国主义实践项目的前提是项目的问题设计。要引导学生探讨高质量的项目，这些项目应该首先能够形成"真问题"，并且能够使大学生有可能通过自身或小组协作方式得到解决，例如以下主题可以作为大学生实践探索的项目问题：

---

[1] 侯红霞：《论项目式学习及其在高校思想政治理论课教学中的应用》，《思想教育研究》2021 年第 11 期。

"书香城市话题""垃圾分类问题""党史学习的意义""今天我们怎样爱国"。大学生通过对这些实践主题的挖掘与分析，参与设计项目规划，充分体现主动性。相比较初中生、高中生在教师的组织和带领下进行设计的特点，大学生的项目设计应从一开始就主动参与。从学生主动地关注和发现问题开始就无形中提升了学生对项目的卷入度，自身精力的投入有助于感受项目的意义和亲和力，并且在亲和力的提升中推动项目的实施。

其次，从项目实施视角注重过程性评价，注重在项目活动过程中多维度覆盖、深细节挖掘以实现爱国主义亲和力的提升。相比较高中生而言，大学生完全具备资料的搜集、筛选能力，能够就有关项目选择相应的技术方法。他们能够围绕爱国主义实践项目，主动开展知识内化的构建行为。他们在知识的调用与深度思考中充分参与爱国主义项目，最终达到爱国主义知行合一的效果，而这个过程也是潜移默化实现亲和力提升的过程。例如，"如何运用乡土资源进行爱国主义教育"这一主题，在确定主题后，学生自主进行实地走访、调研，不断筛选所在城市或设定城市的爱国主义教育实境和场所，走访相关博物馆。而教师也要适时在关键环节给予指导与支持，引导学生进行资料搜索、方案修改等，并根据活动过程中学生的行为表现有针对性地对项目组学生进行实践反馈，使学生在项目落实过程中不断完善项目实施方案，在角色功能上进行适当的自主调整与补位。教师还应注重对项目做出过程性评价，以此对学生实践行为进行鼓励或调整。过程性评价应尽可能考虑多维度和细节，让细致细腻的感受和爱国主义项目同频共振，提升爱国主义教育的亲和力，让亲和力变得真实、具体、可感知。

最后，从项目式成果角度注重活动反思，注重总结、提炼项目活动的成果，使学生在反思性总结中能够再次受到爱国主义教育。项目式爱国主义实践教育的育人功能不仅存在于设计前和实施中，也蕴含在项目完成后的及时总结与反思中。这种反思应是包括多个维度的，作为教师，需要引导好学生从项目的科学性、合理性和项目问题的形成、实施、效果等方面展开讨论。对于形成的思考与成果，可以引导学生进一步挖掘与深化。例如，对非常有教育意义的爱国主义项目可以采取在学院、学校成果展示的方式，扩大项目成果的影响力，也可以引导学生申报大学生创新项目、挑战杯等活动基金。对于以解决问题为主要内容的项目成果，可以形成调研报告或者提案提交相关部门，让学生能够感受到爱国主义行为的社会效应，增强他们的成就感。在这一过程中，教师的主导性至关重要，教师要坚持以爱国主义教育为主线贯穿活动反思过程，使学生在项目的反思总结中结合真实体验形成对爱国主义的认同，深化对爱国主义的认识，从而实现爱国主义实践亲和力的提升。

3. 爱国主义实践项目式活动主要环节

以学生为中心的项目式活动在具体操作时有若干步骤，需要学生提出项目、构思项目，制定项目实施方案，通过项目实施发现问题、解决问题，以展示、报告、论文等形式形成有关成果，评价与反思，等等。总的来说，具体落实项目式实践活动环节时要体现严谨的学科要求、展现真实情境、重视学生自主权、注重专业化指导以及强调评价等关键点，在活动过程中把爱国主义知识、能力与情感的培育放在突出位置，具体包括以下四项环节。

第一，提出问题。开展爱国主义实践项目的第一步是设计项目问题，提出学习目标。这个环节要始终围绕爱国主义的知识与实践能力，通过设计具有挑战性的项目问题，激发大学生持续探究的能力，不断优化项目设计，这样也会使爱国主义实践项目更有意义。如果提出的项目具有可持续性探究的特点，大学生可以在一定的时间内积极、深入地参与到项目中来，寻求更多方案来解决问题。在高质量的项目中，学生会始终浸润在爱国主义实践活动之中，使爱国主义教育的亲和力在学习过程中不断生成和迭代。

第二，项目实施。爱国主义项目式实践活动的实施指的是根据方案规划具体落实项目的过程。项目式活动在提出问题环节之后，接下来就是制定一个切实可行的具体可操作的实施方案。可操作性规划方案不仅仅在于活动的顺利推进，而且在于爱国主义教育要能够贯穿其中。学生作为项目活动的发起人，也是项目规划方案的制定者与执行者。他们在个人探究的基础上，注重小组合作等形式，在不断讨论的头脑风暴中明晰自己在项目中所承担的具体任务，并在教师指导、同伴协作下完成爱国主义实践项目。这个过程包括项目目标的分解、项目情景设置、任务分配、项目进展跟踪、措施保障等具体环节。在真实情景、真实问题的项目实施过程中，学生以亲身体悟的方式感受爱国主义的内涵、践行爱国主义要义。

第三，解决问题。项目式爱国主义实践活动是以任务为目标导向的，坚持把解决问题作为项目的落脚点。在项目实施过程中，目的就是解决问题。在爱国主义实践项目中，可能涉及的问题有：怎样让自己的爱国主义实践活动的项目成果进一步发挥社会价值？如何呈现项目式实践活动的阶段性作品？如何推广相关的成果？这一系列问题解决的具体思路需要学生自主进行商讨和不断调整，在动态中解决问题，最终形成项目式爱国主义实践教育活动的成果。

第四，评价与反思。评价与反思是项目式实践活动的最后一个环节，有效的评价和及时的反思对于评估爱国主义教育的效果、实现爱国主义教育目标、增强爱国主义教育的实效性等都有积极作用。在项目式爱国主义实践教育中，评价分为正式和非正式两种形式。教师可以自己就学生作品展示等关键节点作较为清晰的评价，向学生提出具体指导反馈，帮助学生判断是否达成目标，提升他们的爱国主义实践能力；也可以引导项目中的同伴开展非正式评价来促动项目的完成与后续的反思；还可以邀请爱国主义教育领域有关的专业人士如博物馆、纪念馆、爱国主义教育基地工作人员进行评价，使学生获取对项目式实践更具针对性的评价，这些评价与反思有助于大学生觉察与体悟爱国主义教育的亲和力。

（二）以沉浸式活动提升大学生爱国主义实践情感体验

高校爱国主义教育是我国整个教育体系中的一环，当前我国中小学的爱国主义德育工作形式多样、内容丰富，高校教师要深刻认识对大学生开展具有亲和力的爱国主义教育的重要性，要在实践教育上多花心思，不断探索实践教学的新样态。沉浸式爱国主义实践活动作为爱国主义教育的重要样态，主要是通过场馆、实境、音效、现代化技术等手段创设沉浸式体验，促使学生在多维资源的交互作用中接受爱国主义教育，在体悟浓厚的历史文化底蕴的同时，激发心中的爱国主义热情，提升爱国主义实践教育的亲和力。

沉浸式爱国主义实践活动对爱国主义教育亲和力的影响有如下三个特点。第一，更容易形成爱国主义情感共鸣。沉浸式爱国主义实践活动提供了融入特定场域、接触特定人群的沉浸体验，使爱国主义具体包括爱国土、爱人民、爱国家这三种原始情感变得更加直观、细腻、具体，更容易引起情感共鸣，能够让学生从感官上体验爱国主义教育的亲和力。大学生兼具理性和青春活力的特点，更易于在现场感、体验感十足的沉浸式实践活动中受到启发和激励，将爱国情感转化为具体的情感表达。第二，更容易使大学生朋辈之间相互促进。沉浸式爱国主义实践活动帮助青年大学生构建共同的"爱国者"身份，实现从自我身份意识到公民身份意识的转变。通过沉浸式的互动，大学生在同学范围内首先实现爱国主义情感交流和传播，在同伴的支持和共鸣下，青年大学生会更多地表现出坚定的爱国决心和积极的爱国行动，也能够体验到更强烈的民族自豪感，使爱国情感得以巩固与深化，使爱国主义教育更具亲和力和感染力。第三，更容易使大学生爱国主义教育内容饱满。对于大学生爱国主义教育而言，"要不要爱国"显然不是问题，怎样爱国？当代大学生的具体爱国行为有哪些？这类主题才是重点教育内容。大学生不仅是爱国主义教育的对象，还可以成为实施者。大学生通过阅读、观影、剧本演绎、实地参观等沉浸式活动，在爱国主义实践教育中受到沉浸式教育，从而实现由受教育者向实施者角色的转变。在高校沉浸式爱国主义实践教育中，大学生的角色以及受到的爱国主义教育内容相较于高中生会更加多元饱满。

沉浸式爱国主义实践活动遵循了实效性、系统性的原则，能够"在特定的人文环境和典型情境中，通过任务驱动、情境创设、学生体验和思考升华……使思政教育入脑入心，达到内化于心、外化于行的效果"①。生成的亲和力更有利于让学生获得不同角色的体验从而形成思考，增强当代大学生思维的弹性和深度，使学生在"绝知此事要躬行"的爱国主义实践中受到爱国主义教育的实践浸润，从而达到开而弗达的境界。高校爱国主义沉浸式实践活动主要有以下具体形式，在实践中易操作且效果良好，因而具有较好的亲和力。

1. 举行爱国主义读书活动

读书对于人的全面发展意义重大，能够促进完全人格的培育。所谓立身以立学为先，立学以读书为本。在爱国主义读书活动中，我们要通过从个人读书到群体的读书交流、分享活动把个人自尊上升为集体自尊、国家自尊和爱国主义情怀，通过读书，学生要更加笃定地将继承和发扬中华民

---

① 张萌：《沉浸式学习在学生党史教育中的实践研究》，《中国教育学刊》2021年第1期。

族光荣传统作为爱国主义教育的应有之义。

开展沉浸式爱国主义读书活动，首先，要注重爱国主义阅读书目的筛选。好书是伟大心灵的血脉，爱国主义读本把关至关重要，读书就像与人谈话，读一本好书则是与良师益友的一场交谈。大学生在读书时会接触新知识、新观点、新价值观，而后自主发生变化，并且这种改变往往是根本性的。一方面，书目的选择要注重思辨性取向。因为阅读意味着学习者的价值观可能面临重塑，在爱国主义实践教育中，注重具体阅读书目的筛选具有根本性意义。另一方面，要注重书目的适切性。阅读是学生新的认知建构和旧的认知解构的一个交织过程，学生在阅读时往往需要找到自己的最近发展区和自己的信息加工点才更容易产生共鸣，才能提炼出与自身相容的阅读意义。在爱国主义阅读书目筛选过程中，我们要关注爱国主义教育内容是否适合大学生心理与成长特点？爱国主义行为引领是否符合大学生的专业？适切的内容更容易拉近学生和内容之间的距离，让学生在近距离的阅读中体会爱国主义图书的亲和力，从而对爱国主义教育实践活动产生更深层次的认同，从而沉浸于阅读内容所带来的亲和力体验。

其次，要关注爱国主义读书氛围营造。《学习的本质》一书指出，"当个体处在一个赋予学习以意义的情境中时，学习就会得到促进"[①]。读书氛围对读书效果的影响是潜移默化的，好的阅读环境能够使阅读者受到环境的积极陶冶和感化。研究表明，教育手段发挥作用受到人与环境互动机制的支配，人与环境的互动可以被看作教育行为本身。环境的和谐、亲和更有助于阅读者敞开心扉、融入其中，达到较好的教育效果。因此，爱国主义实践教育作用的发挥更需要教师或学生读书团体创造一定的阅读条件，促进学生对知识的深层次探寻。营造具有亲和力的爱国主义阅读氛围是爱国主义实践教育取得成效的关键。

最后，要注重创新实现爱国主义读书活动的系统性。对于学习者来说，主体、环境、阅读内容是交互作用而发挥效能的。具体而言，爱国主义教育作用的发挥必须建立在学习者的思想结构和其可以采集的信息之间的多重关系，因此，爱国主义读书活动的系统性对整体效能的实现意义重大。我们可以通过创新活动的组织形式、展示方案、主体角色转变等综合

---

① 〔法〕安德烈·焦尔当：《学习的本质》，杭零译，华东师范大学出版社，2015，第140页。

作用，实现爱国主义读书活动的系统性效果。换句话说，在爱国主义读书活动中，充分发挥学生的创造性有助于学生在实践活动中实现角色的转变，毕竟学生不但是爱国主义实践活动的"参与者"，更是其所参与活动的"创造者"。当学生感受到自己的活动行为具有不可替代性时，其自我成就感、效能感会不断提升，在自我价值验证的过程中其会从读书活动的创新中感受到快乐、自我价值和亲和力。

2. 组织爱国主义观影活动

爱国主义影片兼具艺术性、思想性，它通过视觉冲击、音效渲染、技术特效的使用，使各类爱国主义题材的内容生动展现在观众面前。观影活动作为大学生爱国主义实践教育的一种形式，具有良好的感染力。大学生在参与观影活动时，会对影片所展现的中华优秀传统文化、无产阶级的革命传统、社会主义的理想价值信念等内容留下深刻的印象。电影中的各种元素、效果的综合叠加会让大学生深刻体悟中国共产党为什么能、理解中国共产党为什么好、理解马克思主义为什么行，同时还能够感受到改革开放给人民带来了怎样的生活变化……爱国主义影片在艺术化的表达中实现民族情感的传递，激发大学生的爱国主义热情和家国情怀。不难看出，爱国主义观影活动成本低、效果佳，是一种极具必要性和可行性的沉浸式爱国主义实践活动样态。爱国主义观影实践教育活动的组织开展需要遵循一定的步骤与方法，融入相关理念，否则就难以实现亲和力与实效性的统一。

爱国主义教育观影活动应坚持价值引领性和文化浸润性的统一。爱国主义情感的产生必须建立在对国家高度认同的基础上，只有充分认识到中华文化的源远流长、博大精深，才能拥有坚定的爱国主义热情。爱国主义电影因其极具艺术感染性和现实教育意义，所以成为培育和激发爱国主义情感的重要载体。在观影实践教育活动开展之前，教师可以先就观影主题给大学生做好铺垫与渲染，把爱国主义的基调和主线融入观影前的指导环节，坚持正确的政治方向引领，发掘影片蕴含的爱国主义价值，引导学生以正确的历史观、民族观、国家观、文化观来观看影片。另外，要坚持选择健康活泼、格调新颖、内涵丰富的爱国主义影片占领爱国主义教育主阵地，做到以文化人，教师要坚持把具有深刻文化意蕴和内涵的影片作为观影题材，通过展现中华优秀传统文化来丰富大学生精神生活，增强大学生对当代中国及优秀传统文化的自信，发挥高校爱国主义教育文化阵地的作用。大学生通过观影活动沉浸于中华优秀文化的氛围中，受到正确价值观的引领，深刻理解历史发展规律，能够自觉地站在人民群众立场进行价值判断和选择。总而言之，观影活动是一种大学生喜闻乐见且具有润物无声特征的实践活动样态，使爱国主义教育极具亲和力。

爱国主义教育观影活动资源选取应坚持全面挖掘和全员参与的统一。在爱国主义电影观影素材和资源的选取工作上，可以联动高校学生党支部、学生社团等组织，开展全面、细致、多维度的搜索和筛选，在此基础上组织集体观影活动。此外，除了观影以外，还可以开展形式多样的观影延伸活动，如角色分析、影评沙龙、最佳影评人演讲投票等对观影活动进行进一步实践拓展，实现从观影的感性到理性爱国的升华，既实现了爱国主义教育又实现了亲和力的升华。拓展活动可以弥补传统观影活动仅仅满足于"观"而没有"评"的缺陷，从观片、评片的角度引导学生从被动的接受者变成爱国主义观影教育真正的参与者，实现师生、生生的全员参与。关于延伸活动的系列尝试，上海市早在 1994 年制定《上海市中小学爱国主义教育实施方案》以后，就有中小学进行"优秀影视教育"可行性操作的相关研究。而高校学生在实际能力和时间等条件方面更具优势，因此，在观影中接受爱国主义教育水到渠成，高校大学生在爱国主义观影活动资源的搜索、筛选以及活动组织的过程中，将对爱国主义实践教育亲和力提升有直接影响。

此外，要充分利用现代技术，增强大学生在爱国主义实践观影活动中的生动体验，例如可以在爱国主义观影中融入 VR 科技，这种场景十足、代入感极强的科技手段能够增强沉浸的效果。通过 VR 科技走进校园，学生在 VR 技术中心体验红军爬雪山、过草地的场景，切身感受开国大典上的恢宏气势和人民群众对新中国成立的欢欣鼓舞，身临其境式感受祖国在各个领域取得的新成就，从而能够充分激发他们的爱国主义思想感情。

3. 开展"真情·真境·真事"系列活动

知行合一的教育规律，既是人类思想史的智慧结晶，也是世界教育发展的趋势，更是人的身心和谐全面发展的内在要求。所以在爱国主义实践教育中，应始终遵循知行合一原则。这就要求高校爱国主义实践教育应重视大学生的全面发展，明确"怎样培养人"的问题。而从本质上来说，人的行为是感性的而不是理性的，"行"作为人的存在方式，是对"知"的一种外化和表达。有学者指出，马克思主义哲学的实践概念具有三层基本内涵："第一，实践概念指的是人的感性活动"；"第二，实践概念确立了主体性的维度"；"第三，实践概念体现了改变世界的价值关怀"。① 人们基于"行"表达价值关怀最终改变世界的过程即为实践的过程。在校大学生具有一定的实践客观条件和主观能力，但受身份限制，接受教育仍然是在校大学生"行"之主体。因此，爱国主义实践教育通过"真情·真境·真事"为大学生构建自身成长所需的沉浸式情境，在沉浸式情境中大学生可以体会实际生活的现实性、复杂性、无方案可寻性等特点，这可以极大地调动大学生的创造性思维和生活经验。通过沉浸于共同体中的方式，大学生创造性运用自身已有知识，就问题进行讨论、交流、分析、辩论，最大限度构建完整的思维链，培养解决真实问题的能力。可见，在沉浸式爱国主义实践活动的诸多形式中，不仅有读书、观影可选，包括剧本演绎、实地参观、实习基地实践等在内的"真情·真境·真事"行动方式也不失为较好的选择。

第一，以爱国主义"剧本演绎"体悟"真情"。大学生可以在高校爱国主义教育系统性原则的指导下，根据教师的指导，选择剧本演绎的方式来实现爱国主义实践教育。因为在剧本演绎活动中，大学生可以通过增强情感体验和发展性思考，提升爱国主义实践教育的亲和力。让大学生实现从"可言说"的教育向"不可言说"的教育转变。从根本上来说，爱国主义实践教育的亲和力更多的是一种不可言说的力量。除了剧本演绎，教师还可以让大学生进行创造性的深度思考：如果你是外国观众，你希望看到怎样的中国故事？作为中国观众的我们在看的时候和演绎的时候自身感受有何区别？假如你是制片人、导演、编剧，你会选择什么样的中国故事？作为当代大学生我们应该怎样讲好属于自己的中国故事？大学生在局外观看—置身其中—主导剧情的不同角色中进行切换，实现从最初的"看山是山"到最后的"看山还是山"的否定之否定的转变。大学生在演绎和思考的深度思维活动中，培养全面看待爱国主义实践活动、感受爱国主义实践活动亲和力的魅力，培养更全面看问题的思维品质和纵横驰骋的广域思维

---

① 王仕民：《简论马克思的实践范畴》，《哲学研究》2008 年第 7 期。

能力。这有利于激发大学生爱国主义意识、发展爱国主义实践能力，增强当代大学生对爱国主义实践活动的认同和对中国故事的高度自信。大学生通过感受剧本演绎特有的亲和力实现方式，可以收到其他实践活动形式所不可替代的亲和力感知效果。在清晰的亲和力感知的基础上，大学生通过剧本演绎让剧中人的价值判断和选择能够水到渠成地内化为他们的自觉道德判断和选择。

第二，以爱国主义"实境演绎"感受"真境"。在高校爱国主义教育实践性原则的指导下，教师可以运用"实境演绎"的形式对大学生开展爱国主义实践教育。实境演绎通过鲜活情境阐释爱国主义能够使大学生沉浸在教育内容中，从而有效提升爱国主义教育亲和力。

所谓爱国主义"实境演绎"，指的是在历史博物馆、纪念馆、红色爱国主义教育基地等场所开展大学生爱国主义教育，通过高校教育"小课堂"向社会"大课堂""借"资源，实现社会的"殿堂"和校内"课堂"的融合的一种教育形式。这种教育一般可以通过现场教学、专题教学等形式进行，依托丰富的现场教育资源，把爱国主义的校内理论课堂与校外实践课堂相结合，变现场为课堂，注重学生的现场自我教育，生成学生爱国主义实践的内在动力。大学生在真实情景之中触摸厚重的中华民族历史、感悟中国的伟大精神，升华个人爱国主义情感。这种教学方式以接地气的特点，增强了学生与现实之间的互动，具有较强的震撼力，提升了爱国主义教育的亲和力。

要用好"实境演绎"这一爱国主义教育实践，高校要在丰富教育内容、创新爱国主义实践教育载体上下功夫，切实提升爱国主义实践样态的亲和力。

第三，以爱国主义"故事讲述"感受"真事"。在高校爱国主义教育实效性原则的指导下，高校教师通过组织"故事讲述"的实践方式让大学生感受爱国主义教育的真实事件，在沉浸式体验中达成爱国主义教育目标。这里的"故事"指的是"中国故事"，"中国"是对空间地域和人事对象的限定，而"故事"作为一种叙事形式，强调情节的生动性与连贯性，中国故事是在历史的长河中大大小小的事件、人物中形成的。在沉浸式实践教育中，学生是爱国主义故事讲述的主体，而不是作为听众出现的，从而使该"实践教育"与其他教育形式区别开来。以"故事讲述"的形式让学生在沉浸式教学中感受"真事"一般有两种形式。第一种形式是由学生作为主讲人向朋辈共同体讲述具有爱国主义内涵的中国故事。大学生搜集爱国主义资料并整理、加工，尽量原汁原味地展现爱国主义内容，在朋辈共同体中进行故事讲述，并深化对爱国主义故事的理解与认识，从而达到沉浸教育的效果。第二种形式是大学生走出校园，走进社会，面向社区、中小学校、企事业单位等进行爱国主义故事讲述。他们在对爱国主义英雄人物、事件等开展搜集资料、整理资料、撰写故事、讲解故事的实践过程中，能够切身感受爱国主义教育内容。以"故事讲述"感受"真事"的爱国主义实践教育无论在内容还是形式上都能够提升爱国主义教育的亲和力，达到润物无声的效果。

（三）以参与式活动提升大学生爱国主义实践任务体验

美国社会学家兰德尔·柯林斯在《互动仪式链》一书中提出，"一个人会从参与群体的互动中得到充分的情感力量。这使其不仅成为群体的热情支持者，而且成为其中的领导者……当群体聚集在一起时就能激起具有感染力的情感"[1]。在参与式实践活动中，个体和群体持续互动，在爱国主义的实践中通过彼此交往而实现身份认同，促进爱国激情的燃烧和迸发，实现爱国主义教育亲和力提升。这解决了当代大学生主体感降低和归属感缺失的问题。参与式爱国主义实践活动让大学生逐渐实现从个体认同到群体认同再到国家认同，既满足了当代大学生个体成长和归属感的需要，也达成了高校爱国主义教育教学目标的实现。

高校爱国主义教育参与式实践活动是以大学生为主体，基于其特定的身份积极主动地参与社会实践活动，并从中感受到爱国主义教育的实践活动样态。高校爱国主义教育参与式实践活动是一种具有包容性和开放性的积极追求，它调和了当代大学生个性化追求与爱国主义教育要求之间的某些对立性，并提供了一种切实可行的操作方式。参与式实践活动为个性化发展的当代青年大学生提供了一个将个人身份认同嵌入时代大潮的机会，并且在嵌入的过程中主动构建自己对国家的认同。在参与型理念引导下，高校教师以提升亲和力来实现爱国主义在青年大学生群体中的有效传播。

---

① 〔美〕兰德尔·柯林斯：《互动仪式链》，林聚任等译，商务印书馆，2009，第160页。

1. 涵容个性发展，组织参与式青年爱国主义宣讲活动

爱国主义宣讲活动能够让个体在充分地表达思想的同时，实现对爱国主义内容情感的分享，因此宣讲活动的意义不仅在于宣讲者的分享意义，也在于宣讲活动对于青年大学生的自身教育意义。大学生在宣讲实践过程中通过爱国主义主题的写稿、演练、宣讲等活动的持续进行，在全过程的参与中实现深刻的爱国主义自我教育。

习近平指出，宣传工作要"把服务群众同教育引导群众结合起来，把满足需求同提高素养结合起来"①，这是实现宣传教育亲和力的关键。大学生爱国主义教育宣讲也要强调这一点，这样有助于提升大学生宣讲活动的亲和力，从而实现大学生爱国主义自我教育亲和力的提升。要实现这一目标，在爱国主义宣讲活动的准备环节，教师要引导大学生围绕爱国主义宣讲主题进行精心准备并充分考虑宣讲活动各个环节的科学性与合理性，例如要关注宣讲内容是否恰当、如何让听众被宣讲内容吸引、采用什么样的宣讲模式与风格等。对这些问题的深入思考能够让大学生进行深度备课。随着参与的深入，大学生宣讲者会逐渐发现宣讲的实质在于分享，而亲和力对分享效果又有着十分直接的影响。因此，通过对宣讲实质的把握，大学生会更愿意在自己的宣讲活动中注重亲和力的运用和进一步提升。他们会将更多时间和精力投入演讲内容、风格和状态中。为了能够使大学生的宣讲内容吸引并打动听众，教师要引导大学生站在广大群众的立场进行宣讲，在用马克思主义理论武装群众的过程中必须注重以喜闻乐见、通俗易懂的宣讲方式满足群众诉求，从群众熟悉的爱国主义话题切入，宣讲党的路线、方针、政策，建立群众真正听得懂的话语体系，与群众产生情感共鸣，进而使爱国主义精神与情感在群众中进一步生成。

从当前一些高校爱国主义宣讲实践操作经验来看，不少高校大学生在这方面开展了创新尝试，爱国主义宣讲在形式和内容上都有一些创新性的表达。除了用音频、视频、PPT等常见形式之外，大学生还通过编顺口溜、快板、小品等形式进行宣讲，这种寓教于乐的形式极大地提升了宣讲活动的实效性。

诚然，目前在涵容个性发展，组织参与式青年爱国主义宣讲活动中也

---

① 《习近平关于社会主义文化建设论述摘编》，中央文献出版社，2017，第26页。

面临学生参与面不够广、宣讲的针对性有待提高、互动性不足、缺乏反馈机制等问题。这些困难可以通过大学生宣讲员自身、所在高校、相应社区的协同配合来进行克服。其一，社区要包容和理解爱国主义宣讲活动中大学生宣讲员的不足之处。其二，高校要积极协调、寻找资源，为大学生宣讲员的成长成熟创造条件。其三，大学生宣讲员应积极进行自我教育，不断提升自己的理论素养和亲和力，积极寻找方法、提升宣讲效果。在各方合力中不断尝试，逐渐形成既能涵容个性发展又能实现当代青年具体时代价值的活动系统，让该系统能够通过组织参与式青年爱国主义宣讲活动逐层递进，实现从"输入"到"输出"的螺旋上升，在实现大学生个体爱国主义品质不断发展的同时，促进社区、社会团体等社会组织部门爱国主义教育质量的提升。

2. 用好重大节日，开展参与式爱国主义系列竞赛活动

我国一些节日、纪念日等具有丰富的爱国主义资源和文化内核，对大学生富有教育意义，例如国庆节、"一二·九"运动纪念日、国家公祭日等。通过这些节日活动，大学生"回头看"近现代中国的热血奋斗史，可以深刻感知国家的兴衰荣辱与每一个人息息相关。这些节日活动的开展能够激励当代大学生继承先烈艰苦奋斗、发奋图强的革命精神，使他们具备为中华民族的伟大复兴而奉献青春的道德情操，激发他们的民族自尊心、自信心和自豪感。

坚持传统节日和爱国主义教育相结合，在传统节日节点挖掘其中蕴含的爱国主义实践活动资源，组织节日文化活动，在文化活动中进行爱国主义教育。开展形式多样的实地参观、祭扫烈士陵园活动，举行入党仪式、重温入党誓词等实践活动，让学生在多种形式的爱国主义活动中，始终铭记为祖国建设事业奋斗终生的目标。在参与式爱国主义教育活动中坚持一个节日一个"符号"，一个活动一个"烙印"。坚持一个节日一个"符号"，是指每当重大节日来临之际，可以在校园内进行有特色有主题的"标志"设计，营造各类节日氛围，例如针对端午节、中秋节，可以面向广大学生征集环境布置的设计方案，形成一件件具有节日氛围的作品，让学生在参与活动过程中感受中华传统文化的意蕴。这些具有节日或纪念日特征的作品形象能够加深大学生对于我国的文化自信，这样的参与式活动所形成的成果也能够丰富高校爱国主义实践教育资源库。所谓一个活动一个"烙印"，指的是学校针对重大节日所举办的爱国主义实践教育活动给大学生留下深刻印象。在此后相关节日、纪念日再度到来时，大学生能够很直观地回味起对该活动的文化认同，能够激发他们内心深处的爱国情感，从而对我国悠久历史文化感到骄傲自豪、对近代中国的发展壮大感到心潮澎湃、对中华民族伟大复兴充满信心。

挖掘重大节日开展参与式爱国主义系列竞赛活动时，应遵循系统性和广泛参与性原则。要注意根据节日的特点进行相应实践活动的设计，不宜采取千篇一律的活动形式。设计的活动一方面要体现节日主题，另一方面要考虑当代大学生的心理特点和学习习惯，尽可能以大学生喜闻乐见的形式整体考虑、系统设计，吸引更多大学生加入活动以实现广泛参与的原则。要根据节日内容确定爱国主义教育活动的基调，如果是欢庆的节日，则应在轻松活泼的气氛中让大学生参与活动；如果是严肃的纪念日，则应在庄重的环境中让大学生参与活动……切实使参与式活动氛围与重大节日或纪念日相协调。要丰富参与式活动形式，例如青年节、国庆节、"一二·九"运动纪念日当天，高校可以举办相关爱国主义诗词朗诵、征文、红歌大家唱等活动，开展"我爱我的家乡"国庆主题系列活动、爱国演讲会、城市历史知识竞赛、联欢晚会等。通过这些活动，积极倡导全方位的校园文化建设，唱响中国特色社会主义主旋律，为师生营造健康向上的文化氛围，抵御消极、颓废文化对学生的侵袭，为爱国主义教育创造良好的外部环境。把爱国主义教育渗透到文化活动中去，在满足学生审美需求和兴趣爱好的同时，使学生得到心灵的感染、情操的陶冶，进而帮助学生分清是非，提高觉悟，树立爱国主义的信念。

3. 借力实习、实训，进行参与式爱国主义教育实践活动

实践行动是所有爱国主义教育的重点和归宿，因为爱国主义情怀不完全是由教师教育出来的，而是学生在真实的问题情境中学习运用相关知识、技能，借助问题解决的实践而培养起来的。实习、实训作为连接学校教育和社会生活的桥梁，对于即将步入社会的在校大学生而言十分必要。通过实习、实训，他们在具体岗位上进行锻炼，提升自己的素养，在参与式活动中提升任务体验，激发爱国主义热情。实习、实训是让大学生通过任务体验接受爱国主义教育的一种具有高度亲和力的实践样态。高校要重视生产实习、实训对于提升爱国主义教育亲和力的作用，在生产实习和实

训中融入爱国主义教育，切实强化实践类课程的思政育人功能。

大学生通过参与式实习、实训，在体验中习得爱国主义思想，站在社会角度理解爱国主义行为，增强自身爱国主义行动力。在实习指导老师的指导下，大学生参加专业实习、实训工作，把学到的书本知识运用到实践中去，以取得专业实践经验、提高理论水平并锻炼工作能力。实习、实训使大学生从专业出发，不仅学会动手、学会动脑、学会做事，而且学会生存、如何与他人相处，更能够让大学生体会到如何在实际工作中做到爱国。大学生在实习、实训的任务体验中，第一，在对实习岗位职责的认知中，自发接受爱国主义教育，因为实习、实训会使大学生加深对自己专业对应岗位的认识，能够将自己的爱国主义情感践行于具体的岗位，感受通过劳动为社会奉献的价值，并理解在自己的岗位辛勤劳动、努力奋斗就是爱国主义最生动的体现。第二，实习、实训指导教师要善于引导大学生在实践过程中，进一步了解行业模范和行业精神，大学生通过对具体模范人物、事件的了解，把爱国主义认知具体化。在榜样示范和精神引领下，他们在现实生活中因为对具体人物、行业精神的近距离学习而真实感受到爱国主义的具体与亲和，使具体的爱国主义行动更易落地。此外，不少专业的生产实习、实训是在大自然中进行的，比如野外考察、社会调研等，教师要积极引导大学生在亲近自然的实习、实训中，在完成任务的同时体验祖国的自然环境，带着游学的心态领略祖国的大好河山，熟悉地方地理、历史以及文化知识，增强民族自尊心。这种对爱国主义隐性教育的"寓教于乐"能够有效提升亲和力，增强爱国主义实践教育的效果。

总之，高校爱国主义教育要切实利用好生产实习、实训的爱国主义教育功能，让学生身在其中，以真实的实践参与感在获得专业实践能力的同时接受爱国主义教育洗礼，在实践中加强反思与总结，以自己的实践行动诠释爱国主义，在自我实践中提升具体的爱国主义能力，在参与式实践中做到既怀爱国之情，又树强国之志。

三 实施与探索：提升爱国主义教育亲和力实例与解析

在前面章节，本书对提升爱国主义教育亲和力从亲和力理论、多维度提升路径等若干方面进行了探讨。基于实践亲和力，本部分着重融合前面章节理论论述与路径探索，对实施有亲和力的爱国主义实践教育展开具体案例示范，并对案例进行解析，一方面实现爱国主义教育的最终实践落地，另一方面也是对前面各章节所探讨理论的全面运用，体现理论与实践的充分结合。以下三个案例分别从项目式、沉浸式、参与式实践类型进行设计，融合了前面几个章节关于提升爱国主义教育亲和力的有关理论与路径探索。在指导教师方面，这三个活动涉及三种教师类型：思政课教师、班主任或辅导员、高校党政干部和团干部；在载体方面注意使用了校园宣传媒介或发挥新媒体在爱国主义教育宣传方面的作用；在教育环境方面，融入了对环境设计的考虑，通过环境设计增强爱国主义教育亲和力。

（一）项目式：大学生理论宣讲团建党百年主题宣讲活动方案与要领分析

"忆百年征程，守初心使命"
——大学生理论宣讲团建党百年主题宣讲活动

2021 年是中国共产党成立 100 周年。在建党百年之际，为深入理解和践行新时代的爱国主义，夯实我校大学生的理想信念，筑牢守初心担使命的思想根基，树立实现中华民族伟大复兴中国梦的信心，落实好思政课实践教学环节，实践课程小组决定依托本学期"毛泽东思想和中国特色社会主义理论体系概论"（以下简称"概论"）课程，在班级范围内组建大学生理论宣讲团，开展"忆百年征程，守初心使命"主题宣讲活动，在"概论"课老师指导下，以项目式任务为单元，在校内、校外面向不同群体广泛开展建党百年宣讲活动，现将具体要求通知如下。

1. 依托课程

依托"概论"课程，开展"忆百年征程，守初心使命"主题宣讲活动。

2. 指导教师

"概论"课教师。

【设计意图】本活动是基于思政课程的实践环节进行的设计，主要负责老师是"概论"课教师，该活动凸显"概论"课程对于大学生爱国主义教育的意义。活动注重实践形式的创新，避免高校思政课的实践课程流于形式。活动紧扣"概论"课教学内容，同时充分发挥学生的主体性，在"概论"课理论学习的基础上，让学生作为"主讲人"，把"概论"课中的理论以宣讲的方式向社会群体进行广泛宣传。学生从传统课堂中的"听"到深入社会课堂去"讲"。这一身份和要求的转变，对学生的学习也提出了更高要求。大学生要开展理论宣讲，需要阅读大量的资料，才能把理论内容转化为生动的宣讲材料，让理论深入人心。这个过程以潜课程的形式从侧面对大学生进行爱国主义理论教育。思政课教师要发挥好主导作用，让学生明确活动意义与要求，并在宣讲内容方面给予学生专业性指导。教师发挥主导作用，能够让学生参与活动的路径更为清晰，让学生深刻认识到为什么要设计该实践活动。爱国主义宣讲活动能够让学生在实践中深入理解和感悟爱国主义，从而提升爱国主义教育的亲和力。

3. 参加对象

本班级修读"概论"实践课程的全体同学。

4. 内容形式

结合课程知识与内容，以项目式宣讲为基本形式开展好宣讲活动。参考宣讲项目如下：

项目一："站起来"的理论——新民主主义革命理论；

项目二：走向社会主义——社会主义改造理论；

项目三："富起来"的理论——邓小平理论；

项目四：铸党重器——"三个代表"重要思想；

项目五：全面、协调、可持续的发展观——科学发展观；

项目六："强起来"的理论——习近平新时代中国特色社会主义思想。

【设计意图】该实践活动的特点是"项目性"，诚如本章在探讨项目式实践活动时指出，这种形式能够提升学生完成任务的情感体验，在项目成就体验中强化项目所蕴含的爱国主义育人功能。上述六个项目设计紧紧围绕大学生思政课之一的"概论"课内容而罗列出相关项目议题建议，这几个项目体现了高校爱国主义教育内容中关于"四史"的内容，同时体现了在本书第二章所提到的爱国主义教育相关目标，如树立对祖国的高度认同感，坚持爱国和爱党、爱社会主义相统一等目标。

5. 活动和要求

（1）班级分成六个小组，每个小组选择一个宣讲项目。

（2）确定宣讲项目后，以小组为单位，进行活动策划、相关细节的讨论以及宣讲内容的撰写、PPT 制作等。

（3）各组宣讲提纲、宣讲内容、宣讲 PPT 在宣讲前，需要经过"概论"课老师逐一审核，确保内容的政治性、理论性。

（4）在指导老师、学院团委等多部门的组织协调下，联系宣讲单位。

（5）开展宣讲。

（6）考核评价：根据受众广度、宣讲活动互动程度、社会反响度，结合每个同学在宣讲活动中的贡献率开展评价。

【设计意图】尽可能对活动进行详细的规划和设计，在活动分工中尽可能分工到人，让每位宣讲团的成员都有参与式的角色体验，明确自身的责任担当是对自己价值的进一步确认。大学生通过积极参与，明确宣讲活动对自身亲和力的要求，同时也感受到爱国主义宣讲活动的亲和力所在，从而实现自己和社会的同频共振。这也是设计大学生社会实践活动的初衷和目标所在。在评价环节，把受众广度、宣讲活动互动程度、社会反响度等纳入宣讲的评价标准中，这些标准对于爱国主义实践教育的亲和力提升有着十分显著的效果。无论是宣讲学生，还是大学生听众和社会人士都可以在互动的宣讲氛围中，直观地感受到爱国主义实践活动的亲和力，为宣讲的内容深深打动。所有这些要素都有助于爱国主义实践活动亲和力的生成，让学生在实践中接受爱国主义自我教育，也能够助推爱国主义思想的传播，让家国情怀深入人心。

6. **活动总结与宣传**

（1）全班同学结合宣讲实践，撰写"忆百年征程，守初心使命"主题宣讲活动心得。

（2）班长、团支书和学习委员召开实践课程总结会议，做好此次活动总结工作。

（3）通过学院、学校或其他新媒体平台做好该活动的宣传报道工作。

【设计意图】单纯的宣讲活动会受到时间、空间、人员的限制，使爱国主义实践活动亲和力的辐射作用受到制约。设计后续活动十分有必要，这样能够实现教育时空的突破，有效延续活动，让爱国主义实践教育的亲和力得到进一步的发挥、扩散。同时这也是对宣讲团成员的一次反馈与激励，让更多的大学生更愿意倾注精力参与到爱国主义宣讲活动中来，切实提升爱国主义宣讲活动的教育亲和力。

"毛泽东思想和中国特色社会主义理论体系概论"实践课程小组

2021年3月

（二）沉浸式：高校爱国主义读书活动方案与要领分析

"书香致远　经典永恒"——爱国主义读书月班级活动方案

在国庆节来临之际，为了在全班大力弘扬中华民族传统美德，使全班同学形成正确的国家政治认同，激发同学们的爱国主义情怀，树立崇高理想，做思想上进、品德高尚、遵纪守法的当代大学生，全面提高全班综合素质，现结合学校和学院关于进一步加强大学生爱国主义教育的要求，本班级决定开展"书香致远　经典永恒"——爱国主义读书月活动，特制定如下方案。

1. 组织领导

结合校团委、校学生会的总体工作安排，以团支书为总负责，班长、学习委员和文娱委员共同参与负责此次读书活动，活动依托班级已建立的读书小组开展形式多样的爱国主义教育系列活动。活动做到有计划、有步骤、重实效，并且要扎实开展好。

2. 活动对象

班级全体同学

3. 指导教师

班主任

【设计意图】一次具有亲和力和有针对性的爱国主义读书活动，必须有精心的设计和安排，这是活动取得成功的组织保证。此项活动的指导教师是班主任。在班主任的引导下，大学生要充分发挥在爱国主义教育方面的自我教育功能。班主任发挥班级读书小组的朋辈共同体功能，在班委的组织协调下开展工作，让学生通过对活动的投入而更加关注和充满期待，让学生的期待感转化为对爱国主义教育亲和力的体验，而良好的亲和力体验有助于提升爱国主义读书活动的效果。

4. 实施步骤

（1）宣传动员。提出具体方案，将活动主题与班级实际相结合，扎实开展各项活动，做好活动的材料收集和整理。

230

（2）实施阶段。秉持"六个一"活动要求，具体相关资料与安排如下。

一系列爱国主义主题读书会。

一期宣传：围绕班级读书活动，出一期黑板报或者学院宣传栏，或者在学院微信公众号平台推送。

一张合影，具体包括：以读书会为契机，为读书分享者、认真聆听者捕捉精彩的瞬间照片，各读书小组需提交一张爱国主义读书活动的合影。

一次宣誓：开展"我与国旗有个合影"活动以及国旗下宣誓活动。

一场爱国诗歌朗诵：组织班级学生各级各类诗歌朗诵比赛。

一篇心得体会：组织各组同学撰写爱国读书活动的心得体会。

【设计意图】系列化活动有助于实现一个活动一个"烙印"的沉浸式体验，通过活动程度的逐层增强，不断向纵深发展，从时间和空间维度上为学生设计沉浸式体验的场域。通过"六个一"的设计，可以扩大活动的影响力。也可以通过巧妙地运用不同形式如校园宣传橱窗栏、作为新媒体平台的微信公众号，提高爱国主义读书活动的曝光率。同时注重对爱国主义环境的运用以及新媒体的使用，使活动在学生中形成一定热度，提高学生的认同感。同时将多种形式应用于单一的读书活动，通过"一张合影"等方式巩固读书活动的效果，延伸读书活动的余韵，让学生在活动后依然沉浸于活动的回味体验中。这也是一种无声的亲和，让书香变得更加立体，让活动内涵更加丰盈。

5. 活动要求

（1）高度重视，精心组织。要制定好详细的活动方案，抓好活动的落实，确保各项活动安排落到实处。

（2）创新形式，注重实效。各读书小组要立足实际，围绕班级活动安排，精心设计符合本小组实际的个性化读书项目，突出活动特色，切实增强活动的针对性和实效性。

（3）注重总结，加强交流。各读书小组要重视总结、检查、反馈，在班级范围内开展小组间的交流，通过交流丰富大家的阅读体会，认真做好图文资料收集和整理，撰写活动总结。

【设计意图】具体明确的要求是活动取得良好效果的保障，活动要求的提出应具有亲和力。此读书活动方案中的具体要求注重亲和力和针对性。活动要求注重发挥班级同学的积极性。在班级总体方案下，鼓励各组创新形式，同时，注重发挥朋辈共同体的交流互鉴功能，以朋辈共同体间的交流学习推动全班形成爱国主义自我教育的良好氛围。在确保活动坚持正确的政治方向的前提下，增强沉浸式爱国主义教育活动效果，最终高质量达成爱国主义教育的目标。

×× 班班委会

2021 年 3 月

（三）参与式：大学生爱国主义公共参与活动方案与要领分析

"青年委员"成长计划
——大学生模拟政协社团活动方案

协商民主是中国特色社会主义民主政治的特有形式和独特优势，为进一步培养我院大学生爱国主义情怀，增强对中国特色社会主义的制度自信，培养当代大学生科学的"公共参与"精神，现决定开展"青年委员"成长计划——大学生模拟政协社团活动。

【设计意图】爱中国特色社会主义制度，这是新时代爱国主义的重要内涵。中国特色社会主义协商民主展现了中国的政治智慧和现实价值。对政治制度的认同是大学生爱国主义教育内容中最为重要也是最难以开展的一个内容，提升教育的亲和力就显得尤为重要。本方案以高校各级团委为主导，发挥模拟政协社团功能，使学生在参与式爱国主义实践教育中感受"协商民主"的中国意蕴，以主人翁的角色践行中国有序"公共参与"精神，对于增强大学生的制度自信、弘扬爱国主义精神具有突出意义和效果。

1. 活动对象

大一、大二学生。

2. 领导机构与依托组织

领导机构：学院团委。

依托组织：学院"模拟政协"社团。

3. 招新与培训

（1）"模拟政协"社团招新

面向大一、大二学生招新，招新流程主要包括"自我介绍""主题演讲""无领导小组讨论"等部分。主题演讲内容要紧扣时事或生活实际，主要考察学生的政治素养和综合素质。

依据《××学院模拟政协社团章程》设立社长、秘书长、干事等岗位。

（2）开设模拟政协社团课程

为科学指导学生开展调研活动，社团指导教师开设一系列包括演讲课、政协知识、提案研读与分析、选题论证、领导力、协商力、沟通力、提案撰写、调研方法指导等在内的丰富多彩的培训课程。

【设计意图】校内学习和培训作为爱国主义实践活动的前期准备是十分必要的，首先从理论素养和模拟操作中储备实践活动所需要的能力，可以提高学生在实践中的实效性，也符合爱国主义教育的针对性原则。通过理论学习在提升学生的理论素养的同时，提高其爱国主义实践的相关能力，例如公共参与能力、思辨性鉴别力，从而在爱国主义行动中提高实践力。

（3）撰写专业提案及准备

在社团内成立提案小组并组织开展相关活动。成立多个提案小组（每组六人），并指导提案小组开展选题、初步调研、提案撰写等工作。

组织校内遴选，各提案小组进行提案简述，并进行集体评议，确定参加全国活动的参赛选题和小组成员。

参加全国活动的提案小组开展调查研究，并撰写提案，形成调查报告；基于调研成果，撰写提案。

按时间节点提交调研报告、提案以及其他活动材料。

4. 开展模拟政协活动

（1）全体预备会议

参照全国政协会议召开形式，正式会议开始前安排大会预备会议，对展示期间具体活动进行介绍和工作布置。安排学生组织（主席团、秘书处和各工作组）相关工作，宣布展示活动期间纪律事项等。

（2）模拟新闻发布会

各提案小组派出一个新闻发言人，模拟人民政协新闻发布会，通过新闻发布，向模拟的各界媒体记者介绍提案、回答相关问题。

（3）集中展示活动

第一步为三分钟展示，主要呈现提案小组形成提案的工作过程；第二步为十分钟的提案陈述（同时展示PPT），展现提案的内容与价值；第三步为五分钟的听证、答辩环节，接受各界委员的询问和建议。这是整体模拟政协活动的核心环节。

（4）界别小组研讨会

以一个或两个政协界别为一个分组，对相关提案进行讨论、研究。

（5）政协知识问答

基于学生对政协相关知识的学习，由组委会和主席团指定会议工作组具体组织实施，各提案小组抽选部分学生参加知识问答或书面测试，目的是引导学生认真学习政协基本知识，学习中国特色社会主义协商民主基本理论。

【设计意图】大学生爱国主义教育主要包括知识教育与实践体验。上述五个环节以"模拟政协"活动为微观切入点，能够避免爱国主义教育产生泛泛而谈的枯燥感。参考当前全国或地区性面向中学生及大学生"模拟政协"活动赛事的一般流程，活动设计了全体预备会议、模拟新闻发布会、界别小组研讨会等环节，使学生了解、亲近我国的政协会议，深刻体验以政协会议为载体的协商民主是中国全过程人民民主的生动体现。在活动中增强学生对我国政治制度的认同感，把爱国主义转化为大学生的切身体会与感受，提升高校爱国主义教育的亲和力。

5. 后续活动

（1）各参赛提案小组对提案进行修改和完善。

（2）在有条件的情况下，邀请所在城市的市级政协委员组成组委会专家组，从优秀提案中遴选优秀提案，提交市级或以上两会，正式进入提案。

【设计意图】该环节设计能够充分提升大学生爱国主义实践成就体验，以成就体验增强爱国主义教育亲和力。以活动的形式走进现实，力争在现实中产生社会效应，这是本活动设计的一个亮点。高校爱国主义教育绝不是象牙塔里的学理派，而是要使爱国主义转化为行动。关心国家大事，增强对社会的责任感，这是公民践行爱国主义的应有之义。通过"模拟"走向"现实"，学生能够将自我价值与社会价值统一起来，同时使该活动彰显设计的亲和力。

共青团××大学××学院委员会

2021 年 3 月

上述三个活动，分别以项目式、沉浸式、参与式三种实践样态对大学生爱国主义实践教育进行了探索，活动中体现了不同类型的高校教师如思政课教师、班主任或辅导员、高校党政干部和团干部等，对大学生爱国主义教育所承担的教育职能，活动的设计注重环境设计的亲和力、教师亲和力、新媒体亲和力、实践课程亲和力等多个维度，以学生成就体验、情感体验、任务体验为驱动，达到了爱国主义教育的效果，这是对爱国主义实践教育的深入探索与尝试。

结　语

　　青年大学生是爱国主义教育的重点，做好高校爱国主义教育工作对于实现中华民族伟大复兴的战略全局意义重大。当前，世界正经历百年未有之大变局，国内外环境变化对高校爱国主义教育工作的影响深远且深刻，在这一时代背景下要确保高校爱国主义教育工作取得实效，必须提升高校爱国主义教育的亲和力。

　　关于思想政治教育的亲和力研究，学界已经开展了不少有益的探索，但是作为思想政治教育内容之一的爱国主义教育，其亲和力研究尚不多见，对高校爱国主义教育亲和力进行研究不仅是高校思想政治教育亲和力研究的理论需要，更是在实践中提升高校爱国主义教育针对性和实效性的现实需求。

　　深入研究高校爱国主义教育亲和力首先要解决以下两个理论问题。一是高校爱国主义教育的理论根基，即厘清我国高校究竟需要奉行什么样的爱国主义。这是亲和力提升的基本前提。二是要理解高校爱国主义教育亲和力的内涵，解决好这一问题，才能有针对性地提升亲和力。笔者认为，我国高校开展的爱国主义教育坚持以马克思主义的爱国主义为理论基础，同时注重传承中华优秀传统文化中的爱国主义思想，在此基础上探讨亲和力才有意义。高校爱国主义教育亲和力重视内容的科学合理、主体的多元互动、形式的生动活泼、载体的与时俱进以及实践的效果有效，良好的亲和力在爱国主义教育中具有感染、激励、凝聚、引导等功能。提升高校爱国主义教育亲和力，一方面要客观分析国内外复杂环境给爱国主义教育带

236

来的巨大挑战，另一方面也要看到积极因素。近年来全国高校对爱国主义教育普遍高度重视，全社会的爱国主义共识正在进一步形成，大学生的内在诉求正在增强，这些有利因素为提升爱国主义教育亲和力提供了良好机遇。

基于爱国主义教育亲和力基本理论，我们可以从环境亲和力、教师亲和力、课程亲和力、新媒体亲和力、实践亲和力这五个维度探讨高校爱国主义教育亲和力的提升路径。但高校爱国主义教育是一个系统整体，分维度的研究并不是说在实践中孤立地从某一方面去提升高校爱国主义教育亲和力。2016 年 12 月，中共中央、国务院印发的《关于加强和改进新形势下高校思想政治工作的意见》中提出要坚持全员全过程全方位育人原则。党的十九届四中全会也明确指出要"加强和改进学校思想政治教育，建立全员、全程、全方位育人体制机制"①。2020 年教育部等八部门联合出台《关于加快构建高校思想政治工作体系的意见》，指出要建立理论武装、学科教学、日常教育、管理服务、安全稳定、队伍建设、评论督导等"七位一体"的思想政治工作体系格局。爱国主义教育作为高校思想政治工作的重要内容之一，要提升高校爱国主义教育亲和力也必须坚持全员、全过程和全方位的爱国主义育人格局。因此，对爱国主义亲和力的研究可以分维度进行探讨，但是在实际操作过程中要实现环境亲和力、教师亲和力、课程亲和力、新媒体亲和力和实践亲和力之间的整体性联动。这就必须优化爱国主义教育的主体系统，形成多元主体协同的爱国主义教育格局；协调爱国主义教育系统各要素，推进爱国主义教育亲和力的系统化提升；要建立和完善联动的体制机制，为达成多维度亲和力的叠加效应提供有力保障。

具体而言，要提升高校爱国主义教育亲和力，需要注重营造良好的校园环境，善用社会和自然环境，使大学生在具有感染力的环境下接受爱国主义教育。充分发挥教师在爱国主义教育中的主导功能，以教师的情感魅力、语言魅力、人格魅力影响学生。教师的影响力一方面可以依托课程展现出来，不断创新和优化思政课程和课程思政在爱国主义育人方面的功

---

① 《中共中央关于坚持和完善中国特色社会主义制度　推进国家治理体系和治理能力现代化若干重大问题的决定》，《人民日报》2019 年 11 月 6 日。

能，使教师亲和力与课程亲和力相互促进；另一方面也要融入日常教育管理中，发挥辅导员、班主任、学校党政干部和团干部的教育亲和力，构建和谐平等关系，坚持言传身教，引导发挥好朋辈共同体的爱国主义自我教育功能。在爱国主义教育的相关环节中，要与时俱进地运用各类新媒体，使学生在简单、便捷、互动的新媒体世界中接受教育。爱国主义教育最终以实践为归依，要重视爱国主义教育实践亲和力的提升，不断创新爱国主义实践教育新样态，把提升亲和力的基本原则、方法和技巧运用在其中，在实践中切实使大学生凝聚爱国心、升华报国情、践行强国志。我们要通过构建多维联动的爱国主义教育机制，使高校爱国主义教育展现出独特吸引力和强大感召力。

中国共产党是爱国主义精神最坚定的弘扬者和实践者，提升高校爱国主义教育工作的亲和力要切实坚持党的全面领导，在中国共产党的领导下，提升高校爱国主义教育亲和力要从学生成长发展需求与期待出发，做到多维联动以形成爱国主义教育协同效应，增强大学生对爱国主义教育的认同度、接受度和满意度。高校在奋力谱写新时代爱国主义教育新篇章的进程中，只有坚持以亲和力提升为突破口，才能切实有效引领广大青年大学生为实现中华民族伟大复兴而汇聚磅礴力量。

参考文献

一、重要文献

《马克思恩格斯选集》第 1 卷，人民出版社，2012。

《马克思恩格斯文集》第 4 卷，人民出版社，2009。

《马克思恩格斯文集》第 9 卷，人民出版社，2009。

《马克思恩格斯文集》第 10 卷，人民出版社，2009。

《马克思恩格斯全集》第 3 卷，人民出版社，2002。

《马克思恩格斯全集》第 40 卷，人民出版社，1995。

《列宁选集》第 3 卷，人民出版社，2012。

《列宁全集》第 26 卷，人民出版社，1990。

《列宁全集》第 33 卷，人民出版社，2017。

《列宁全集》第 45 卷，人民出版社，2017。

《毛泽东早期文稿（1912.6~1920.11）》，湖南出版社，1990。

《毛泽东选集》第 2 卷，人民出版社，1991。

《毛泽东文集》第 2 卷，人民出版社，1993。

《毛泽东文集》第 7 卷，人民出版社，1999。

《邓小平文选》第 2 卷，人民出版社，1994。

《邓小平文选》第 3 卷，人民出版社，1993。

《江泽民文选》第 1 卷，人民出版社，2006。

《胡锦涛文选》第 2 卷，人民出版社，2016。

胡锦涛：《在纪念辛亥革命100周年大会上的讲话》，人民出版社，2011。

《习近平谈治国理政》第1卷，外文出版社，2018。

《习近平谈治国理政》第2卷，外文出版社，2017。

《习近平谈治国理政》第3卷，外文出版社，2020。

《习近平关于社会主义文化建设论述摘编》，中央文献出版社，2017。

习近平：《在北京大学师生座谈会上的讲话》，人民出版社，2018。

习近平：《在文艺工作座谈会上的讲话》，人民出版社，2015。

《新时代爱国主义教育实施纲要》，人民出版社，2019。

《〈新时代爱国主义教育实施纲要〉学习读本》，人民出版社，2020。

中共中央宣传部宣传教育局：《高举爱国主义旗帜——爱国主义教育经验材料汇编》，学习出版社，1997。

二、专著

冯刚、高山等：《新时代高校思想政治教育治理论》，中国社会科学出版社，2021。

张智：《新时代爱国主义教育十五讲》，人民出版社，2021。

沈光：《新时代高校思想政治教育亲和力研究》，中国矿业大学出版社，2020。

温静：《中国共产党爱国主义思想史略》，人民出版社，2019。

吴少华：《新时代高校思想政治教育面临的问题及解决路径探析》，经济管理出版社，2019。

郑永廷：《思想政治教育学原理》（第2版），高等教育出版社，2018。

庞士让：《论爱国主义》，人民出版社，2018。

袁芳：《思想政治教育话语创新论的马克思主义审视》，中央编译出版社，2018。

熊秀兰：《高职院校朋辈互助育人理论与实践研究》，南京师范大学出版社，2017。

李小丽：《微时代高校思想政治教育话语分析及发展前沿问题探究》，新华出版社，2017。

梁庆婷：《新媒体语境下思想政治教育话语体系建构研究》，中国矿业大学出版社，2017。

刘秉亚：《"微时代"高校思想政治教育创新研究》，西南交通大学出版社，2017。

朱桂莲：《新时期我国中小学爱国主义教育创新研究》，武汉大学出版社，2016。

卢思锋：《聚焦理性爱国》，北京交通大学出版社，2014。

吕航：《新时期的爱国主义》，吉林出版集团有限责任公司，2014。

陈明吾：《全球化背景下我国大学生爱国主义教育研究》，长江出版社，2014。

邓艳葵：《民族院校大学生爱国主义教育研究》，广西人民出版社，2013。

邱仁富：《思想政治教育话语论》，上海交通大学出版社，2013。

王虹、刘智：《新媒体时代高校思想政治教育创新研究》，中国社会科学出版社，2012。

赵兴宏：《加强高校思想政治教育研究》，东北大学出版社，2011。

马进：《高校思想政治理论课教学中的爱国主义教育研究》，甘肃民族出版社，2010。

赵馥洁等：《中华民族爱国主义史论》，中国社会科学出版社，2008。

宫承波：《新媒体概论》，中国广播电视出版社，2007。

罗大玉：《高校思想政治教育研究》，电子科技大学出版社，2006。

汤家庆：《爱国主义教育基地研究》，中国文联出版社，2003。

陶丹、张浩达：《新媒介与网络广告》，科学出版社，2001。

郭海燕主编《爱国主义教育新论》，海潮出版社，1997。

陈世放等主编《学校爱国主义教育全书》，中国少年儿童出版社，1997。

庞朴主编《中国儒学》（第1~4卷），东方出版社，1997。

游唤民：《爱国主义传统与当代中国》，湖南师范大学出版社，1997。

李星山等编著《爱国主义教育教程》，中国科学技术出版社，1995。

李焕生、张五洲：《高校思想政治教育研究》，北京广播学院出版社，1995。

王殿卿、潘龙海主编《中华主旋律：中华民族爱国主义史论》，成都科技大学出版社，1994。

张承芬：《教师素质学》，济南出版社，1990。

张耀灿：《思想政治教育学原理》，华中师范大学出版社，1988。

潘龙海等：《中华民族爱国主义通论》，延边大学出版社，1987。

〔法〕安德烈·焦尔当：《学习的本质》，杭零译，华东师范大学出版社，2015。

〔美〕保罗·莱文森：《新新媒介》，何道宽译，复旦大学出版社，2011。

〔美〕兰德尔·柯林斯：《互动仪式链》，林聚任等译，商务印书馆，2009。

〔英〕帕特丽夏·怀特：《公民品德与公共教育》，朱红文译，教育科学出版社，1998。

三、期刊论文

陈勇、李明珠：《习近平爱国主义教育重要论述的三重阐释、发展向度与时代价值》，《伦理学研究》2021年第6期。

曲建武、张晓静：《新时代大学生爱国主义教育的三个维度》，《思想教育研究》2021年第10期。

张晓丹、钟凤宏：《辅导员开展大学生爱国主义教育谫论》，《学校党建与思想教育》2021年第21期。

杨建、李萌：《网络爱国主义教育的三重向度》，《中学政治教学参考》2021年第23期。

王彬：《互动仪式链视阈下的青年网络爱国主义教育探究》，《山东师范大学学报》（社会科学版）2021年第5期。

晏华华、张帆、周治瑜：《新时代网络爱国主义教育的机理、原则与路径》，《学校党建与思想教育》2021年第1期。

曲建武、陈曦：《发挥高校教师爱国主义教育作用的"四重维度"》，《中国大学教学》2021年第1期。

兰涵旗、余斌：《从"知情意行"维度加强高校爱国主义教育探析》，

《学校党建与思想教育》2020年第20期。

佘双好：《新时代爱国主义教育的时代升华——学习〈新时代爱国主义教育实施纲要〉》，《学校党建与思想教育》2020年第13期。

王易、王凡：《〈新时代爱国主义教育实施纲要〉的理论创新与路径优化》，《思想理论教育导刊》2020年第7期。

沈光：《提升高校思想政治教育亲和力要把握"六个相统一"》，《江苏高教》2020年第4期。

蒋雪莲：《论新时代爱国主义教育的"情"与"理"》，《思想教育研究》2020年第5期。

郭静文：《优化大学生社区理论宣讲活动探赜》，《高校辅导员学刊》2020年第2期。

赵红玉：《"沉浸式"在高职院校思想政治教育领域的应用探索——以青岛职业技术学院为例》，《教育现代化》2019年第92期。

张琳、郎在廷、王昕：《以诚挚的情怀"讲起来"·出新篇——"青春榜样"宣讲推进爱国主义主题教育活动》，《北京教育》（高教）2019年第10期。

燕连福、温海霞：《提升思想政治理论课亲和力关键在教师》，《红旗文稿》2019年第10期。

姜益琳、李鹏：《中华优秀传统文化与思想政治教育亲和力的生成机理研究》，《学校党建与思想教育》2019年第8期。

周琳娜、王仁姣：《以思政课情景剧教学法提升社会主义核心价值观教育亲和力》，《思想政治教育研究》2019年第1期。

邱仁富：《论新时代思想政治教育的亲和力》，《河海大学学报》（哲学社会科学版）2018年第6期。

张亮：《新媒体语境下高校思想政治教育亲和力的现实审视及实现路径》，《中南大学学报》（社会科学版）2018年第2期。

芮鸿岩：《高校德育亲和力的价值意蕴与实践路径》，《江苏高教》2018年第1期。

王学俭、阿剑波：《提升高校思想政治教育亲和力和针对性的思考》，《学校党建与思想教育》2017年第19期。

虞强：《新中国初期大学生爱国主义教育的历史考察及启示》，《思想理论教育导刊》2017 年第 7 期。

庞桂甲：《论思想政治教育亲和力》，《思想教育研究》2017 年第 5 期。

白显良：《论高校思想政治理论课教学亲和力的逻辑生成》，《思想理论教育导刊》2017 年第 4 期。

吴海江、包炜杰：《全球化时代大学生爱国主义教育的话语创新》，《思想理论教育》2017 年第 2 期。

刘小凡：《微博在 90 后大学生爱国主义教育中的应用研究》，《中国成人教育》2015 年第 24 期。

周淼：《爱国主义教育基地品牌印象调查及启示》，《北京档案》2015 年第 5 期。

田霞、范梦：《分层次教学模式在高校思政课堂教学中的应用——以爱国主义教育为例》，《高教探索》2014 年第 6 期。

毕于建、杨金莲：《利用红色文化资源开展高校〈纲要〉课实践教学的探索》，《中国成人教育》2013 年第 19 期。

范晓莲：《论社会实践活动在爱国主义教育中的作用及开展途径》，《教育与职业》2010 年第 12 期。

吴潜涛、杨峻岭：《列宁爱国主义思想探析》，《马克思主义研究》2010 年第 7 期。

朱红叶：《高校图书馆爱国主义教育审视与思考》，《图书馆建设》2010 年第 5 期。

吴潜涛、杨丽坤：《改革开放以来爱国主义教育的发展与成就》，《红旗文稿》2009 年第 13 期。

王有鹏、颜景彩：《激情·生情·动情·导情·促情——爱国主义教育的有效性探索》，《思想政治课教学》2008 年第 6 期。

陈桂蓉、练庆伟：《反思与重构：思想政治教育亲和力价值和定位》，《福建行政学院福建经济管理干部学院学报》2006 年第 5 期。

李论：《爱国主义教育的成功实践——全国青少年爱国主义读书教育活动综述》，《中国青年研究》2005 年第 10 期。

郑志发、黎辉：《爱国主义教育结构探析》，《南昌大学学报》（人文社会科学版）2005 年第 5 期。

谭献民：《论邓小平爱国主义思想的历史地位》，《社会主义研究》2004 年第 6 期。

罗韬：《论在毛泽东思想概论课教学中贯穿爱国主义教育》，《学术交流》2001 年第 4 期。

涂争鸣：《论大学生爱国主义教育的接受机制》，《黑龙江高教研究》2000 年第 4 期。

张新华：《试述江泽民关于爱国主义的论述》，《探索》2000 年第 3 期。

庞平、方文彬：《把爱国主义教育和马克思主义教育结合好》，《中国高等教育》1996 年第 4 期。

俞梅芳：《运用优秀影视进行爱国主义教育的实践研究》，《上海教育科研》1995 年第 11 期。

闫思圣：《关于高等学校爱国主义教育的几个问题》，《西北民族学院学报》（哲学社会科学版）1994 年第 2 期。

商振泰：《试论毛泽东的爱国主义观》，《社会科学研究》1992 年第 2 期。

四、硕博士论文

郭苗苗：《新时代爱国主义思想研究》，博士学位论文，辽宁大学，2020。

李滨娜：《新时代大学生爱国主义教育研究》，博士学位论文，哈尔滨师范大学，2020。

屈桃：《新时代高校思想政治教育亲和力提升研究》，博士学位论文，陕西师范大学，2019。

张然：《爱国主义教育的文化载体研究》，博士学位论文，东南大学，2018。

李建：《高校思想政治教育亲和力研究》，博士学位论文，西南交通大学，2018。

刘玉标：《当代中国爱国主义教育研究》，博士学位论文，武汉大学，2010。

易伶俐：《基于项目学习的爱国主义教育设计策略研究》，硕士学位论文，西南大学，2021。

周雪：《新媒体视域下中学生爱国主义教育创新研究》，硕士学位论文，吉首大学，2021。

陈婕：《马克思主义视域下爱国主义的理论研究》，硕士学位论文，华北水利水电大学，2021。

郭一静：《新时代爱国主义教育研究》，硕士学位论文，兰州财经大学，2021。

朱雪梅：《中华优秀传统文化融入大学生爱国主义情感教育研究》，硕士学位论文，华中师范大学，2021。

孙少帅：《改革开放以来高校大学生爱国主义教育发展历程及启示研究》，硕士学位论文，石河子大学，2021。

金雪南：《习近平爱国主义教育理论研究》，硕士学位论文，海南师范大学，2021。

叶婧：《新媒体时代下大学生爱国主义教育现状及路径研究》，硕士学位论文，中南民族大学，2019。

路遥：《思想政治教育亲和力研究》，硕士学位论文，东北师范大学，2019。

谭川：《提升思想政治教育亲和力研究》，硕士学位论文，西南大学，2019。

唐世利：《以微信为载体的大学生爱国主义教育研究》，硕士学位论文，贵州大学，2017。

许宇颖：《大学生爱国主义教育研究》，硕士学位论文，辽宁大学，2014。

王晓丽：《大学生爱国主义教育生活化研究》，硕士学位论文，山东师范大学，2010。

后　记

　　我是本科院校思政（师范）专业的一名专任课教师，同时也是一名思政课教师，还承担过班主任、学生党支部书记的工作，因此这些年来育好思政人、上好思政课、筑好思政场是我在高校从事教育工作的主要任务。爱国主义作为中华民族精神的核心、中华民族的精神基因，理所当然是高校思想政治教育工作的重要内容。如何提升爱国主义教育的亲和力和针对性，是我长期以来一直思考的问题。

　　对这个问题的长期思考，让我在2019年有了写一部专著来深入研究的想法。当年3月，习近平总书记在学校思想政治理论课教师座谈会上提出要增强思政课的"亲和力"；11月，《新时代爱国主义教育实施纲要》出台，其中提到新时代爱国主义教育要聚焦青少年。在这样的大背景下，我便着手收集资料并构思书稿内容。从当时已出版的高校爱国主义教育专著来看，以高校教育管理工作队伍的研究成果居多，这为更好地开展爱国主义教育实践提供了借鉴，但它们在理论阐述方面还相对薄弱，这也是我可以进一步研究和探讨的空间。我长期从事马克思主义理论研究，而关于爱国主义教育的研究也属于马克思主义理论学科范畴，因为爱国主义教育研究可以归属到马克思主义理论学科下属二级学科思想政治教育。因此，我在写作本书的过程中，一方面试图在研究中发挥我的学科专长，使爱国主义教育亲和力的研究能够具有一定的学理性深度；另一方面也试图在已有研究尤其是关于爱国主义教育实践研究的基础上，探讨更具科学性与合理性的实践路径，毕竟爱国主义教育亲和力的现实归依在于实践。

秉承这样的书稿设计理念，我对高校爱国主义教育亲和力展开研究。从马克思主义经典文献出发，梳理了经典作家关于爱国主义的论述，同时对中华优秀传统文化中的爱国主义思想进行了深度耕犁，并从理论维度探讨了高校爱国主义教育亲和力的内涵，这是对本研究主题的学理性探讨。在多个维度亲和力路径的研究中，我既结合本人的专业课与思政课的教学实践，也结合我担任班主任和学生党支部书记时期开展的爱国主义教育工作实践，访谈了一些教师与学生，了解了他们对爱国主义教育亲和力的看法。最后我从环境亲和力、教师亲和力、课程亲和力、新媒体亲和力和实践亲和力五个维度提出了高校爱国主义教育亲和力的实践路径。本书第八章实践教育亲和力的案例设计，坚持以提升实践教育亲和力为活动的主线，同时也融入了环境、教师、课程等诸多方面的亲和力，力求实现爱国主义教育亲和力的多维度叠加效应。

在写作本书的过程中，为了更好地了解高校爱国主义教育现状，尽量找准提升爱国主义教育亲和力的路径，我查找了大量资料并针对高校教师、学生、爱国主义教育基地等开展了访谈调研工作。在此感谢曹雅蓉、邵潇萧、石磊、孙刘琴、刘蓉、王子栩等同学在访谈和资料收集整理过程中所做的工作。同时，感谢学界同人，学界已有的研究成果为我提供了宝贵的写作思路。本书的出版得到了扬州大学出版基金和扬州市社科联重大课题出版项目资助，在此一并感谢！

青年大学生是爱国主义教育的重点，提升高校爱国主义教育亲和力对于实现中华民族伟大复兴的战略全局意义重大。研究虽然告一段落，但持续提升高校爱国主义教育亲和力、提高高校爱国主义教育工作的实效，这是一个长久话题。有关爱国主义教育亲和力研究的专著，目前我还未检索到，希望本书的出版能够对这方面的研究起到抛砖引玉的作用。

由于本人学识水平有限，实践经验不足，本书难免有所疏漏，不当之处，恳请专家学者以及高校广大思政工作者批评指正。

朱益飞

2022 年 3 月

图书在版编目（CIP）数据

高校爱国主义教育亲和力研究 / 朱益飞著 . -- 北京：
社会科学文献出版社，2022.10（2023.8 重印）
ISBN 978 - 7 - 5228 - 0622 - 8

Ⅰ.①高… Ⅱ.①朱… Ⅲ.①爱国主义教育 - 教学研
究 - 高等学校 Ⅳ.①G641.4

中国版本图书馆 CIP 数据核字（2022）第 159484 号

高校爱国主义教育亲和力研究

著　　者 / 朱益飞

出 版 人 / 王利民
责任编辑 / 黄金平
文稿编辑 / 李小琪
责任印制 / 王京美

出　　版 / 社会科学文献出版社·政法传媒分社（010）59367126
　　　　　地址：北京市北三环中路甲 29 号院华龙大厦　邮编：100029
　　　　　网址：www.ssap.com.cn
发　　行 / 社会科学文献出版社（010）59367028
印　　装 / 三河市东方印刷有限公司

规　　格 / 开　本：787mm × 1092mm　1/16
　　　　　印　张：15.75　字　数：260 千字
版　　次 / 2022 年 10 月第 1 版　2023 年 8 月第 2 次印刷
书　　号 / ISBN 978 - 7 - 5228 - 0622 - 8
定　　价 / 98.00 元

读者服务电话：4008918866